本丛书是国家社科基金重大项目
"六百年徽商资料整理与研究"（13&ZD088）阶段性成果

U0746857

仁心济世

REN XIN JI SHI

张　恺◎著

安徽师范大学出版社

· 芜湖 ·

责任编辑:韩　敏

装帧设计:任　彤

图书在版编目(CIP)数据

仁心济世/张恺著. —芜湖:安徽师范大学出版社,2016.1

ISBN 978 - 7 - 5676 - 2260 - 9

Ⅰ.①仁…　Ⅱ.①张…　Ⅲ.①徽商—慈善事业—研究—明清时代

Ⅳ.①F729②D691.9

中国版本图书馆 CIP 数据核字(2015)第 274812 号

本丛书由 安 徽 江 南 徽 商 研 究 院
安徽五福文化产业发展有限公司 资助出版,特此致谢!

仁心济世

张恺　著

出版发行:安徽师范大学出版社

　　　　芜湖市九华南路 189 号安徽师范大学花津校区　邮政编码:241002

网　　　址:http://www.ahnupress.com/

发 行 部:0553 - 3883578　5910327　5910310(传真)　E - mail:asdcbsfxb@126.com

印　　　刷:浙江新华数码印务有限公司

版　　　次:2016 年 1 月第 1 版

印　　　次:2016 年 1 月第 1 次印刷

规　　　格:700×1000　1/16

印　　　张:21

字　　　数:282 千

书　　　号:ISBN 978 - 7 - 5676 - 2260 - 9

定　　　价:36.80 元

总　序

　　徽商是指历史时期(主要是明清时期)徽州府六县(绩溪县、歙县、休宁县、黟县、祁门县、婺源县)的商人所组成的松散的商帮集团。

　　徽商走出丛山,奔向全国,向以从商人数众、经营行业多、延续时间长、活动范围广、商业资本大而成为历史上的一个著名商帮。徽商的出现,在中国历史上是一个非常重要的现象,更是一个奇迹。

　　六百年徽商,对我国封建社会晚期的政治、经济、文化、社会等各个方面都产生了重要影响,它已引起中外很多学者的高度重视。

　　自从20世纪80年代以来,学术界就出现了"徽商研究热",学者们从不同角度、用不同的方法研究徽商,研究成果层出不穷,研究水平不断提高,大大深化了我们对徽商的认识。随着徽商研究的深入,人们越来越感到,徽商精神是我们当今社会宝贵的财富,进一步发扬徽商精神,对于我们今天繁荣社会主义市场经济、构建社会主义和谐社会,有着重要的现实意义。

　　徽商研究虽然取得了丰硕成果,但是这些成果基本上还没有走出学术圈,社会大众对徽商还是知之甚少,他们对徽商的了解基本上还是通过一些传说故事、电视小说而获得的，而这些往往是不准确的。

历史上的徽商究竟如何？徽商是怎么发展起来的，又是怎么衰落的？徽商做出了哪些贡献？我们今天从徽商那里应该学习什么？我们觉得应该在广大群众中大力普及徽商知识，弘扬徽商精神，传播徽商正能量。为此，我们编写了这套丛书，共有八本：《第一商帮》《贾而好儒》《经营之道》《仁心济世》《商界巨贾》《无徽不镇》《徽商故事（明代）》《徽商故事（清代）》等，分别从某一侧面较为详细地展示徽商鲜为人知的地方。为了便于广大读者阅读，我们力求做到科学性与可读性相结合，运用通俗的文字表达出来，同时配有大量插图和照片，以帮助读者进一步了解徽商。

丛书之所以命名"解码徽商"，就是要将历史上徽商的真实情况介绍给广大读者，因此全套书的写作都是严格依据史实来编写，即使是徽商故事，也不允许杜撰，而是完全有史实根据的。

习近平总书记号召，要大力弘扬中国传统文化。徽商精神也是中国传统文化的一部分，我们希望通过这套丛书为响应习总书记的号召做出我们微薄的贡献。

王世华

目　录

乐善好施说吴翁

徽商贾而好儒。以儒家思想为人生哲学的徽州商人,大多数以儒道为经营道德之本,讲求以诚待人,以信接物,以义为利,仁心为质,在经商致富之后,也富有利他精神:在别人处于困难时,慷慨地伸出仗义之手;在社会建设需要时,能够慷慨解囊,支持社会事业。俗话说,善有善报。对于扶困济贫、乐善好施的人,上天会给予报答的。这里且讲讲清代歙县徽商吴从周乐善好施的故事。

查实情救济"小偷"

清朝年间,歙县人吴从周因善于经商而致富,但他不是一个守财奴,而是乐善好施,远近闻名,到老年更是如此,人们都尊称他为吴翁。闲暇的时候,吴翁经常出游,尤其是长江两岸的楚地,风光佳美,市场繁荣,所以他常乘坐木篷船去楚地观光。

这一天,吴翁带着随从乘船来到一个码头,将要下船时,突然,船上一位乘客偷走了吴翁所携带的银两,想要逃跑。哪知他还没有跑下船,就被吴翁的随从和船上同行的旅客一起抓获了。随从把那小偷押到吴翁的面前。那小偷见自己的不齿行为被发现,且被逮到失主面前,自然很是担惊受怕,显出一副哆哆嗦嗦的样子。

可是,吴翁并没有严厉地呵斥他,也不准随从殴打他,而是很和蔼地询问起来:"喂,年轻人,看你这个样子,肯定不是一个惯偷,是初次做这种事情吧?"小偷见吴翁一脸的和颜悦色,也就不那么害怕了,当即点了点头。

吴翁继续和蔼地问道:"你叫什么名字?家住哪里?为何要拿人钱财呢?"那年轻人低声答道:"对不起,老伯,我叫李发,家就住在这个渡口南边不远的村庄里,以务农为业。最近几年里,收成一直不好,但苛捐杂税却一点也没减少,现在的生活极度困难。去年妻子染病,无钱治疗去世了,现家中还有八旬的母亲需要赡养,有三个尚未成年的孩子,正在家中忍饥挨饿"。他一边说着,一边流泪,到最后,竟然泣不成声。

吴从周资助"小偷"

听完李发的哭诉后,吴翁也有一些凄然,便对随行人员说:"将他带下船吧,我们一起到他家看看去,究竟是一番什么情况"。

下了船,在李发的带领下,吴翁和随行人员步行了一会,就来到了李家庄。李发指着村口那座土坯草房说那就是他的家。还没有到门口,就远远地看到有两个孩子穿着破破烂烂的衣服,站在门口张望。走近了,便听到院子里不时地传出幼儿的哭泣声,和老妇人哼着小调哄幼儿的声音。

当吴翁一行走进李发家院子的时候,被眼前一幅穷困潦倒的景象触动了。那土草房已然破旧,唯有房前院子边上一棵绿树才带来一点生气。迟缓了片刻之后,吴翁即吩咐随行人员,将刚才李发拿的那些银两全部给他。然后,吴翁深切地对李发说:"年轻人,你现在的生活是很困难的,但我相信这些困难对你来说只是暂时的。你要多勤劳一些,设法找些事情干干,这样你的老小就会生活好一些。偷窃之事可不能再做了。"叮嘱片刻之后,吴翁和随行人员离开了李家,重新行至码头,又登船起航了。李发千恩万谢地送走了吴翁,从此走上了新路。

惩地痞救助书生

楚地有位书生,不知他的名字,有一年因盗寇作乱,他不得已带着妻子外出逃避,来到吴翁经商的地方。

书生的妻子是位妙龄少妇,长得很有姿色。于是,刚到不久,立即被当地的一个地痞恶少牛二发现了,当即上前调戏撩拨道:"哪里来的美女,陪大爷我玩玩,如何?"他口头说着,手便伸了过去。他手下的随行仆人也在旁附和着。

那书生的妻子本是个不大出门的良家女子,哪里遇到过这样的事情？顿时吓得直往丈夫怀中躲去。书生见妻子被辱，自然不悦，但一介书生，又在他乡，也不敢厉声斥责，遂善言说道："朗朗乾坤，光天化日，怎能随意调戏良家妇女！"

"什么?! 你说本大爷调戏良家妇女？我还要把她拉到家中去做一房小妾呢！"说着，那地痞牛二就叫手下人动手拉扯书生的妻子。

刚来此地，人生地不熟，书生虽然紧紧抱住妻子不放，然而寡不敌众，只有眼睁睁地看着年轻的妻子被恶少牛二和手下人拖去。当时，虽然也有不少人在旁，但都敢怒不敢言，因为他们知道牛二家的势力大，牛二又一贯行为无赖，在当地是一霸。

清代县衙

一会，吴翁因事来到这里，见一位书生在一旁哭哭啼啼，还有一些人在他身边劝慰着。他便上前询问原因，便有人告诉他刚才发生的事情。吴翁听了，不由大怒："岂有此理！竟然有此等怪事！"随即，他对书生言道："你在此哭泣有何用！来，待我带你到县衙去告那牛二一个强抢民妇之罪。"一旁有认识吴翁的人附和说："对，这位吴翁，是我们这里有名的大商户,跟他去往县衙,没错。"那文弱书生便擦擦泪水,拿着简单的行李,跟着吴翁走了。

吴翁带书生来到县衙,县令与吴翁很熟悉,因为县内每逢赈济等大事,吴翁都是慷慨捐赠的,县令对他很是尊敬。见吴翁带一个书生来衙,县令当即询问何事。问清情况后,县令也大为愤怒,当即派衙役去往牛二家,很快把书生的妻子解救了出来。

为防止牛二再来找书生夫妻的麻烦,吴翁将他二人带到自己店中,并赠送一些银两,劝说道:"你们还是赶快离开此地吧,不然,那地痞还会来找你们的麻烦。"书生夫妇叩首致谢道:"多谢老伯搭救,我夫妇还是回家为好。"随即转身离开了吴翁店中。

在湘潭救民于火

有一年,吴翁经商来到湖南的湘潭。这湘潭距省城长沙不远,也是一个市场繁荣之地。不料到湘潭不久,那里突发了一场大火,火势熊熊,烟雾腾腾,绵延数百家商铺和民房,将周边物资尽数吞没。大火之后,却又天气突变,倾盆大雨顷刻间从天而降,铺洒在遭大火蹂躏的废墟上,让暂时露宿在废墟之中的老老幼幼,全处于泥水之中,饥饿难耐。刚来这里的吴翁,见这一幅惨状,心中顿生怜悯之情。他立即叫随行人员买来数千个斗笠,分发给灾民,以避风雨;又拿出钱来,叫人搭建一些简易的救灾棚子,供灾民暂时居住,帮助灾民渡过暂时的难关。

买舟渡助众渡江

曾有一度，北方社会动荡不定，大批流寇蜂拥南下，来到长江之北，致使江北的居民被骚扰不堪，于是纷纷拖家带口，急急忙忙奔往江边渡口，准备逃往江南以避祸乱。此时，渡口之船数量很少，只能应付平常往来所用，突然来了这么多的逃难的人流，就难以通行了。男女老少拥挤在江边，又怕流寇赶来，一个个惊慌失措，人心惶惶。有的年轻人仗着自己会些水性，徒手向江南游去，谁知江面太宽阔，水流又湍激，遂有人被江流卷去，溺水身亡。

吴翁正在此地经商，得知情况后，立即花费重金，叫人买来数十条木船，作为暂时的渡船，将逃难的江北居民全部渡过长江，到了江南。

长江渡口之一

而在抵达江南时，有一个孕妇突然腹痛，即将临盆分娩。然而惊慌之中何处可以生产？她的家人一时没有办法。吴翁得知后，立即在江南为他们租了一个房子，安置产妇分娩，当天就产下一个男婴。然而这个家庭实在贫困,又处在逃难之中,条件太差,孕妇没有营养,因此产后缺少母乳喂养婴儿,吴翁又花钱为他们找来乳母,喂养孩子。这时的吴翁虽然经商四方,然而资财也不是十分富裕,但他富有好生之德,这在当时是他人所不及的。

后来,吴翁因年岁大了,将商务和家事全交给长子吴自亮打理。每个月,吴自亮都会给他一些钱,以备不时之需。然而吴翁都把这些钱积攒起来,悉数给那些有病无钱医治的人。或者他拄着拐杖,走到门口,只要看见有贫困的人,便把钱拿出来周济他们,这在每年都是经常有的事。他逝世时,享年87岁,属高寿之人。他逝世后,囊中没有一点积蓄,全拯人于急难了。可谓难能可贵啊!

承父义风吴自亮

令人哀叹的故人

清代康熙十五年(1676)九月九日,本是一个平平常常的日子,但在扬州城却弥漫着悲哀的气氛。一位商人逝世了,灵堂内外全是一片哭泣之声。在灵堂内止不住哭泣的,是亡者的亲属、眷戚和至友;在灵堂外哭泣的,是一些与亡者相识的人们。他们的哀哭中夹杂着多种方言,表明哀泣的人江南江北都有。还有一些行旅过客也相互嗟叹惋惜着,纷纷议论着:这样的好人去世了,我们还指望谁呀!

那么这逝世的人是谁?他为何令许多人哀婉叹惜?他姓吴,名自亮,字孟明,是前篇所写吴翁的儿子。吴翁便是歙县人吴从周,一位乐善好施的老徽商。他娶徽州汪氏为妻,生有三个儿子,吴自亮是他的长子,是继承他的事业的人,也是很好地继承他乐善好施仁义之风的人。据传,吴自亮将要诞生时,吴翁的父亲吴源泉公正在楚地经商,有一天夜晚,吴源泉公突然梦见 3 个戴着黄色冠帽的人,从弥弥漫漫的云彩中降落,来到自己跟前,说着:"因为你一向行善积德,今特赐给你一个佳好的孙子，他将光大你吴家的门楣。"说毕，那 3 个戴黄冠的人顿时飘然而逝。过了 8 天，吴源泉公接到儿子吴从周的来信，告诉父亲于某日生了一子，其日子时辰竟然与自己所梦相合。

吴自亮自幼即聪慧颖悟，读书甚是了得，走科举之途很有希望。然而到成年时，祖父吴源泉公已然去世，家业重担全压在父亲吴从周一人身上，而父亲又乐善好施，不惜钱财，因此家境渐有衰落的迹象。于是吴自亮心中想着：我身为人子，七尺男儿，不能为父母减轻生活负担，再读多少书，又有何用？有此念头后，吴自亮便毅然决然地放弃举业而经商，奔走四方。此时吴从周也便放手让他经营，而吴自亮经商也是一把好手，家业便日益发展起来。

吴自亮逝世时所以能赢得许多人的哀悼，是因为他遵照父亲的遗训，继承祖父与父亲乐善好施的仁义之风，做了许多利人济世的好事。若知有哪些好事，且继续看本文叙述。

施恩于家人

俗话说，百善孝为先。一个对父母不孝，对家人不亲不善的人，不可能行善于外人，所以首先要看他对家庭亲人的孝善如何。吴自亮对父母是孝养的，前一篇就写到他在父亲安享晚年的，每月都要给父亲一定的钱，以供使用。其实，凡是父母所需要的，他都优先着意满足，生活用具都给父母摆好，早晚必要请安问候，一直到老，都没有懈怠。

父亲生他兄弟三人，两个弟弟，一个叫吴自亢，一个叫吴自充。两个弟弟都去世甚早，留下了孩子，吴自亮都精心抚养教育他们。他对自己的儿子甚为严格，却对几个侄子则是既严格，又慈爱。到了他们长大时，他对侄子和儿子一样地分给了财产。

仁心济世

徽州祠堂内景

吴自亮的姐姐嫁于罗家,而罗家很贫穷,他就把姐姐家接到一起来生活,分了一处住宅给他们居住。姐姐长期不孕,他就给姐夫娶了一妾,并生下一个儿子。后来,姐姐与姐夫先后逝世,他尽礼数给他们安葬,并抚养姐夫与妾生的儿子,如同姐姐生的一样,长大后给他娶妻安家,以终其身。

对母亲汪氏的娘家,吴自亮也照顾得很周全,享用同自家一样。舅舅死后没有后人,吴自亮为他建祠以祭,并收立一子为后嗣,还为他购置了祭田。母亲有个姐姐,是吴自亮的同族叔母,家境也很贫穷,他像对母亲一样侍奉。这叔母的女婿被诬陷入狱,他又捐出赎金将他保释出来。

吴氏家族在吴仲仁公之后,人丁繁衍旺盛,但家庭经济发展不平衡,遂有一些人家很贫穷,连正常的赋役也难以应差。吴自亮便购置了义田,收获后用以代替贫穷的户头上缴赋税。他还在宗族祠堂的旁边开设义塾,给族中穷困的孩子读书,使他们也能得到良好的教育。吴自亮有个族弟向他借了很多钱,但长时间都没有归还,他竟然置之不问。而这族弟和同郡人一起经商,因亏本而产生经济纠纷,那人把族弟告上公堂,族弟败诉,却又无钱赔偿,吴自亮又拿出钱来代族弟赔偿。有一个族叔经营盐业,所借之钱是一个很有势力的人,因一时未能还债,那债主就逼族叔还债,逼到让族叔要自杀的地步他代族叔还债。还有一个族弟把借人家的钱挥霍一空而无法归还,吴自亮也代他们归还。有一个族弟死后,留下了两个女儿,吴自亮予以恤养,还为她们办理出嫁事项,像出嫁自己女儿一样置备嫁妆等,所用几乎有4万两银子。族中有一子,被一个奸诈的人诬陷入了大狱,几乎到了家破人亡之际。吴自亮出资极力予以营救,并亲自为他对簿公堂,打赢了官司,还他一个清白,又资助他一笔钱帮助他重新谋生。有个族妹幼年时被人拐到别的地方去了,吴自亮想方设法把族妹找了回来,并体面地把她出嫁。

吴自亮就是如此对父母尽孝,对兄弟友爱,对亲族厚谊。这是他行善积德的基础。

急人于危难

有一年,吴自亮行商在淮河边,遇到一个贫困的书生借了有势力人家的钱,结果时间一久,利息与母钱累计一起就很多了。书生一时还不起,那债主家就叫家奴谩骂和羞辱书生,使书生不堪忍受,就想干脆把妻子抵押给债主,然后自己去自尽算了。吴自亮知道了这件事,立即生了善义之心,慷慨地把囊中的金钱全数拿出来,为书生偿还了债务,使书生夫妇得以保全。

又一次,吴自亮遇见一件事情,有群军营的士卒在索捕一个因拖欠债务而躲避的人,结果没有找到,就抓住他的女儿,捆绑着,要把她带走。那尚未成年的女孩哭哭啼啼,令见到的人都感到心痛。吴自亮便对士卒说:"冤有头债有主,你们不应该把他女儿带走。"士卒中的为首者说:"不带走,我们向谁要债?你能代他还债吗?"吴自亮当即说:"欠多少债,我来还,请你们不要把他女儿带走!"说完,他掏出钱来代还了债,从而保全了那个逃债人的女儿。

吴自亮救陌路之人于急难之中,足见他有一颗不寻常的善良的心。

施善于瓜洲

京口城,背凭金山,面临长江,故址在今江苏省镇江市。瓜洲是一个古镇,又称瓜埠洲,在今江苏省邗江县南部,大运河入长江处,与镇江市隔江斜对,一向为长江南北水运的交通要冲。江岸绵延40里,往来渡江的人日夜不绝,而当狂风暴雨突然降临时,人们便无所躲避,往往造成船覆人亡的灾难。吴自亮见到这种情形,便出资购置救生船,停泊于金山旁。他又担心仅靠一只船,远远不能满足需要,遂又悬出赏银,招募渔船配合抢救落水的人,从而救活的人很多。而对救上来已经死去的,他则给予棺材安葬。

清代瓜洲古渡

到了冬天,吴自亮还从瓜洲起到息浪庵止,设置了温暖的炕室,供早晚来不及渡江以及无钱住宿的旅客取暖。当时,还有许多贫困的人生了孩子无力抚养,并且曾有人把孩子抛弃到路边。吴自亮闻知这些事,就倡议一些同道者,募钱雇乳母予以抚养。

清康熙九年庚戌(1670)冬天,一连下了十数日的大雪,便有人又冻又饿死于道路上。吴自亮知悉后,就与扬州商界同仁们一起部署赈济事项,对饥饿的人施与粥糜,对寒冷的人给予棉袄和絮被,因此救济了不少饥寒交迫的人。第二年暑季,暴雨下了一个多月,瘟疫大面积发生,吴自亮又购买良药予以施救,又拯救了许多人的生命;而对已死的,便施给棺材以及安葬费用。康熙二年、三年(1663、1664),楚地和越地发生骚乱,乱兵抢掠了许多妇女,乱后召人赎出,每人要数十金。吴自亮立即捐金救赎,但是他一人赎金不足,便倡导同道者共同参与救赎。事后,那些被救赎的人相约着,手持香火,口诵佛号,接踵来到吴自亮的门前衷心致谢。

贾而好儒的义士

吴自亮是一位商人,但更是一位贾而好儒的义士。他当初弃儒而从贾,许多同学曾经劝阻他,认为他在科举仕途上是会有所作为的,然而他从家庭考虑没有听从劝告。不过他经商在外后,并没有放弃读书,一有闲暇,便把从前所读的书拿出来阅读。到居家稳定后,他曾经用重价购买一些古书秘本,尤其是喜好《通鉴纲目》,天天翻阅,烂熟于心。他秉性好客,有客人到来,便摆开酒席,同客人竟日谈古今史事而毫不疲倦。他曾经对儿子吴荣芝等说:"人生在世,时间不长,应当以利世济人为当务之急,不能只顾自己啊!"他逝世前的那年夏天,又是

仁心济世

淫雨大作,扬州所属区县的田园悉数被淹。吴自亮考虑到,这年秋冬肯定有许多饥民,便打算倡议同道者早做赈济的准备,且有了一个计划。但是,不久,他便病重,而且很快逝世了。这一年是康熙十五年(1676),距他诞生的明万历三十九年(1611),是 66 个年头。他一生做了无数善事义举,所以逝世时,扬州许多人纷纷致哀。

《通鉴纲目》书影

热心公益的章必泰

绩溪县西关的章必泰,又名章善津,字体舒,号苏桥,又号南峰。他是一个嗜好读书学习,欢喜吟诗作赋的文人,然而他没有在科举仕途上去追求,而是隐身于茫茫的商海,在吴越之间往来经商。他的秉性和喜好,又使他不是一个沉迷于小利的俗商,凡是名山胜迹,他无不前往游览欣赏,而且常常在兴之所至之时,便以吟咏诗赋来记叙游览的所见所闻所感。

章必泰还是一位关注宗族脉络的人士。他在经商和游览之中,还关注于收集宗族源流,寻访宗谱文书。其中,他曾经在苏州吴门遇到一个来自福建浦城的章氏宗人章汉,遂与他欣然交谈。交谈中,说及了南边章氏重建宗祠的事情,立即帮助章汉刊发告示书,遍告四方各地的章氏诸支族众,出钱出力,一起协助宗族大业。他自己则偕同兄长章必达,协力捐输,终使重建南祠的事情告成。后来,章必泰又亲自造访浦城,认真查阅了章氏统宗会谱,看看与自家西关章氏宗谱有无异同,发现并无二致,只是在一些艺文方面,自家的谱牒存在不足之处,于是他详细搜录,带了回来。还撰写了《闽游记事》,把到福建浦城造访的一切情况都记载下来。

在家乡东山书院的鼎建中,章必泰不仅慷慨资助,而且亲自襄理具体事务,使之圆满完成,从而得到了当局的嘉奖。在绩溪县县学建考棚时,他也捐资 200 两白银,作为赞助。

章必泰的父亲原先所定的亲事是前田的汪氏,因为汪氏还没有出嫁就去世了。这虽然不是自己的母亲,但她毕竟是父亲第一个所娉的女人,于是在父亲逝世后,他也把汪氏的灵柩迎来与父亲一起合厝。这在当时是一个不寻常的举措。这足见章必泰是一个不寻常的商人。

东山书院

慨然任义的汪琼

汪琼，字时献，是明朝正德年间的人，居住在祁门县画绣坊。少年时就具有豪杰的气概，考虑问题、谋划事情都从大处着想，所以很早就拥有巨资财富。

汪琼不仅在经商上气概雄豪，而且在公益事业中也有慨然任义之气。祁门县闾门外的闾河水流极为湍急，过往的船只常在这里翻覆，因此给人们生命财产带来重大损失。知县洪哲便有治理的打算，困难就在于缺乏经费。汪琼得知，慨然出面单独承担治理重任，前后捐资4000两银子，雇人凿去河中礁石，变为平坦的水道，又从丁家湾处向西别凿水道，再折向南逶迤五六里到路公遥，然后与旧水道相会，这样舟船便安然通行，百姓们从中受到很大利益。由于新开辟水道占用了田园有100余亩，为不使田园所有者作无谓的损失，汪琼悉数将这些田园买了下来；而这些田变成河道后，原先所应该缴纳的税赋有5石粮食，汪琼也一应缴办。这样几项累计花费数万两银子。如此大量的银钱，汪琼独力承担，足见他行义的慷慨之处。

慷慨嗜义的胡锡长

　　绩溪县上川明经胡氏志琎派的胡锡长,也是一个有着慷慨的气魄秉性嗜义若渴的徽商。他在杭州虎林经商时,正值当时兵营里的兵士因为缺少饷银,发生了与官长争执的事端,几乎要酿成不可预测的严重后果。胡锡长闻知这件事情,心知兵变一旦发生,将有不少人流血,会给社会治安带来极大破坏。于是他立即把自己多年积蓄的150两金子,倾囊拿出来,直接送到兵营的官长面前,表示捐献作为饷银,从而使事件得以平息。

　　许多人对胡锡长的举动很不理解。胡锡长即对人们推心置腹地说:"我们商人是以做生意为业务的,而要平安地做生意,就需要国家安定,社会安宁,兵士们如果因为军饷问题而闹了起来,势必要从兵营闹到营外,我们这些商家和众多百姓还能安然无恙吗?所以我的这个举动,自己不敢说是急国家之所急,实际上是为了保护我们自己的生业啊。"

　　当然,仅靠胡锡长的这点捐助,是不能够长期解决问题的,不过在官府的军饷一时未备时,还是能够一解燃眉之急的。所以,后来官府衙门在商讨时,都感到胡锡长的举动是一种高义的精神,于是给他以优先议叙的表彰。

朱楷见义勇为

　　朱楷,字子瑞,明代休宁县鹤山人。少年时就失去了父亲,在母亲的抚育下长大。孝顺的朱楷在稍长之后,就谨遵母亲之命去经营盐业。善于经营的朱楷很快以此起家,家庭进入富裕行列。富裕后的朱楷是一个见义勇为的人。他在两淮居住的时候,一次坐船出行,见到同船的一个少年人与撑船的船夫发生了争吵,并且打斗了起来。在打斗之中,那位少年失误把那船夫的肾部打伤了。船夫家人十分愤怒,抓住少年,送到官府,并且关了起来,指责少年故意伤害,还要求给予赔偿。朱楷是同船的目击者,认为双方争吵都有错处,而少年将船夫致伤,那是一时失手造成的,决非故意伤害。他立即拿出 100 两银子给那船家,请他们不要再追责少年了。同时,朱楷还寻来医家为伤者诊治,亲自侍奉船夫服药和寝食。这终于感动了船家母子及家人,并去官府撤案,从而将那少年从牢房中放了出来。朱楷的见义勇为平息了一场平民百姓间的纠纷,人们都称赞他是一位高义的人。

敦宗睦族的胡天禄

明代徽州府所属祁门县的一都胡村,有个叫胡天禄的人,字慕峰。他幼年时,家庭很贫困,但幼小的他很孝顺,对父母亲和宗族的人都非常恭敬,终身不忘他们对自己的养育和照应的恩情。后来长大了,他即投入到商场之中,凭着他的精于筹算的经营才干和吃苦耐劳的精神,在商业经营中屡屡获得赢利,从而使家境日益丰盈富裕起来。

胡天禄是个具有敦宗睦族品行的人,为宗族做了许多义行善举,一是他见到宗族中已有一座"思本祠",祭祀的是历代先祖,于是又构建了一座"报本祠",用以祭祀近代的宗亲,为宗族增添了祭祀之处。二是宗族有人因为用火不够谨慎,引起了一场火灾,烧毁了自己的住宅。胡天禄见了那人困难,便慷慨捐出资金,帮族人重新建起了住宅。三是捐输自家

祁门古祠堂

的田 300 亩作为义田,并邀请宗族内的缙绅制定义田收入管理使用条例,从此,私塾教师和学生有补助资金,学习有成的人有奖励资金,宗族内成婚、出嫁者缺少资金的、丧亡安葬者有困难的,鳏寡孤独没有依靠者,穷苦而没有告求者,都可以从义田的收入中得到赈济。他的这项举措为宗族中不少人解了燃眉之急。后来他的曾孙胡征献继承了先祖的遗志,也捐输义田 30 亩,使祖上的敦宗睦族的精神得到发扬。

祁门县一瞥

见义勇为的江正迎

清代初期，婺源县江湾人江正迎，字其机，也是一个见义勇为的人。他经商于江湖之中，最后侨居在无锡，因经营有方，又节俭为生，从而创造了丰厚的财富，奉养自己的亲人，使他们都过上富裕的生活。他把自己的收入都拿出来与兄弟们均分，而且延请了名师来培养教导弟弟江莲，使他成为一名在当时有才学有名望的文士。

江正迎不仅对自家的亲人友善，而且凡是遇到贫困之人，他都能够倾囊予以救济；有发生纠纷的，他则仗义居理给以排解，由于他在当地很有威信，往往只要他发出只言片语，便能够使纷难得以释解。当时在南方省份，当局对商人多实行平均摊租的政策，许多商民都认为不合理，特别是一些小商小贩都引以为患。江正迎虽不是一个小商小贩，但他考虑到大多数商贩的利益，极力向当局呼吁采取合理的实事求是的办法，于是当局采纳了他的意见，废除了平均摊租之策。

后来，江正迎回到家乡，祭拜先祖之墓，得知鼻祖的宗祠祭祀之田，因为种种缘故被卖了出去。他觉得这种数典忘祖的行为不可再继续下去，于是独自拿出钱来予以赎回。他尤其看重和思念宗族本源的事情，凡是诸位祖上还有遗骸没有安葬的，他都殚精竭虑地给以妥善安葬，使先祖的魂灵得到永久安息。同村的江国铭在修葺宗祠时，江正迎也尽力给予支持。总之，凡有义善之事，他只要亲眼见到，都心想之，并且付诸行动。

徽州宗祠

俞焕义举善行多

　　清代婺源县长滩人俞焕，字文光，少年时就显示出倜傥的风格，到成年时就在吴楚之地广泛的区域内经商贸易，并获取了雄厚的资财。

　　俞焕是一个积而能散的人，慷慨地用获取的利润去做一些对民众有意义的善事义举。如徽商在饶州、苏州、金陵等地建造徽州会馆时，俞焕都积极地捐输了资金。在芜湖建造蟂矶庙，修筑澛港江堤的工程中，俞焕也慷慨捐输了资金。《太平府志》记载了他的事迹。

　　俞焕在金陵经商居住时间最久，在那里所做的善行义举也最多。清乾隆丙子年（1756），金陵发生了灾荒，一些饥民没有熬过灾难而失去了生命，许多人还未能够及时得到安葬。俞焕见此惨景，立即捐施棺木，设置义冢，使这些无家可归的亡灵入土安息。乾隆癸未年（1763），金陵城修葺城墙，俞焕又大量捐资，并且恰在工程缺资的紧要关头。所以他多次被官府议叙嘉奖，他也多次得到朝廷的封赠，直至盐运同知加二级，授中议大夫衔。

　　后来，俞焕回到了徽州婺源县告老休息。然而他依然关注家乡的事业，慷慨捐资修理了徽州府和婺源县的文庙，建造了俞氏远祖俞纵公祠、鼻祖俞昌公的墓祠，赎回始迁祖俞彦勋公祠等等，总计耗费资金巨万。其他如修桥铺路等等善行，但凡遇到都必然乐善好施，难以枚举。乾隆壬辰年(1772),俞焕年届七十,便把子孙们唤到跟前,要他们把人家欠下未还的债据全部撕毁舍弃,不要人家归还了,其数值不下6万金。所以,直到清代光绪年间,婺源人在称道善行义举时,仍称道俞焕是首屈一指。

舍私为公的王中梅

　　王中梅,字开先,绩溪县盘川人,生于清代康熙辛未年(1691)。少年时代,他的家庭很贫困,不能供他读书,所以从小就犁雨锄云在家乡盘川的田野里。这样的生活虽然可以维持生存,但要过上富裕的日子却只能是一个梦。王中梅不是一个固守小天地的人,他的思想将他的目光引向了四方,于是为了更好的生计,他在家乡耕耘之余,也常常出远门做点生意。在这小规模的商业经营中,他的臆测往往都很准确,也就赚了不少钱。这样,他就把自己的工作重心转移到商业经营中来,而且年年都有了积累。如此过了数年,他的家庭经济也渐渐富裕起来。

　　富裕起来的王中梅在如何对待消费上,有着与他人不同的理念。在他的诸位子弟中,大多请他把钱财用于营造宅第方面,给自己一个良好而舒适的住宿环境。王中梅听了这些意见后,感到有些茫然,觉得太不符合自己的心意,便对他们说:"有了钱财,就只顾营造自己的宅第,那是没有远见的表现。作为一个君子,应当以家族宗庙为先。如今我们宗族中祠宇还没有兴建,我们的祖宗还散露在各地,他们的魂灵还没有得到安息,而我们有了一些财富,就广营自己的私家宅第,这样,纵然祖宗不责备我们,我们自己难道不感到有愧于心吗?"说到此，他没有采纳子弟们的建议，而是慨然地拿出钱来兴建宗族的祠堂，把祖宗们的灵位供奉于祠宇之中，既让先祖们的魂灵有个安息之处，也让后人有一个祭祀怀念先祖的场所。他的这一理念和举动，得到了宗族中绝大多数人的支持，称赞他有舍私为公的精神。

绩溪龙川一瞥

俞俊锦义建永丰堤

　　俞俊锦，字绣轩，清代婺源县西谷人，是一位国学生。但他也没有在科举路上走下去，而是踏上了经商之途，在江苏丹徒图山业商。

　　国学生俞俊锦在经商的道路上很快取得了成功，成为富裕的商人。他同许多仁义的徽商一样，生平嗜义笃诚。在当地遇到灾荒之年时，他慷慨地捐输了数百两银子，使许多人度过了灾荒。但还是有些灾民死于饥饿之中，俞俊锦又捐施棺木予以安葬。在乐平、德兴二州交界的地方有一座堤坝，长达数十里，是一处重要的防洪水利工程，但自从明代倾塌后，一直没有维修，当地的居民屡次遭受水患。在当地经商的俞俊锦见了，很是不忍，便召集邑内绅士商议进行修筑，然而都被他们以耗费太大而推辞。俞俊锦甚为恼怒，说道："那好，

马头墙

等待我三年,我一定把此事办好!"

从那以后的三年中,俞俊锦默默地在商场上奋斗,省吃俭用,积累资金,终于积攒了千两银子,便选择了一个吉利的日子开始动工。在工程中,俞俊锦不仅拿出资金,而且手拿工具,亲身参与其中,或者畚土,或者挖泥,或者肩挑,手足上尽是老茧。后来资金用完了,俞俊锦便到邑内众绅士前求助。众绅士都已见到了俞俊锦为修筑堤坝的勤苦状况,感到一个外来的商人如此仁义,本地人再不出力,就无颜面对世人了,于是纷纷出资相助,使一道崭新的堤坝终于修筑成功。

竣工后,给此堤坝取名"永丰",自然是表达永远丰收的愿望。俞俊锦的义举得到旌表里闾的表彰。当时正值县学里举行课试,于是以"永丰堤"作为题目,命诸生们作赋,然后选择优雅的作品颁刻成书,予以传颂。

歙县今貌

金辑熙独修齐门吊桥

金辑熙是清代婺源县人,在江苏一带经商,凭着任劳任怨和辛勤奋斗,置下了比较丰厚的产业。但他没有据为独有,而是都与弟弟们平均分产。尤其是对尚未成年的幼弟格外优厚,抚养他长大,让他读书接受教育,还给他订婚成家,一直到此才让他分家立户。

金辑熙不仅对家人兄弟挚爱有加,而且对宗族的事情也非常热心。如营造祖墓,建造家庙等,他不仅慷慨捐资,而且组织工匠,采购建材等等,他都亲自躬行,现场督造,毫不松懈。道光年间,婺源县遭遇饥荒,金辑熙毫不犹豫地将自家的粮食拿出来,分给缺粮的人家,投入赈济。后又闹水灾,有些人被淹死在洪水中,金辑熙又施舍棺木予以掩埋。

金辑熙不仅对家乡的公益事业很热心,而且在经商之地也慷慨施义行善。在苏州经商时,他曾拿出千两银子,独力修造了齐门吊桥。

在德邑的坑口,他又投资打造了渡船;为了使义渡能够长期运行,他又捐输 500 金作为善后资金,给行旅之人带来了很大的便利。

义昭仁里的吴时镇

　　清代婺源县蕉源人吴时镇，号方谷，为人峻嶷，知晓大义。他 12
岁那年，见邻居中有一个人因为背负重债，要出卖自己的妻子来还债，
就规劝自己的父亲拿出钱来代替那邻居还债，结果只花费了 50 两银子，
就保住了那邻居的妻子。到了将要成年时，他就随着父亲到浙江西部
一带经商。在积累一些余资后，就热勤地善待同乡中滞留在外的人，居
住在那里的，他资助以生活费，要出行返里的，他则给以路费。

　　家乡有一座石桥被洪水冲毁了，宗族中因为工程巨大，难以修复，便
打算架一座木桥能够通行就算了。吴时镇则出来同大家商议。他说，建
木桥是节省钱，但稍遇大一点的洪水，就会被冲走；还是复建为石桥好，它
比木桥坚固，可以更好地抵御洪水；经费不够，大家捐资。俗话说，众人拾
柴火焰高，只要大家共同努力，建造石桥是可以的。人们终于同意了吴时
镇的建议。吴时镇带头捐输 500 两银子。村里的人们也都纷纷捐资参与。
但是经费仍然不足，吴时镇就把自己的财产典出得了数百两银子，终于把
建造石桥的经费凑够了。经过大家的努力，终于将石桥复建成功。吴时
镇还每年捐输田租 50 两银子，作为石桥善后小修和管理的费用。当地的
乡绅和耆老们感到吴时镇在建造石桥、造福乡里中立下了功勋，应当予以
表彰，遂到徽州知府处请求题额，知府便题书了"义昭仁里"四字以赠。

汪琼生义行经商地

　　清代休宁县上资村人汪琼生,11岁时,母亲去世,而此时父亲汪先义却出外已久,没有归来。少年的汪琼生在亲友们的帮助下,安葬了母亲,然后当起了一个小商贩。

　　年少体弱的汪琼生挑着货郎担子,到四面八方去做小买卖,一是为了解决自己的生活,二是希望能够在经商途中找到父亲。苍天不负有心人,果然在他到了池州的大通镇时,在茫茫人海中意外地遇到了父亲。原来父亲外出经商,一事无成,成了一个流浪者。汪琼生见到一身落魄的父亲,是既高兴又辛酸。他赶紧在当地租了一个房子,让父亲安定地住了下来,自己也不再走远了,只在附近继续做着小生意,来负担父子二人的生活。

　　就这样过了20年,父亲也年老了,他也长成中年人。这时,年老的父亲得了重病,汪琼生竟然割下自己大腿上的肉,掺和到药里给父亲服用。当然这样也不能挽救父亲的生命。父亲去世后,因是在他乡外地,不能把父亲安葬,汪琼生便暂时借了一块空地,搭起了一个柴棚,把父亲的灵柩置放在那里。他便白天继续在街市上做流动的小生意,晚上便在柴棚里守护着父亲的灵柩,这样过了3年。大通镇上的人都为他的孝行所感动。

池州大通镇

后来，靠着不间断的辛苦，汪琼生的经营才渐渐兴盛起来，这时，他已经是 40 岁的人了，也终于娶了妻子，有了完整的家室。他觉得不能让父亲的魂灵永久流落他乡，于是扶父亲灵柩返归故里安葬，让他在家乡安息。他自己也回到家乡经商，生意也愈来愈发展，家庭也越来越富裕。

富裕后的汪琼生没有忘记穷苦的人，凡亲族中去世者因为贫苦而不能安葬的，他出资予以安葬；无财力婚配的，他捐资予以帮助。从徽州去往省城安庆所要经过的大洪岭、流沙岭等要道，汪琼生都独力出资维修。他还在山岭上建造茶棚，施舍茶汤，还请当地的僧人管理此事，以给行旅之人解渴休息……

吴永亨善义助众

  清代休宁县和村人吴永亨,字咸吉,秉性忠孝友善。他的父亲是一个在浙江经营盐业的商人,在绍兴逝世了。十分孝顺的吴永亨对父亲的逝世,是一阵阵锥心的悲痛,哭出来的几乎不是眼泪而是从心头流出的血,真是痛不欲生。后来,母亲也去世了,他也是一样的悲痛。不过吴永亨能够化悲痛为力量,把满腔热情投入到父亲没有完成的商业经营之中,继续在浙江商场奋斗。他的奋斗卓有成效,在父亲的基础上有了新的发展,家庭也自然富裕了。

  富裕后的吴永亨表现了一颗善义的心,凡是对公众有益的事情,他都乐于协助,这体现在以下几件事情上。一是协助建造了本宗族的宗祠,而且和弟弟吴永杰一起捐资作为宗族祭祀的产业。二是宗族中有一些没有后人的坟茔,他也捐出一些资金,作为每年予以祭祀的费用。三是他的七世祖吴添祥的墓茔虽葬在本村,但被邻村的人侵越,吴永亨不忍祖墓被侵,立即鸣告到官府,结果得到官府判决归还。四是在乾隆壬寅年(1782),官府因漕运向各地摊派拉纤的夫役,和村吴氏家族中缺乏壮丁,众人为这事既苦又累,吴永亨则独力拿出钱来招募壮丁把这件事给办了,解决了家族中的一个难题。五是乾隆庚辰年(1760),官府要求百姓花钱赎买军田,以接济屯兵运输,村里许多人家拿不出钱来赎买,吴永亨便率先捐资协助众人予以赎买。在他的带动下,其他富裕之户也投入捐资之中,从而完成了官府的任务。六是凡是遇到灾荒歉收的年成,吴永亨都要拿出资金购买一些粮食,然后平价卖给乡人,救助大家度过灾荒。

　　吴永亨的善义之心,给他带来了生命的高寿,活到 75 岁才离开人世。

婺源商人义行一簇

婺源县如今属于江西省,但在历史上曾是徽州一府六县之一,因此明清时的婺源人是徽州人。他们的行事作风和传统风俗都与徽州有同样的风格特点。婺源商人是徽商的一部分。这里且介绍一簇具有善义行为的婺源人。

江应萃望重乡邦

江应萃,字叙五,清代婺源县江湾人。父亲生他们兄弟 6 人,江应萃排行第三。因为家庭贫穷,成年后的江应萃就前往浮梁镇当佣工。当佣工的收入是有限的,江应萃省吃俭用,希望有点积蓄。果然,积累了多年,他竟然有了不少的资本,于是他毅然辞工,自己开起了烧制瓷器的瓷窑。这自然使他的财产迅速发展,成为一位富裕的人。

在江应萃看来,钱财虽说是自己辛苦赚来的,但不只是自己独自享受的资本,应当服务于更多的人。他首先考虑到兄弟们株守在土地上,日子依然过得很艰难,遂很为他们担忧,于是在自己经营的瓷业中转让一些股金给诸位兄弟,从而使他们的家境也富裕起来。他的二哥虽然娶了亲,但没有子嗣,他即为二哥嗣继了一个孤儿,并把他抚养长大。他对宗族中鳏寡的和残疾有病的人,也都捐资,终身抚养他们。

江应萃在宗族中还做了两件善事,一是重新建造了宋代忠翼郎祠,二是捐资购置了族中祭祀之田。清代乾隆二年(1737),江湾开始实行"社仓法",以把赈灾工作列入常规,江应萃以他的善义的精神品德被大家推举为首任社长。江应萃也不负众望,勤勤恳恳地在这个职位上报效了五年,取得了良好的成绩。所以他得到了藩司给予的"望重乡邦"的褒奖。

江应萃担任社长

俞以湘义为家乡

俞以湘,本名铨,以湘是他的字,婺源县龙腾人,生活在清代咸丰、同治年间。他幼年就成为孤儿,因为孤苦无依而对读书习史的事便没有兴趣。后来通过经商使自己富裕起来,成为被乡间刮目相看的人。

富裕后的俞以湘,更以为家乡所做许多义举而被乡亲们刮目相看。他在宗族中,一是为俞氏支祖设立了祭祀之田,以田中收获作为祭扫的资金;二是修纂了本支的谱牒,使族人知晓自己的根源;三是凡是先祖的墓茔没有安葬妥当的,都卜选吉日予以安葬,这三方面的事情所耗费资金不下于千金。

在家乡,俞以湘还做了不少善事。一是见上新河的俞家茶亭破败了,他即捐输资金进行修整;二是本里的水口禅寺的古树林被毁坏了,他首先捐银 200 两,倡导村人一起经理重造。

俞以湘不仅为本宗族行善,而且在外地也义举不断。他在金陵经商时,眼见当地的义冢坍塌了 70 余座,棺木尸骨暴露在外,他即拿钱雇工全部掩埋。至于助济军队饷银物资等,俞以湘也都有捐款。而到了灾荒的年景,他也常给那些缺吃少穿的人助以粮食和衣衫,因此依赖他的贫苦人和乞丐很多。

胡孔昭义行危难

胡孔昭是清代咸丰、同治年间的婺源县清华人,在祖国西南的施南、黔江一带经商,也颇有收获。同样,富裕的商人胡孔昭也常行善义于危难之中。

在灾荒重大的年间,很多的人死亡于灾荒之中,还有更多的人处于饥饿之中。胡孔昭见了,心中很是悲悯,当即拿出自己所积累的俸金,买来稻谷100余石,然后平价卖给缺粮的人。后来见自己所做还不能解决大问题,于是继而把自己所藏的粮食尽数拿出来赈济饥民,因此许多饥民在得到胡孔昭的救助后活了下来。

徽商胡孔昭义赈灾民

后来,胡孔昭回到了家乡清华,看见家乡的宗祠将要倒塌了,便立即召集众族人商议重修,而他自己则带头捐出200金。在他的带动下,族人争相出动,纷纷有钱出钱,有力出力,组织工匠,筹备材料,并由胡孔昭担任重修宗祠的董事,管理和组织一切事宜。胡孔昭和宗族众人辛勤努力了三年,整个宗祠栋宇焕然一新。

程世德见义不吝

程世德,字明友,清代婺源县溪头人。少年时家庭很贫苦,但贫苦的生活磨砺了他人生的意志,于是在年纪稍长时,就到江西去经商了。自幼贫苦的程世德,在经商和生活中牢记"勤"、"俭"二字,所以在一点一滴的积累中,在审时度势的经营中,他成为了一个富裕的人。

富裕后的程世德在自己的生活中依然勤俭度日,但他并不吝啬,尤其是见到该行善为义时,便毫不吝惜钱财。如家乡宗族祭祀的厅堂被毁坏了,他立即慷慨捐输 500 金,襄助宗族重修成功。又如宗族中要创立文会,以推动宗族的文化事业,程世德又捐输数十亩出租的良田,资助文会。

俞大霭毫无私积

俞大霭,字元晖,是清代婺源县新源的一位太学生。但他后来还是走上了经商之路,在贵州、湖北、湖南一带经营。颇有文化知识的俞大霭,在经商中也颇有眼光,因此很快赢利,生活逐渐富裕。但他把所获利润都尽早地均分给诸位兄弟,自己毫无私下积蓄,让兄弟们同自己一样过上富裕的生活。

俞大霭不仅对亲兄弟如此友爱,而且对宗族、乡邻也多有奉献。如宗族中的祖先,不论远近,他都设置了祭祀的义田,隆重地给祖先们举行祭祀典礼。后来,随着年岁的增长,身体衰弱,俞大霭知道自己要走向生命的终点,仍没有忘记义善之举。在他逝世前的第三天,他还捐出 300 余金,嘱咐儿子把这些钱用以资助宗族内贫苦人的生活。人们都为他这种高尚的品德所感动。

吴永钥多方善行

清代婺源县梅溪槎坑人吴永钥,字金声,也是一个自幼贫苦的人,依靠出劳力为他人当佣工来养活家人和自己,日子虽然很辛苦,但年衰的父亲常给他以赞许和鼓励。后来,吴永钥也走上了经商之路,在遥远的汉口镇行商。在那个时候,经商确是一条比较容易致富的路,吴永钥依靠自己的努力而成为一位富商。

在浓郁的儒风中熏陶的徽州富商,大多数都是义善的商人,吴永钥也是如此。他在汉口经商时,有一年正值闹水灾,吴永钥立即投入救灾之中,他看见许多人被洪水所围困,便立即出资雇了许多船只到洪流中去救人,在他的救援下,使很多被水围困的人转危为安。

吴永钥和许多徽州人一样,尤其笃行宗族根本,在回到家后,他即进行了整修祭祀大厅、修葺宗谱等事情,花费资金不下 500 金。他还捐资重修了太尉庙的石桥,通往十九都的道路。兄弟中经济发生困难的,他予以资助。宗族中一些遗孀没有后人抚养的,他就拿出衣衫、粮食来帮助她们。总之,吴永钥的善行不是一件两件,可说是难以计数。

余鼎濂独力建祠

余鼎濂,字蕴高,婺源县沱川人,本是一名秉性敦厚、遭遇羞辱也不计较的贡生。他在弱冠之年,攻习科举之业,被师门以大器所推许,很

仁心济世

可能有一番作为。谁知家庭窘困的状况,给他的科举之途蒙上了难以驱散的乌云。当时的情况是,他的一个同胞弟弟过早地去世,留下了年轻的弟媳妇矢志守节。余鼎澍见家庭经济贫困没有一点钱财,不忍心为了自己的科举事业,而给家庭增加负担,于是他放弃了儒学上的奋斗,改走经商之路。余鼎澍的这步棋算是走对了,因为有文化知识的他,在经商路上也是一把好手,遂使家境渐渐富裕起来。

婺源汪口俞氏宗祠

有了钱财的余鼎澍,便把宗族的事业摆在自己的心坎上。他顾念宗族中,由于经济拮据,先世的祭祀典礼多有缺乏,心中便觉得不安,所以他独力捐资增置了宗族的产业,支撑着一切祭祀活动的开展。他眼见自己一宗的支祖还没有专门的祠宇,遂又独力拿出数千金,创建了支祠,得到族人的称誉。

孙有燧获号"孙善人"

　　婆源人孙有燧也是一位中途弃儒就贾的商人。当他的资财逐渐富饶之后,也做了许多善义的事情。如捐资建造了宗祠,设立了祭祀之田,修订了祭祀的法典,纂辑了家族的宗谱,周济宗族中贫乏的家庭,拯救那些被遗弃的女婴,遇到灾荒年景即捐资购买粮食平价出售赈济缺粮的人等等。

　　此外,孙有燧还做了几件值得特别记载的善义事情。一是在兴立文社,推动文化事业,襄助兴建本都的书院和京师的文明会等方面,孙有燧都是带头捐资并倡导其事的领袖。二是在清代道光乙酉年(1825)、丙戌年(1826)时,祁门县纂修县志、建造文庙和县学考棚,孙

徽商孙有燧助修县志

有燉皆是倡议捐助者，并为首捐资 1000 余金；工程宣告竣工后，经费还有些短缺，孙有燉又捐资 500 金。三是孙有燉在侨居金陵经商时，曾捐助兴修了江南、江北诸处会馆，独力建造了万福庵河桥。所以当时的人们送给他一个"孙善人"的名号，称赞他的善义之举。

程世杰获建"乐善好施"坊

清代婺源人程世杰，年轻时即由习儒转向经商，往来于广阔的吴楚两地之间，在稍有赢余有所积累时，就慷慨地拿出钱来济助公众的事情。一是他曾购置义田 300 余亩，设立了义仓，在丰收之年把它积蓄起来，到了灾荒的年景，便拿出来或减价或平价出售给缺粮的人，以度过灾荒。二是他思念起远祖程本中曾在村内建有一个遗安义塾，并

古紫阳书院内的明伦堂

且购置有 500 亩田,以出租收入作为义塾的办学经费,然而随着岁月的久远而荒废了。程世杰认为,义塾教育是培养人才的重要阵地,对于人口素质的提高和村庄的建设发展是具有很大作用的,既然远祖已经做出了榜样,那么我们不能再让义塾荒废下去了。于是他独力出资,把义塾重新建造起来,每年以平价出售粮食的收入来延请教师,使合族的子弟都能够入学读书。义塾学满后,对可以继续深造者给予赴县考试的费用,有所节余的即拿来购置学田。以上两项本村的公益事业所花经费不下 1 万余金。

程世杰不仅热心于本宗族的公益事业,而且对社会公益事业也很热心支持。一是徽州府修建紫阳书院时,他捐助了资金 1000 两。二是京师创建徽州会馆时,他捐资 300 两。至于其他捐资修建祠宇、兴造桥梁、施舍义棺以及勇于为义的事情等等,可说是扳着手指头数也数不过来。所以朝廷为表彰他的义善行为,下旨建造"乐善好施"牌坊,予以旌表。

施赈义士胡氏兄弟

胡继芳,字联卿,明朝末年婺源县清华人;其弟胡继薰,字和卿。兄弟二人,少年时家境贫苦,都无钱就读学习,但都天性孝义,忠诚为人。为了生活,兄弟俩拉着车子,做一些小本生意,栉风沐雨,赚一些钱来竭力奉养父母双亲。艰苦的奋斗,辛勤的积累,终使他们的家庭经济渐渐富裕起来。

家境渐富的胡氏兄弟,不是只顾自己利益的人。明代天启甲子年(1624),婺源县遭遇了大水灾,许多人家处在饥饿之中。胡继芳、胡继薰两兄弟便拿出自家的粮食,设立了救济棚,煮粥糜供给灾民们,一连

仁心济世

胡继芳、胡继薰兄弟赈济灾民

供应了 3 个月,使许多人度过了灾荒。对他们仗义赈灾的举动,当时的知县许明佐给予了充分的肯定,赠以"赈施义士"称号。

胡继薰经常到江西万年县去做稻谷贩运生意,其中有个多年的主顾因为积欠多年的赋税而被官府逮下监狱。这位主顾的妻子见老客户胡继薰来到,便禁不住对他哭泣着诉说起来。颇富同情心的胡继薰听了以后,立即伸出救援之手,拿出自己采购稻谷的资金,代这位主顾缴纳了所欠的赋税,从而把获罪人从监狱里救了出来。当地的县令得知他的善义行为,竟投上名片走访了胡继薰,赞扬了他的义行。从此,胡继芳、胡继薰更加坚定了行善仗义的信念,把修桥铺路、购置义渡、施舍义棺、埋葬无名尸骨、平价出售救济粮食、设粥棚赈济灾民等等作为平常的事情来做。

因此,地方官府和乡邻里人都称颂他们兄弟俩的恩德,并以名士嘉宾相待。

江演捐金凿新岭

　　江演,字次义,号拙庵,徽州府歙县江村人,在淮海之间经营盐业,经过不断奋斗,终于致富。

　　江演是位居家生活极为节俭的商人,穿一件布料衣袍浣洗多次也不肯更换,一条蚕丝被子盖上数十年也不另制,家里很少摆宴设席,经常吃的是家常蔬菜,没有多少鸡鸭鱼肉。然而,不要以为他就是一个吝啬的一毛不拔的守财奴。如若这样看他,你就大错特错了。他以济人利物为怀,没有自私自利之念,常常为人排忧解难,扶危济贫,动辄捐出千万缗钱也无所吝惜,并且创下不朽之举。所以当时的名公巨贾都倾心与他交往款接,凡是与他接触过的人,无不赞叹他的才识远远超过一般人。

　　这里先记述江演几件济人利世的事情。第一件,江演在扬州经商时,一年城内发生重大火灾,连绵烧毁了数十百户人家,给许多人带来了灭顶的祸患。面对这番灾难,江演没有袖手旁观,而是捐出数量不少的钱投入赈济,而且不让受惠的人知道此钱出自何人。第二件,在故乡歙县江村,江氏宗族家庙倒塌,江演慷慨捐资,独力进行修茸,比先前还要宏伟壮丽。同时,他还建造了支族的支祠,以妥善安置先祖的灵位,方便族人祭祀先祖。第三件,歙县江村江氏家族繁衍旺盛,富裕财大的人家很多,但贫穷困难的人家也很多,因此他每年周恤族中贫穷的人都有成例定数。此外,凡是弱冠成婚、病老丧葬,没有财力办理的,他都拿出丰厚的钱为他们办理。第四件,江演还设立了家塾,教诲族中子弟,对其中文行优秀的子弟,更是选择良好的教师加倍培养,教师有俸禄,弟子也有津贴;而对那些绌于文才,但善于经营,懂得时务的子弟,他则量能取用在商场上。

最能体现利世济人的事情,是江演捐重资开凿了新岭的路。歙县地处万山之中,四面都是崇山峻岭,道路最为险峻。东面与绩溪县交界处,山势斗绝,悬崖临江,参差盘桓,上下弯道甚急。其中一处山岭,名叫新岭,此地的险隘尤其难以名状。他的父亲江国茂公早年携家眷避地他乡路过此处时,曾为这里的险峻而长吁短叹,且动了开凿的念头,以后每次经过这里都心中怆然不安。由于经济不甚富裕,因而虽曾动念,却未曾付诸实施。新岭之北,旧有故道,依山傍溪,由镇头趋向孔灵,约有 30 余华里。明朝末年,贼寇蜂拥而起,常在此处埋伏抢劫过路客商。所以徽州人议论要舍弃比较平缓的故道,而从险僻山峦间开辟新道,从此就有新岭之称。然而新岭并未开通,而故道又梗塞了,给行旅之人带来了很大的不便,许多人叫苦连连,就这样过了数十年。清康熙三十三年(1694),江演请示于督抚衙门,表达了捐金开凿新岭的计划,得到政府的支持,开始了艰巨的工程。经历了四五年的时间,花费数万两银子,终将新岭道路开通,还设立了路亭、茶庵等。从此坎坷之处变成坦荡之途,往来行人络绎不绝,迥非昔日可比。此件利世济人的善事,被载入《安徽省通志》中。

江演所做利世济人的善事,又何止这些?其一,徽州郡城之北的万年桥是建于明代万历年间的一座古桥,将近百年,已经圮废毁损。这乃是府城通往北乡的要冲,江演见状,首当其冲捐出资金,倡议人们有钱出钱、有力出力,修复古桥,于是古桥换新颜。其二,金陵城燕子矶关帝庙年时已久,已经倾颓,是江演捐资为之重修。其三,扬州下河,多次遭遇水患,是江演出谋划策,捐助予以拯救。其四,清康熙十八年(1679),扬州一带发生大旱,从伍佑到东河 120 华里的平原上,一片干枯,运输失利,又是江演捐输钱财加以疏浚,使水上运输得以恢复。

至于给穷苦者施舍棺木,抚恤饥寒交迫的人,凡江演所遇到的,他都慷慨地给予资助。有人经济有所拮据,向他借贷,他都有求必应,尽管知道有的人是归还不了的,他也不予以计较,或者把借据归还借款人,或者点火烧了,以安定借者的心。由于江演待人慈祥深厚、重义轻财,时人将他比作古代的平原君、孟尝君,也毫不夸张。他有肝胆义气和骨鲠的性格,肯当面指正人的过错,更有长者豪爽之风。康熙皇帝南巡时,江演迎驾于翠华门,侃侃奏对,龙颜大悦,亲洒"宸翰",敕封他为征仕郎、内阁中书。尽管这只是虚衔,但对一名普通商人来说,真是莫大的荣耀!江演生于明崇祯丁丑年(1637),卒于清康熙庚寅年(1710),享寿 74 岁。

江演的善义之风,在他的后人身上得到了继承。他的儿子江承瑜,字昆元,秉性仁孝,见义必为。在家乡江村,江承瑜捐助建立了宗祠,修整了村东的道路,每年都拿出资金捐助周济宗族中贫苦的人,

江演捐资开凿新岭

又修筑城东孔道 20 余里。在扬州经商时,看见因当地潮湿,人们颇多疾病,江承瑜即设立药局,延请医生,义务给以医治,救活了很多人。凡有人遇到灾难,江承瑜常常拿出钱来,买了粮食,帮助他们。

江演的侄子江承元,字涵初,在江演重建江氏支祠、开辟新岭时,都慷慨赞助;居住在乡里,也是以讲道德来感化人,因此得到京江张相国题书"德重天褒"匾额,表彰他的门闾。江承元的儿子江嗣嵩,也曾倡建宗祠,捐资助人婚嫁;还将族中节烈妇女无力向上推举呈报的,代为呈报请求给以旌表。清乾隆十年(1745),江嗣嵩因做了许多善事,被当地推举为乡饮宾,主持每年举行的乡饮酒礼,很是荣光。

闵世璋善行录

闵世璋，字象南，明末清初歙县西乡岩寺镇人。少年时，他是一个贫苦的孤儿，9岁时因交不起学费就辍学了，稍微长大便刻苦自学，识了一些字，知晓了一些文章大义，懂得了做人的道理。他在阅读了《史记·蔡泽传》后，很受启发，便去徽商众多的扬州闯荡人生。闵世璋先是在同乡人的店里当会计，因办事忠诚，很讲信誉，遂得到东家的信任和依靠。后来，他省吃俭用，积累有千金之后，便以此为资本，自己做起了业盐的生意，因善于经营，很快就累资巨万，成了一名富有的商人。在有了富裕的钱财后，闵世璋除了自己的生活用度外，将大部分的钱财用到行善的事情上，前后数十年，因此到他72岁逝世时，家产并不富饶了。闵世璋一生所做善事很多，现叙述如后。

建扬州育婴社

清顺治十二年（1655）春天，有位叫蔡商玉的，看见有遗弃的婴儿在地上，顿生怜悯之心，便把婴儿抱了回来，将情况告诉了闵世璋。闵世璋闻知后，立即嘱咐下人为这个婴儿雇了一个乳母喂养，每月付费

5钱。他由此想到扬州地处南北要冲,四方游宦贵富者很多,他们为了传宗接代,多买妾侨养家中,生息也很频繁,而且常常以加倍的工钱雇佣乳母。而一些贫苦人家,贪图工钱丰厚,往往在生了孩子后,便把自己的孩子丢弃于水中或路边,自己去为富人家做乳母。所以扬州的弃婴比别的地方多,人们耳目听不到见不到的不可胜数。他把自己的想法与诸位同道者说,要建立一个育婴社来收养弃婴。这是一件积德行善的事情,同道们都表示赞同。于是扬州育婴社便由闵世璋为主要投资人建立起来。他特地请蔡商玉主持这件事情。从此每每都有弃婴被收养,多时达200多个。

清顺治十六年(1659),海浪涌来,育婴社内许多人东奔西窜,资金也有些匮乏,乳母们都想舍弃婴儿离去。蔡商玉不知如何是好,赶紧把情况告诉闵世璋。闵世璋对他说:"不要慌,我还在呢。"于是他独自给予资金数月,使育婴社得以继续办下去,社里的人又稍稍回来。时间一久,这些出资人中,有迁徙他处而退出的,也有因家境中落而无法继续的,资金又面临匮乏了。这时有位叫李书云的,在京中担任给事中之职,因母亲逝世而回扬州。闵世璋闻知,就和程休如一起去拜见李书云,邀请他加入了育婴社,使育婴社得到发展。从开办以后,坚持23年,收养的弃婴有3000多人。

设金山救生渡

长江东流数千里,折流至京口处,江面最辽阔,又去东海不太远,而一座金山峙立中流,形成的波涛汹涌激荡,往往有舟船倾覆、人员死亡的事情发生。闵世璋见此,每年都租赁数艘渡江船安排在金山边,并用重金招募善于驾驶的艄公,一遇到翻船的事发生,立即划动飞桨,前去救助。考虑到驾船的人贪图钱财和其他更多的事而不去及时救人，闵世璋就和另外几个徽商如吴自亮、程休如、汪子任、吴道行等，订立了奖励条约：凡是渔船皆得救人，救活一个，给金子一锭的酬劳；救上来已经死的，给十分之六的酬劳，余下十分之四，作为安葬费用，并请京口和瓜洲的僧人主持此事。闵世璋等人的这一举措，也救助了不少人。

施药于扬州

清顺治十六年(1660)夏天，扬州四乡发生很厉害的瘟疫。闵世璋立即延请医生在三义阁下施药医治。每日带病前来就医就药的有五六百人，前后共义诊施药 100 余天。

康熙十一年(1672)扬州又发生瘟疫，闵世璋又在浮山观施药百日。两年后的康熙十三年，瘟疫再次发作，闵世璋在高家店施药。前后 3 次施药义诊，救了近 9 万人的生命，所花费约有上千两银子，其中募助的仅十分之二，大部分钱为闵世璋捐出。

像这样救人于危难的事情，闵世璋在少年时就已经做过了。那时，他代替亲属押运盐船到江苏高淳，当盐船行驶到石臼湖时，突然狂风大作，船的桅杆从中间折断。运送盐船的船夫当即哭号连连，呼喊道："桅杆折断了，我怎么向东家交代？"说着就要投水自尽。年轻的闵世璋急忙一把抓住他，连连呼道："你不必如此，我替你赔偿。"当时，闵世璋还很贫穷，积攒了数年才得二金，却尽数给了运盐的船夫。那船夫感谢他说："是你救了我一条命啊！"

济人于急难

救济他人于急难之中的事情,在闵世璋身上发生了很多次。

他的外祖父家有4个已殓尸的棺材,因缺少钱财,多年没有下葬。闵世璋稍微富裕后,立即拿出30两银子,一日全部安葬下去,解决了外祖父家日久未办的大事。

闵世璋有个姓洪的朋友,妻子去世了,他才40岁,因为贫穷而不能再娶。闵世璋知道后,对洪说:"你本来就是单传,现在妻子亡故,没有生子,如何传宗接代呀?"洪说:"我也想续娶一个妻子,生子延续我洪家香火,但我实在没钱,如何办呢?"闵世璋立即赠他100两银子,并亲自为他选择婚配了续妻,后来这姓洪的朋友与续妻生了4个儿子。

有位姓罗的人,长得丰仪俊美,一表人才,却因为家境赤贫,碌碌无为于市井之中,白白地虚度人生。闵世璋见了,就极力劝他好好学习,并给以资助,还介绍他事情做。后来,此罗姓人在闵世璋的帮助下,家业一天天地发展,累资达1万余金。

有汪氏兄弟二人,向闵世璋借贷了1000两银子,去做大米、黄豆贩运生意,结果大大亏折,而兄弟俩竟相继身亡。他们的妻子从徽州老家赶来,找到闵世璋,用家中所存的瓷器及130两银子予以偿还。闵世璋见到这副情状,不由心中恻然,说:"你们已是孤儿寡母了,以后的日子如何过哟,我怎么好收呢?"说完,将瓷器和银子全部归还给她们,未尝收取一文。

有位姓吴的人曾居住在闵家塾学里两年而离去,到年老时,带着儿子来见闵世璋,居住了半个月,却终日长吁短叹。闵世璋感到很奇怪,便问道:"吴翁,住在这里,不舒服吗?为何老是叹气?"吴翁不好意

镇江金山寺

思地说："不是住得不好,而是想向你借贷 60 两银子,让小儿去做点生意,也好过日子,却怎么也开不了口。"闵世璋明白了吴翁之意,笑道："这有何难?你早点说,不早就解决了。"第二天,闵世璋就如数赠给了银子。

有个姓胡的塾师到闵家塾馆才 4 个月,就去故乡泰州赴州学考试,不料他的妻子竟然在生儿子时难产身亡。胡塾师的父亲就拿着自家的房屋契书,到闵世璋跟前哀求道："闵老爷,我的儿媳不幸难产身亡,家中也没有钱财,现在将房子向你抵押 30 两银子,买个棺材收敛吧。"当时正是酷暑季节,闵世璋说："老伯,现在天时炎热,这事可耽搁不得!"说完,把房契还给胡翁,立即赠送 50 两银子,说:"这点银子拿去吧,办丧事可能还有结余,就不要再向他人借了。"胡翁叩首称谢而去。

兴化县有个姓赵的人,在闵家塾学从教数年,家中因连续闹水灾,

仁心济世

以致非常贫困,屡次向闵世璋借贷,已经达到数百金了。后来,这赵塾师去世了,所借的钱却一毫一厘也没有归还。闵世璋没有计较,而是把赵塾师先后留下的借券拿出来,全部交还给赵的儿子,说道:"既然令尊已经去世,那么这些东西也就不要留到我这里了,以免连累妻子儿女。你拿回去吧。"那赵家的儿子真是感激不已。

同为歙县故乡有个姓汪的人,曾向闵世璋借贷3000两银子,去做盐业生意,不料大为亏损,因债务沉重,竟然忧郁而死。这姓汪的自己没有儿子,是他兄长的儿子把叔父的灵柩带回故里。故人逝世,闵世璋便拿着酒浆纸钱去到棺材前祭拜,口中祝道:"汪兄啊,你的魂气长在,可不要再记挂欠债的事了,安心地去往天国吧!"说完,就从怀里把汪所写的债据取出,点着火,在棺材前全部烧了。在场的人都大受感动,连连称赞闵世璋的善行。

扬州下河有位姓周的妇女,携带年幼的儿子马骥,来到闵世璋这里,哭诉道:"我们那里连续七年发生水灾,粮税欠了很多,实在缴纳不出,丈夫已受官家杖责,可怜他被打得血肉淋漓,甚至要拘留我们妻子儿女,去替代粮税。这是要逼我们一家的性命啊!"说着,泪水涟涟。闵世璋是个心慈的人,听了周氏这番哭诉,不由心中凄然,立即为她家补缴了拖欠的粮税,从而拯救了她的一家。

闵世璋有个姓程的朋友,纳聘已有一年,眼看婚期将近,然而没有钱财,无法完婚,不禁嗟叹不已。此事被闵世璋知道了,立即答应资助他一些。谁知闵世璋出门办事回来后,因事情太多而忘记了。到了半夜,他忽然想起此事,心里顿时说:"坏了,答应人家的事,竟然给忘了。不行,我不能失信于人。"于是,他立即从床上一跃而起,披上衣服,取出金钱,遣下人赶快送去。终使程姓朋友于第二天办成了婚礼,后来生了4个儿子。

闵世璋救助他人于急难的事情还有很多,这里就不一一而述了。

热心于赈灾

闵世璋还热心于赈灾的事情。清康熙初期,扬州下河一连7年发生水灾,每日,饥民成群地聚集于扬州城。闵世璋见此情况,首先拿出600两银子,并倡导诸位同仁募捐粮米,在南门外净慧园设立粥厂,煮粥施予饥民,前来吃的饥民有2万余人,并坚持了数年。然而水灾仍然不断,前来就食的饥民越来越多,于是,闵世璋即联络同道者,请示于巡盐御史,得到支持,拿出盐引资金予以捐助,在扬州城的四门都设立粥厂,并且布施絮被和衣服。从康熙九年(1670)9月到次年3月,前来就食的饥民4万余人。

水灾接连发生7年,死亡的人很多。闵世璋捐献棺材帮助安葬,也实在供不过来,只好用草席将他们埋葬在四关之外,他也花费了390余金。在清军攻破扬州城的时候,死去的人遍及扬州城内城外,尸体堆积如山。闵世璋延请僧家一起,简单地给他们卜地安葬,一连10余年不绝。他还设立斋醮,请道士祭祀诵经,点燃引路灯,为幽灵超度,以不使孤魂

清代育婴堂

怨鬼迷惑行人。这样他所花费的钱财,不可计数。

扬州城北门外的养济院倾倒了,那些鳏孤老病的人便无所庇护

了,闵世璋就倡导同道的人,把养济院修葺一新,还在院内设立佛像,以化解和宽慰他们的心。

闵世璋曾渡长江到九华山拜谒佛门,却见有下河的饥民蜂拥在江口,他便买米赈济了3天,使饥民们离去。

热心于交通

闵世璋的善行还表现在热心于修桥铺路等交通事业上。

仪征县衙后面有一座仁寿桥,是运输食盐的必经之路,历时久远,已经颓废,即将倒塌,许多巨商从此经过,熟视无睹,不管不问。一日,闵世璋经过此桥,立即花费百金,购买木材,把桥修好。

扬州西门有双桥,毁坏后,道路仅剩一孔之地,过往行人只有撩起衣服涉水而走。闵世璋见了,也花费百金修好如初。

扬州二十四桥,有的地方损毁了,闵世璋花费30两银子把它修好了。他修的大小桥梁,举不胜记。

扬州城北门外,有座司徒庙,庙右手有一段山坡路很是险峻,雨下久后,稀泥有数尺深,十分泥泞,骡马驮物从此经过,往往蹶蹄伤人,而人背负重物过此,也往往跌倒。闵世璋从此经过发现情况后,立即出资,雇人将山坡路削为平坦之路,方便了过往行人。

大运河距扬州城南门五里处,运输盐、粮的船只以及其他的大船经过此处,每每被水底不明之物刮坏,甚至船翻人亡,危害已有数百年了。故老们都传说这里河下埋有神桩,是灵怪特地设下以呈威力的。清康熙十三年(1674年)正月,运河干涸,所谓"神桩"也露出来了,原来是有无数巨大的楠木根桩竖植在河道下,参差不平。闵世璋见了便询问有关人员,人们回答道:"从前,有僧人曾雇请人到水中砍削过,按日付给工钱,但没有能够拔除一根桩。"闵世璋说:"那好,今日水干枯了,桩也显出来了,正是拔除它的好时机,不可失去啊!"于是,他会同程修如冒雪到那里认真察看,并请徽州人方子正、汪彦云具体操办此事,他则拿出钱来,放在一个匣子中,发出号令说:"谁能拔起一根大桩,给他一两银子,小桩则递减。"人们便争相下河设法拔之,仅用3天,就拔起了160多根楠木桩。又过了3天,大水涌来,舟船恢复了通行,再也没有祸患了。

热心于兴修庙塔

闵世璋是一心向善的人,因此对庙宇塔坊等建筑物也很关心,出资兴修的也很多。

东关街——清代扬州最繁华的街区

仁心济世

扬州孔庙里的孔子圣贤像,还是明代嘉靖年间,采用内阁大臣张璁的建议兴立的,已经过去 150 余年。清康熙十年(1671),朝廷颁发部牒,复令天下孔庙要更新木主,重立孔子圣像,扬州自也不能例外。当时掌任扬州儒学的官是一个徽州人。他们打开装圣像的皮阁,那座孔子像已是丹漆脱落,手、足和面容都已不具人形,让人不忍正视。朝廷发布命令,却是没有经费的。怎么办?身为徽州人的儒学官便来找大善人闵世璋商量。闵世璋果然心善,立即欣然答应,说:"待我卜日出资。"因为兴立孔夫子像不是一般事情,当然要选择一个吉日良辰。在闵世璋出资下,立即敦请匠人动工,很快就完成了。但见孔圣人衮服冠冕,光彩闪闪,面南而立,其他诸贤人也章服华彩列坐东西,整个庙堂,煌煌炳炳,肃肃穆穆,谒拜的士人学子如同亲见了孔圣人一样。

江都县治的西面,有座禹王庙,不知建造于何年何代。此庙地势颇低,年代已久,歪歪倒倒,屋架尽散,门庭内杂草丛生,密不可行走。当时,此庙东边的城隍庙、西边的浮屠,都在郡人的兴修下呈现出金碧

寺院

辉煌的景象,唯有这座禹王庙仍是一幅破败象。闵世璋见了,不禁发出感慨,说:"大禹治水,功在万世,不是他,天下可说是没有活着的人了。然而他的庙宇却面貌如此残破,人们真是忘本啊!"清康熙十年(1671),闵世璋出资,动工兴修,第二年就落成了,楹殿宏丽,丹臒焕发,又新造了大禹圣像,比旧制高大一倍,圣像两边还配享了五谷之神稷、殷朝之祖契、虞舜时的刑官皋陶等神。西边则建了文昌阁,使整个建筑形成庄严的气象。

扬州城南有一座七级宝塔,建造于明代万历年间,是因为此处水势迅猛流驶,直下东南而去,以致风气偏枯,所以当时造此塔以镇之。时间日久,已兴修多次。到了清康熙七年(1668)夏天,突然发生大地震,以致宝塔像笔杆一样摇晃,而且塔顶竟然震塌,坠落到地上,诸佛像也暴露出来,刮风下雨便显得破败不堪。面临此情况,一心行善的闵世璋又把这事挂到心上。他一方面嘱咐道人唐氏向大众募捐,响应者自有不少人,但资金仍是不足,他便尽自己的力量进行维修,换了覆盖的椽木,更新了砖瓦,重建了塔顶,自下及上,使宝塔焕然一新,成为扬州一处壮观地标。

闵世璋行善风格

闵世璋一生做了这么多的善事,这是与他的为人风格有关的。闵世璋虽然自幼因贫穷读书甚少,但他一生都喜好读书,到了70余岁,每天到深夜都手不释卷。他曾抄录了古人的许多格言,贴在住屋的墙壁上,既是为了自勉,也是为了教育子孙。他曾对人说:"我平生不喜欢赌博,不追求美食和华丽的服装,不到娼优处游玩,也没有其他嗜好。留着钱干什么呢?"

仁心济世

　　的确，他居住的房屋既偏僻又狭小，没有园林亭台，没有娱乐的场所，人们每每劝他撤旧建新。他说："你看我这里，既能挡风，又能避雨，不是很好吗？况且我这样已经很久了，也已经习惯了，就像老朋友一样，我还舍不得放弃呢。"

　　也有人劝他，布施要节制一些，多留一些钱财给子孙。闵世璋说："那存钱的扑满（民间储蓄罐）有入无出，但一旦满了，人们就要把它敲碎了，我担心它碎，所以不敢满。况且我的子孙也没有贫穷，如果非要等到太满被敲碎了，那么想过一个中等人家的生活也是不可能的了。"

　　闵世璋做了许多善事，但他为人却很低调。许多事情做了，他不愿让人知道，或隐去自己的名字，或假以他人之名，公众场合往往推辞多，办事情不喜欢张扬。然而，士人君子、里巷居民、行旅之人都知晓闵善人的作为，颂扬着他的善行。

天成子倡行义仓

　　天成子,好一个奇特的名号。他是谁? 他是安徽歙县朱望来,字公望。他还有一个名字叫之轳,字天驭。因他轻财好义的性格像是天然生成的,所以他自号"天成子"。传说母亲生他的前夕,他的祖父朱维翰梦见有一个身披金甲的神祇,挟带着一根又长又大的箭镞,由一群侍卫拥举着旌旄旗帜,经过他的家,有一条长着角的长蛇样的怪物,蜿蜿蜒蜒地跟在神祇的身后,到他家便弯成三匝蟠绕在座下。梦醒之后也天明了,遂有丫鬟来报喜:"少夫人生了一个男孩!"这男孩一出生,那状貌就很伟岸,见着人竟然会露出笑意,像一个几岁的孩童。人们都以为这是奇异的征兆,都带来羊羔美酒上门祝贺。这男孩就是天成子。

　　天成子还是10来岁的少年时就会写文章了,同城的洪允任见了觉得他很奇异,日后定会大有作为,所以就把女儿许配给天成子做妻子。然而到了成年时,这天成子却放弃了科举仕途之路,到淮南经商了。经商致富后,他却把收入都散给父、母、妻三党的亲人,以及与他交游的贫困的人。

　　歙县地处万山之中,可耕的田地很少,收入的粮食不多,因此粮价要比外地昂贵得多,常常有人处在饥饿之中。见到乡亲们这样的情况，天成子的心里很不是滋味，就向乡人发出倡议，实行朱熹朱文公所提出的"社仓法"，建立义仓。他说："这是我们祖宗所采取的救济灾荒的良善之策，我们没有能力顾及到一个县，难道不可施利于一个乡吗？"于是在他的倡导下，以他自己的财力为主，也联合了其他富裕者的力量，在一个乡建起了义仓，一乡的贫苦的人在遭粮食歉收之后，都依赖了义仓的救济，数十年都没有流离失所、逃荒避难的现象发生。清康熙十一年(1672)，又遭灾荒，五谷不能登场，百姓大多缺乏粮食。官府即向殷实的人家征集粮食，以赈灾荒。而一些贪婪的官吏却乘机敲诈、克扣，中饱私囊，于是一些富裕的人家多受到拖累，搞得鸡飞狗跳。唯有天成子所在的乡，因建立了社仓而免去了这样的灾祸。

天成子秉性甘于淡泊，不愿做华丽奢靡的事情，喜欢阅览书籍典册，凡是天官、地理、医药、卜筮之类的书，无所不读。因此他为人耿直坦荡，喜好行善之事，所倡行的社仓之法，也为后世留下救灾的经验。

婺源今貌

好义如渴的佘氏

歙县岩寺镇有一个佘氏家族,虽然不是那么显赫,却因为好义如渴,为人们做了不少善义的事情而流芳百世。

佘文义的善行

佘文义,字邦直,是明代嘉靖年间的人,晚年以种植梅花作为自娱自乐之事,因此自号"梅庄"。但他少年时却是很贫苦的,后来投身商业经营,靠着善于观察市场行情、节俭勤劳而获得富裕。他秉性不喜欢华丽奢靡,穿着布袍布鞋,行商于名卿大贾之间,不自卑,怡然自如。但他好义如渴,为着公益的事情,他毫不吝啬钱财。他在岩寺曾构建义屋数十楹,给族中没有房子居住的人;买义田 120 亩,资助族中劳作不够饱食的人;还建了义塾,让族中读不起书的人都能读书;到灾荒之时,又在族人中挑选一个正直的人掌管,对贫困者每人每日给粮食 1 升,孤寡残疾者则加倍;他还在岩溪边买地 25 亩,构建义冢,任乡里逝世者安葬。

最给人以百年之利的,是他于明代嘉靖丙申年(1536)捐助 4000 两银子,花 3 年时间,在文几山侧,北抵逍遥堤,建造了一座石桥,以便利行人交通,人称"佘公桥"。这座桥共有7个桥洞,长40余丈,高4丈,两边围有石栏,两端双植华表,高耸秀逸,为溪流的关键所在,也是全镇的门户。桥建成后,少宗伯吕楠(字泾野)题书桥名,大学士李春芳(字石麓)为桥作记。徽州太守请他充任乡饮大宾,并给他的门额题写了"范蔡遗风"四字,以作表彰。起初,这座桥心还曾竖起楼榭7间,下面是亭子,供人游憩,上面为楼,供神祇的灵位。绕游廊行走,可以向远处眺望景色。谁知,没有多少时候,这座楼榭竟被歹人纵火烧毁。后来,也就没有再重建。由于此桥水门过宽,桥垛力难胜任,故容易倾倾。明万历初年,佘文义的曾孙佘湛力加以修治,当时的太史焦竑(字澹园)曾撰记以纪。

佘文义好善乐施,并不是他极有财富,但因做的善事多,于是好义的名声与富有之名一起昭著,便有宵小之人暗中打他的主意。一天夜半,10余个暴徒翻墙入屋,要行不义之事。谁知佘文义已经衣冠楚楚地站在庭院之中,向他们拱手作揖,昂然告道:"我就是佘文义,尽自己的力量做人,家中已没有多余的积蓄了。略有一点资金,也在经商之地汴梁。诸位君子到我这里来了,得不到所要的,岂不是徒受其名。若果有所需要的,等到天明,我们坐下来相互商量一番,岂不是两全其美?"那群强盗听后,不禁唯唯而退。第二天,有几个和尚、道士陆续而来,以募修桥路塔庙为名。佘文义知道他们是些什么人,但也都各按他们的请求捐钱应付,总共花费不到200金。

佘文焯倾财修桥

时间过去140来年,明嘉靖间佘文义公(梅庄)所建石桥,到清代康熙初年,此桥已颓然从中间断了,却没有人能够继续兴修,只好略铺木头以通行人,这样子已历数年。

这时,修桥的人来了,他是佘氏家族的后人佘文焯。他字元昭,生平为人质直,没有花花肠子,先人留下的家业仅有居住的房庐,过日子也只有自食其力而已。他成年后,游商于江淮之间,家业才稍有振兴。后来为盐运使所知,得到信任,但他更加行事韬晦淳朴,不改正直谦逊的品格,不取不义之财,所以他虽擅有盛名,但也不过是中等商贾。

清康熙年间,佘文焯自江都邗江回到家乡歙县岩寺,见到祖上所建的"佘公桥"中断状况,立

徽州石桥

即感慨万千,道:"怎么能使先哲的恩泽就这样沦亡呢?又怎么能让行人停滞脚步而感叹呢?"他决定要将"佘公桥"重新修好。他考察了桥的损坏情况,计算了修桥需要的材料和工价,又盘点了自己的经济承受能力,觉得也仅仅是足够修桥之用。于是他毅然于康熙五年(1666)召集工匠,动工修建。经过3个年头的艰辛努力,终于在康熙七年(1668)将桥修好。官任仪制之职的王泰征(字芦人)曾撰文记载此事。然而这个时期,各种物品的价格都比明代嘉靖时期要高一倍多,因此佘文焯重修此桥所花的财力要比其祖上梅庄公高得多。桥修成后,佘文焯的家财也枯竭了。

佘文焯这种倾家荡产而办公益的事迹,得到当地民众和后人的赞扬。

　　然而 40 年后的康熙己丑年(1709)佘公桥的北首两洞又遭洪水冲击而崩毁,佘公的族孙佘应试、佘应策又协力重新修理,到 3 年后的壬辰年(1712)修理竣工。由于石工不善于选择石料,桥垛根部的片石中间断折,不到 5 年又被水冲毁。此时已是丁酉年(1717)、戊戌年(1718),佘氏宗族里的众位既贤惠又有财力的人,共同出资,终又修复成功。当时,官任大司成的吴苑(字鳞潭)曾有言道:"登斯桥也,水木明瑟,鱼鸟依人,梵声铃铎,时出林杪,最为幽逸之境。取诸芳风藻川之意,正可以况斯桥也。"

歙县岩寺今貌

通大义的汪啸园

汪啸园,名士嘉,字国英,啸园是他自己取的号。世代为歙县人,家居住在一个叫芦溪的村子。他的祖父汪良璧是越国公汪华的 74 世孙,父亲汪凤冠也是一个具有隐德的人。

汪啸园自幼就表现得颖悟过人,读书能够通晓大义,本期望通过奋斗在科举仕途上取得成效。但稍长大后,他便感到家境难以维持,他不愿拖累家庭,于是放弃科举之途,外出经商。他经商之处在楚地(今湖北湖南一带),隔一年就要返乡侍奉父母,必要兼具珍馐美味以孝父母,而且常在父母跟前承欢说笑,以使父母欢悦。到他中年时,父母亲先后逝世。他的商业经营虽然日益兴旺,钱财也愈来愈多,但每每思念起双亲不能得到享受,便在夜间潸然泪下,流湿了枕席。

汪啸园在自己的生活上很节俭,然而他对自己的诺言却丝毫不苟,有一种出自天性的抱义好施的品格。秦地(今陕西一带)有一个人落魄在楚地已经多年,汪啸园与他相识后,觉得那人通过努力会振兴起来的,就慷慨地借钱给他经营一些小生意,而且没有要他立下借据,也不收取利息。不料那人做生意却亏本了,汪啸园没有责备他,依然如故地借给他钱,鼓励他刻苦经营,希望继续帮助他渡难关。然而那人却为疾病所缠绕而突然回秦地去了。汪啸园也不问债务的事情。

仁心济世

隔了一年,那人疾病加重了,临去世前,他对儿子说:"徽州汪啸园先生慷慨助我,我不可以辜负汪先生啊!你当将我欠他的债务予以还清啊!"那秦人逝世后,他的儿子在经营有成的数年以后,立即奉父亲临终遗命,来到楚地,如数还清了汪啸园出借父亲的钱。人们都赞扬这是两位君子,两个贤人。

楚地濒临长江、汉水,经常发生重大水患,把岸边的一些坟墓都毁坏了。汪啸园不忍心故去的人尸骨漂散,便拿出资金购置一些小棺材,招募人收拾亡者尸骨,予以埋葬。这样的事一做就是许多年,花费的钱也难以计数。

汪啸园回到家乡,就把善事做到家乡。他看见宗族祠堂损毁多年,便首先捐资同宗族的人一起,经过数月时间,把宗祠修葺一新。芦溪村有一条溪流穿村而过,汪啸园便接着出钱,和村人一起修建了桥梁,并整治了道路,使家乡的交通状况大为改观。他对族中人的生活也很关心,有的人婚嫁时遇到困难,有的人衣食不能自给,他往往会给以资助。

汪啸园生平沉默寡言,不苟言笑,行事低调,闲暇时则静坐在家中,不喜欢跟随他人征逐于世,但只要有人遇到急难之事,他经过深思熟虑后,必会使求助的人得到满足,他自己也感到心安。他喜欢购买书籍,收藏经史子集,从不厌倦和满足。有人问他为何如此?他说:"我只想把这些留给后人,让他们也做一个通晓大义的人"。

生而仁慈汪明若

汪景晃，字明若，安徽歙县西溪人，一生做人，仁义慈善，喜好救助贫困的人。他常对家里人说："如果在宗族中，只是一家富裕，而大家贫穷，那不是光荣，而是耻辱。"

汪明若原先也是一个读书求科举的人，但到 22 岁时，他放弃了儒学之途，身带着几百缗钱，前往浙江兰溪做生意去了。经过许多年的艰苦奋斗，生意渐渐起色，经商二三十年，家业一步步发展壮大。叶落

浙江兰溪——清代大批徽商在此经营

归根,到 50 岁时,汪明若便带着对家乡的眷念,把商业上的事情尽交付给儿子经营,自己则回到故里,安度晚年。但他的晚年却闪耀着以施善济人为己任的辉彩。

他见故里族党中有些孤单无靠的人,没有生活的来源,便按月救济以粮食,让他们不致于饥饿,每年花费金钱百五六十千。对那些在寒冷的冬天没有棉衣,或被子不暖和的,他即给他们以棉衣和被子,每年费钱五十千。到了酷暑季节,他花钱请人烧茶水,放在路边,以供行旅的人们解渴,每年费钱六七十千。对村里卧病在床不得医治的人,他就买来药物,送到他们家中给以医治,以解决他们的疾苦,每年费十千。他看到村子里还有许多孩子因贫穷而没有读书,便想到自己早年读书太少而带来经商中的困难,感到读书的重要,立即出资十千钱兴建了塾馆,延请著名的儒生来当教师,把那些读不起书的子弟招来塾馆中读书,有些父母不知读书的重要,他就上门去劝说他们让孩子来读书,讲明多读书会使孩子将来有出息。正是在他的努力下,给家乡培养出一些人才。

汪明若见还有一些人死后而无力埋葬的,便赠以棺材予以殡殓,故里周围的乡村,依赖他殡殓安葬的竟有上千人。但他也因做善事几乎反遭连累的。有一次,他给一个无人收敛的死者赠送了棺材,哪知此死者是死于非命的,遂有人把汪明若告到官府里。官府便要汪明若到公堂受审。故里的人们,男男女女,老老少少全都聚集在道路上,要到官府去为汪明若请愿,说明其中的缘故。汪明若知道大家的好心,但聚集去官府却不是明智之举,便连忙制止了乡亲们的行动。后来水落石出,官府还了汪明若以清白,于是汪明若施仁济世的事情得以继续做下去。

汪明若以施仁济世为己任,也不问家中有没有多余的经济力量,所以时间久了,收入便显得不足了。清乾隆十七年(1752),兰溪发生灾荒,时年已 87 岁高龄的汪明若,还慷慨解囊,捐赈灾民。此时,他的次子汪泰安便通过种种渠道筹集钱款,来满足父亲乐善好施的行为,而且不让父亲知道钱从哪来的,让汪明若很称心地济人利世。他哪里知道,家中的财力已非昔日可比了。乐善好施 40 年如一日的汪明若,得到人们的崇敬。乾隆十九年(1754),汪明若 89 岁时,著名皖派朴学家、婺源县人江永就为他立传,详细地记述他施济善举的事迹,予以表彰。俗话说:仁者寿。生而仁慈的汪明若于乾隆二十六年(1761)四月十日逝世,享寿 96 岁。桐城派学者刘大櫆为他撰写《汪府君墓志铭》,赞道:"孔圣爱才,而吝不观。世德愈下,手足相残。歙有君子,振穷济艰。嗣君继志,剥己以殚。有高者原,善人所安。山谷迁易,其铭不刊。"

浙江兰溪诸葛八卦村

济人为务的江国纬

源于萧江的家世

江国纬,字象文,别号质斋,属于萧江氏。何谓"萧江氏"?原来此江氏出于南北朝时梁武帝萧衍,他有个后裔叫萧祯,在唐朝广明年间破黄巢义军有功,授职护军兵马使,官至柱国上将军,镇守江南。当黄巢义军打到宣、歙二州时,萧祯奏请朝廷驻兵歙州,从此安家于歙。后来朱温篡唐,萧祯起兵北上,在长江边因念唐室旧主,便指江为誓:若不能回复唐业、斩朱温,当改萧姓为江姓。后来未能实现壮志,便避居于歙县篁墩之溪南,改姓为江,此后子孙遂姓江,是为"萧江氏"。

江国纬的先祖迁新安郡的婺源，后有江麒分支到歙县，再传到江国纬的祖父江海若，娶方氏女为妻，生有 3 个儿子：江慎先、江孝先、江南楫，挟带薄资，商游江湖，来到江苏盱眙，见这里山回水会，民俗淳朴，认为可以滋养生计，于是侨居于此地。江慎先、江孝先没有后人，唯有江南楫娶鲍氏为妻，生子江国纬；鲍氏故后，继娶王氏，又生二子：江摺扬、江紫佩。江国纬对两位同父异母的弟弟如同胞一样，与他们均分家产，让三弟紫佩去棠邑立业，自己和二弟摺扬在涧溪立业。江国纬为了综理家政而放弃读书出仕之路，侍奉父母双亲殷勤尽孝，直到给他们送终。三弟江紫佩去京师为官，留下母亲居住棠邑，江国纬每年都要去棠邑数次，看望庶母，有疾病时，便细心恭谨地侍医喂药，到逝世时，他给以收敛安葬，如同对待自己的生母一样。因此，江国纬是一个十分孝悌的人。居家孝悌的人，自然有一颗仁慈的心去关爱他人、关爱社会。

扶贫助赈

江国纬虽然没有入仕做官，也不是十分富有的大商人，但他也以济世利人为人生要务。他平时对于族人、亲戚以及左邻右舍都和蔼恭敬，对一些贫困而不能自给的人和那些年老多病、孤寡的人，他都慷慨地施以钱财，赡养他们；对因婚嫁而产生困难的，他给他们提供资助；对去世而不能安葬的，他也出资予以安葬；当有人发生一些急难时，都以江国纬为归宿之处，求他帮助，他也毫无为难之色，尽力扶持。

江国纬是一个善于计划的人，自己生活简朴，常将有时当无时，所以在正常的年景，都要多缴纳一些米谷给社仓，以备荒年的需要；而到了灾荒歉收的年成，他更是慷慨捐出自己的粮食予以救助赈灾。他的这种济世利人的良好行为,多次得到制抚、藩台以及郡县各衙门的表扬和奖励,因此他在当地很有声望,不仅周围的百姓尊敬他,而且连那些长官们到他家都恭敬施礼。

修桥建亭

盱眙地处通往徐州的南北要道上,在黄河与长江之间,素来地势低洼,当洪水暴涨时,道路被淹,车辆堵在路中,牵拉拽拖都难以通行,常常弄得人马都疲惫不堪。江国纬见此情况,便独力出资建造了一座石桥,横跨在蜿蜒的水流之上,给行旅之人带来了便利。

江国纬所居住的涧溪镇,处在四面环山的要冲之地,一到雨水纷纷的季节,四处的山水就汇合一起,在距离涧溪镇两华里的地方,地势平缓,汇合的水在这里便形成一望无际、浩浩荡荡的气势,使人们出行无所适从。江国纬又倡导大家建造石梁,拦蓄洪水,自己带头捐资,经过一年多的努力,终于建成,使河水乖乖地沿着石梁而流动。之后,他又在石梁之上建小亭一座,以供过往行人休息。

盱眙的高堰有处周桥大堤,这里是淮河与泗水蓄水和泄洪的地方,乃是一处重要的防洪抗旱的水利设施。负责这项工程的河院官吏,不仅向江国纬咨询兴建的方略,而且委任他作为工程的监修人。江国纬本是一个热心的人,既然官府信任自己,又是为大众造福的事情,所以他更加投入全副身心。他亲自到采石场选择上好的石料,邀请手艺最好的石匠去开采,他自己则白天和黑夜都把工程的事情放在心上,进行思考和谋划。为使工匠更加认真地建造工程,他常自己拿出钱来,置备一些佳肴美酒来款待他们。而当工程资金有亏缺的时候,他就自己拿出资金来补上。在江国纬的精心监修下,大堤工程很快竣工,而竣工后的上下河流都趋向平安。

江国纬到了晚年,便厌恶尘嚣之事,自己开辟一个小园圃,种花养草,最多与一些亲友小宴一番,谈些风土人情。清雍正乙卯年(1735)三月十八日,江国纬因病逝世,享年 68 岁。10 年后的乾隆乙丑年(1745)十二月初三日被安葬在涧溪镇西南鲁旷寺后。江国纬因自己济人为务的事迹,被乡里人称为"善人"。

"乐善好施"坊的故事

安徽歙县棠樾村口的甬道上，有处一连七座牌坊组成的牌坊群，巍峨耸立，宏伟壮观，为许多游人所赞叹，其中正中的一座是"乐善好施"坊。它像一部石头的史册，记载着棠樾鲍氏几代人仗义疏财、热心公益、济世利人的事情；它是一张立体的奖状，表彰着棠樾鲍氏家族奉献他人、奉献社会的高尚精神。

鲍宜瑗行善故里

鲍宜瑗，字竹溪，号景玉，徽州府歙县棠樾村人。棠樾鲍氏，世代为当地望族。鲍宜瑗生平心肠醇粹，自幼便学习四书五经，听人稍作讲解，便能憬然领悟。年少时，母亲就卧病在床，他侍奉母亲昼夜不出家门。塾学老师还以为他偷懒不好学，就诘问他什么缘故。他讲明原因后，老师便用异样的眼光看待他，赞扬他小小年纪就有如此孝心。9岁时，生母去世，他悲伤欲绝，但还有祖父与继母在堂，他要孝敬他们。鲍家虽是望族，但到此时，家境已经很贫穷了，鲍宜瑗只有外出经商。

鲍宜瑗经商在外，但一颗心总是记挂着家里，每年到岁末时，都必定要冒着风雪回乡探亲,而且备一些甘甜好吃的食品奉献给老人。经过多年的努力,鲍宜瑗经商有了一定的成果,于是他见义必为,承诺必定要实现。尤其是乡党故里的事情,他都切记在心,尽力而为。

棠樾村旧有两座建于明代的牌坊,一座是"慈孝"坊,旌表的是宋、元交替的时候,鲍氏族祖鲍宗岩、鲍寿孙路遇叛军,父子争死以代,叛军首领为他们慈孝之义所感,释放了他们父子的事迹;一座是"孝子"坊,旌表的是孝子鲍灿孝奉母亲的事迹。然而,这两座牌坊到清代初期,历时已久,已经倾斜将倒。鲍宜瑗一年岁末返里时,便慷慨出资加以修葺,使之整治如初。

棠樾村是一个平畈区,粮田甚多,种植稻谷全靠一座大母堨蓄水来灌溉。然而,这座水堨也因历时已久而渐渐淤积,蓄水量大为减少,难以满足灌溉的需要,而堨坝上的石料有的也倒圯了,急需修整。但鲍宜瑗家并没有一亩田在此处,因而对他并无切身利益。然而他一心

徽州呈坎石桥

想着族众,也出资倡导修复堨坝,疏浚淤积之泥,使这座水利设施发挥作用。果然,修复后的当年,村里家家都取得丰收。

棠樾还有一处古迹叫"七星墩",建筑于宋代,堪舆家认为这里是维系着一乡的兴隆所在,不可忽视。但岁月已久,也已倾圮。鲍宜瑗见状,即出资予以修复。至于帮助贫困者办理丧葬、资助婚嫁、抚恤孤寡、周济急困的诸种善举,他只要力所能及都尽力去做。

鲍宜瑗常说:"人生在世,为善最乐,我若能仿照古人设置书院以教育人才,购置义田以赡养宗族,就心满意足了"。可惜,他此时已是花甲老人,愿望难以实现。于是他谆谆嘱咐儿子鲍志道说:"儿啊,你若能够继承我的遗志,胜过拿整头牛来祭奠我!"他儿子鲍志道对着弥留之际的父亲,哭泣着说:"我一定继承您的志向!"鲍宜瑗逝世了,享年65岁。

鲍志道行义四方

鲍宜瑗娶妻郑氏,是与棠樾村相邻的郑村人。她嫁给鲍宜瑗时,鲍宜瑗因为家里贫困借贷一些资金远出经商,于是家中的收入常年不足,郑氏便拿出衣物去换些粮食来奉养公婆和儿子,同时以低薄的利息借贷一些钱购买一些好的食品给公婆享用。那年发生饥荒,乡里有人拿出稻谷平价出售,儿子鲍志道便请求去买些回来。郑氏说:"你还年幼,不知行情,不可有侥幸之心。"鲍志道要读书了,郑氏也不顾家贫,勉强延请来一位老师专门教儿子。公公问:"家里如此贫困,为何还专请老师?"郑氏道:"我是想让儿子专心学习,不要与其他孩子杂在一起贪玩,耽误学业。"由于家穷,供给老师的伙食不是太丰盛,但必定清爽洁净,而自己的生活则凑合就行。他的次子鲍启运也要进塾学了,当时家里实在没有钱了,郑氏便拿出床上铺垫的褥单去典当换钱来付给。此时,婆婆已故,遗留有一些簪铒首饰,郑氏也偶尔拿出一点去典当,但只要有条件就赎回来,她说:"这是婆婆的遗物,不能丢弃。"因过于操劳,郑氏中年就去世了,那时鲍宜瑗年纪才刚过40,有人劝他续娶,鲍宜瑗感怀郑氏之恩德,都流着涕泪而谢绝了。正是有这样的父母做榜样,所以长大致富后的鲍志道也就节俭待己,慈善待人了。

鲍志道,字诚一,又字肯园,11岁即出外学生意,经过近20年的奋斗,终成商界巨擘。致富后的鲍志道继承父亲乐善好施的精神,做了许多义举善事。

其一、在宗族建设上,他一是重建了龙山上祭祀族祖鲍宗岩、鲍寿孙的"慈孝堂";二是在宗祠旁边另建"世孝祠",专门祭祀宗族中自宋、元以来的孝子,并把他们的孝行事实刻写在石碑上,以流传后世,且出资作为基金收取利息,用利息作为日常祭祀的费用;三是修葺了棠樾鲍氏16世祖、明代尚书鲍象贤的旧宅,并在宅旁建支祠,购置祭祀用的器物和祭田;四是编纂了家族支谱;五是资助族人婚嫁之事。

其二、捐资复建书院。鲍志道生平好施,唯独不喜欢修建佛堂道院。歙县有两处书院:在城内的是古紫阳书院,建在歙县学宫的后面;在城外的是山间书院,两座书院都因年岁已久,呈破败之状。鲍志道见之,便与退休在家的尚书曹文埴一同发起复建之事,倡导本县在淮南的经商者集资,先是复建紫阳书院工程动工。但费用不足,他又独自捐银3000两,使工程告成。为使书院能够正常运行,他又和两淮的徽商一起向盐运使呈上报告,请按照扬州安定书院的惯例,每年从盐款中拨付紫阳书院膏火费3720两,下一年从盐商税中扣除。他又独自捐银8000两储存在两淮以生利息,以恢复城外的山间书院。紫阳书院内一向设有卫道斋,用以祭祀从朱熹以下历代传播儒道的诸位贤人,或曾有功于书院建设者。鉴于元朝待制郑玉殉节于元朝廷、处士郑元康在元朝时曾捐统钞 15000 赎朱子的祭祀之田、清代光禄大夫吴炜曾主讲于书院、观察徐士修曾出资在修理书院等功绩,鲍志道提出建议,在紫阳书院卫道斋内增加他们为受祭祀人员,得到同意。

徽州古紫阳书院门坊

其三、兴修交通。歙县居万山之中,许多山中的水流都自西向东而流,到县城附近逐渐成为大河,名叫东河,若设立水射,水进水射,便可减缓了水势,保护道路。鲍志道从扬州返歙,县里即将设立水射的事同鲍志道商量。鲍志道了解到此情况后,立即慨然答应,不仅捐资,而且以此事为己任,召集工匠,投入建设,从嘉庆三年(1798)9 月动工,次年闰 4 月告成,建筑了水射,恢复东河故道。此外,鲍志道还捐资修建了棠樾至古虹桥、至郑村、至沙溪,堨田至郑村上市、至五里石棚冷水铺、至洪坑,以及绩溪孔林至九里坑等数条道路,共计 50 多华里。

其四、在扬州,鲍志道倡议兴建了扬州府十二门义学,兴修了从康山到钞关北和到小东门的道路;倡议订立了"盐舟沉溺津贴法",带头并号召众盐商资助。他还捐助整修了在京城的扬州会馆。

其五、鲍志道还为县里男女两个惠济堂筹集了经费,购置了义冢,还有兴办义学等等诸多义行。

鲍志道娶妻汪氏,同是歙县堨田人。婆婆郑氏去世时,志道弟弟鲍启运才 8 岁,她在家乡精心将小叔子抚养长大。她支持丈夫乐善好施的作为,在鲍志道远在扬州时,帮助他在家乡继续做一些公益事业。如修理了诸位尊祖的坟墓,整修了水利设施大母堨、古迹七星墩,修理了棠樾至水溪桥的道路。她还购置99亩田,收取租息,以供给宗族内节妇的生活;又构建房屋8楹给村人放置农具器械。可谓夫妇同心行善。

鲍志道生有4个儿子,即鲍漱芳、鲍勋茂、鲍敬庄、鲍书芸。他的儿子们也继承了乐善好施的精神。

鲍启运遵父训行义

鲍启运,字方陶,又字甓斋,是鲍宜瑗的次子,鲍志道的弟弟。8岁丧母,父亲经商在外,依靠嫂嫂汪氏抚养长大,因此尊敬嫂嫂如母,终身都不懈怠。秉性廉介,刚到扬州时,依靠笔札帮助徽州同乡经营盐业的商人工作,勤勤恳恳,办事能干,有仰慕他的人用重金来招他,他也不去,因此被徽州盐商更加看重。后来,他也渐渐投入业盐之中,家境也渐渐好起来。由于鲍家对朝廷的踊跃捐输,清廷授予鲍启运一个正四品的盐法道员。于是他奔波于盐场、引岸,出入于盐院、会馆之间,目睹盐商的豪华挥霍,官场的腐败糜烂,始终保持清醒头脑,紧随兄长鲍志道,屏绝浮华,以俭相戒。

鲍启运谨遵父亲的训导,效仿哥哥的非凡气度,艰苦朴素,敬业乐群,铢积寸累,不露声色地积攒了不少银子。他首先购置义田,随着积蓄越来越多,购置的义田也逐日俱增。歙县本来就山多田少,鲍启运经历17年的购置,终得义田1210余亩,并将这些义田全部归于鲍氏宗祠所有,同时建造"四穷仓",并制定管理条例,分做"体源"、"敦本"两个户头,以其中700余亩为"体源"户田,又以500余亩为"敦本"户田,将所获收入归于"四穷仓",分户征用、完粮,赈济族内鳏寡孤独四种穷人,并设立"春粜法",即每年春季青黄不接的2月,贱价粜售给贫寒的族人,让他们渡过春荒。他的这种举措,不仅得到宗族人们的赞扬,而且请官府为之设立册籍,以禁止他人侵削。嘉庆七年(1802),吏部尚书、安徽巡抚朱珪专门为之写了一篇《义田记》,褒扬鲍启运乐善好施的精神难能可贵;祭酒吴锡麒、总督陈大文以及一时的名流,也都著文来赞美。

鲍启运对于故里棠樾还有一个贡献,那就是创建了"清懿堂"女祠。当兄长鲍志道在扩建万四公支祠之初,他便意识到支祠只祭祀男主,未曾祔祀女主,有亏礼仪,因为他亲眼看到妇女在家族建设中的重要作用。于是鲍启运便蓄志要在棠樾创建崇祀女主的"姒祠清懿堂",经过多次地卜地选址,最后依照《易经》男乾女坤、阴阳相悖的哲理,在古世济桥畔奠基建造女祠,坐南朝北,与万四公支祠、世孝祠相向而

棠樾"清懿堂"

立。据说,女祠面向朝北,还有一层含义,源出《诗经·五凤·伯兮》篇:"焉得萱草,言树之背"句。"背"即指北堂,古代为母氏所居,旨在颂扬母恩母德。建筑宏丽的"清懿堂"女祠,表现了对妇女德行的尊敬。所以在1994年又一次修复女祠时,世界旅游组织 papa(亚太地区旅游协会)曾以捐资的方式,表示了对女祠创建者的认同与褒奖。

清乾隆五十八年(1793),鲍启运在歙县西乡潭渡(土名太守山、大

山岭、青头山、培山坞)等处,购置 17 亩地,建立"鲍氏义冢",资助那些奇贫而不能安葬的人安葬。此外,他还有收育遗婴、掩埋枯骨等项义举,还曾暗中购买菜种遍撒扬州、汉阳的原野上,以长出来的蔬菜救济饥民。总之,各类善事都是继承父亲的遗志所为。

鲍启运先娶同县郑村郑氏为妻,后继娶同县罗田方氏为妻,两个妻子都孝敬公婆,尽力做善事。如整修了棠樾村后街的道路,购置棉衣赠给孤单无靠的人,设立平价米出售给乡中贫苦的异姓人,等等。

鲍漱芳捐饷助赈

鲍漱芳,字席芬,又字惜分,是鲍志道的长子。父亲好为仁义,他也继承父亲的志向。他的善行主要体现在两个方面。

在家乡,一是鲍漱芳整修迁棠樾鲍氏始祖鲍荣之墓,重建了鲍氏支祠,二是棠樾鲍氏建有一座西畴书院,是元代教授、族祖鲍寿孙与县

歙县棠樾鲍氏宗祠

学山长曹泾、方回曾经讲学的地方,到清代已然破损,鲍漱芳捐资请工匠修复一新,用作族中肄业的人学习之地,还在此别设义学,作为孩童破蒙读书之所。三是购置地块作为义冢。四是修缮村里的房舍。五是整修地处绩溪、歙县交界的新岭道路,以及干阳溪、清水塘、丛山关等处的道路。六是修缮徽州府学文庙,重建忠义祠。遗憾的是这项工程尚未竣工,他便逝世了,府中文士们一个个都很惋惜。后由他的儿子鲍均继续完工。大学士曹振镛为此作记一篇以纪念。鲍漱芳的灵位也被供到学府卫道斋中以配享祭祀。

在外地,鲍漱芳的善行则主要表现在为国家捐饷助赈方面。一是嘉庆八年(1803),为协助朝廷平息四川、湖北、陕西三个省的叛乱,鲍漱芳带头捐资,倡议众商人捐输三省军饷。此举得到朝廷的赏识,颁旨从优议叙给鲍漱芳以盐运使衔。二是嘉庆十年(1805)夏,洪泽湖洪水暴涨,冲决了车逻等处五里长的堤坝,淹没了万千民众,许多灾民嗷嗷待食。在重大灾害面前,鲍漱芳以盐运总商的身份,立即召集众商人,议定公捐大米6万石进行助赈。此举得到朝廷下旨批准,遂在湖边各县设立粥厂,施救灾民,他自己亲自奔赴泰州督视赈灾事情。这一年,淮河、黄河也相继发洪水,水势汪洋,漫溢了邵伯镇的荷花塘。鲍漱芳仍旧倡议设立粥厂予以赈济,又带头力请众商公捐小麦4万石,展赈了两个月,所救活的灾民不下数十万人。三是嘉庆十一年(1806),扬州属县发生水灾,鲍漱芳率领众商人到盐运使衙门,请求盐运使发动捐米,从而赈济3个月。鲍志道也第二次到泰州领导赈济事项,抚绥给放都甚有章法,救济了灾民数万人。谁知,赈济完毕,还有一些灾民因为洪水没有褪尽,无法回归,于是再增加赈济两个月;到了撤赈的时候,灾民回归,鲍漱芳又运载芋头10船,分给灾民,让他们代替回家后的食粮。他还暗中贷款,给一些灾民购买种子和耕牛;又考虑到灾民的生活等不及谷熟之期,就买了一些菜种暗撒在郊野,以长出来蔬菜救济灾民取食。四是捐助兴修水利。当地有处方义坝被洪水冲决,当时高堰抢险与保护堤坝都很紧急,而到秋后,全河堤皆垮了,遂要改由六塘河开山辟渠,引导水流归海。鲍漱芳又倡议众商捐输白银 300 万两,用以佐助开工的需要。此外,他还在疏浚江都的芒稻河,扬州的沙河,泰州的西市、中市两河,仪征的天池子与修建鸡心洲龙门桥上,都进行了捐助。尤其是以疏浚芒稻河工费最多,计银 6 万两。捐银 5 千两帮助开潴沙河闸,将运河的水泄入长江,成为支流的第一条捷径。五是捐资呈请复设治河的罱泥船,增设混江龙、铁扫帚等器械,畚去淤泥,清刷河漕,使河道不再或减少淤积。

此外,鲍漱芳在恤嫠育婴、资助婚嫁、埋葬归骸、修桥铺路、施药济困等善行方面也捐资甚多,就不一一列举了。

另,鲍漱芳作为两淮盐商的首位总商,按规定每年有 18000 两银子的办公经费,但他推辞不要。这也体现了他的仁心济世的品格。

鲍均继承先辈得赐建坊

鲍均,字虞卿,鲍漱芳之子。他自幼即有至爱的秉性,父亲重病在身时,他曾割下自己左腿的肉,和药呈给父亲服用,然而没有效果,父亲还是逝世了。他非常哀恸,几乎要随父亲而去。第二年,母亲叶氏、庶母赵氏也相继去世。弟弟鲍泰圻是庶母赵氏所生,年纪才 11 岁。鲍均待他抚爱备至,如同一母所生,一直把弟弟抚养成人。鲍均对自己则力求节俭,然而却见义必为,凡是宗族中修葺祠堂、祖墓等事,他从不吝惜钱财,亲戚朋友中有困难的,他也常常拿出钱来周济他们。

最重要的是,鲍均坚持继承先辈的事业。他父亲曾捐资整修徽州府学文庙,重建忠义祠,但是都没有完工就去世了。鲍均不忍父亲的

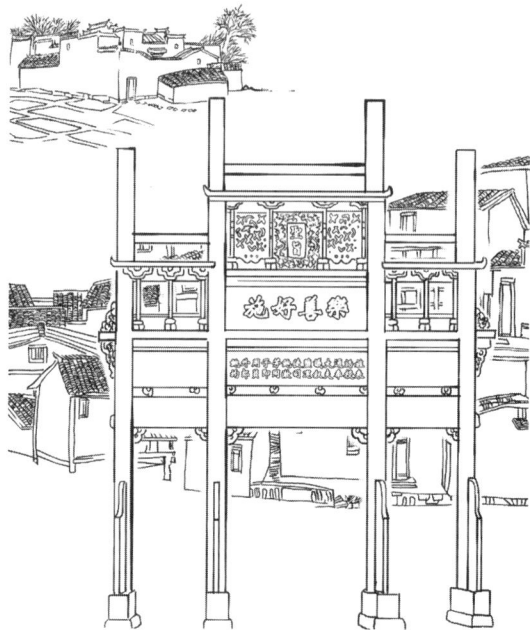

"乐善好施"牌坊

遗愿毁于一旦,而是继续把这些善义工程做下去,并把它完成。不仅如此,鲍均还扩大了父亲的善义之举。如整修了徽州府学和歙县县学两个尊经阁,重建了斗山上的文昌祠、魁杓亭,还修缮了歙县县学的文庙,捐资5000两存入两淮盐商处以生利息,用以增加紫阳书院的膏火费,并作歙县应乡试、会试的补助费。可惜,鲍均35岁时即谢世而去,当时的人们都十分惋惜。

上述工程完工后,安徽督抚把鲍家数代人乐善好施,代代相继的事迹呈报给朝廷,请求予以旌表,于是朝廷下旨,恩赐棠樾鲍氏建立"乐善好施"牌坊,作为永久的表彰。

汪尚斌全心利人

　　汪尚斌，号纯白，家住在徽州府城斗山之麓，却在江苏省吴市的南濠经商。汪尚斌全心利济他人的行为，表现在以下几件事情上。

　　第一件事情。他所经商的南濠乃是南来北往的都会之地，店铺市面皆鳞次栉比，左右之间没有一点空隙之处，每当火灾发生，则道路堵塞，水泄不通，炎炎大火没有办法可救，往往造成财毁人亡的重大灾难。面对此种情况，汪尚斌向当地官府提出建议，各家店铺都向后退让一丈，中间开辟一条通道，每家所花费不过数千缗钱，却解决了防火救灾的大问题。他自己则带头为之，做出表率，为此得到官府的支持，一条宽敞的通道便开成了，从此大为减少火灾的损失。当地商家民众至今都依赖他这条举措而大获好处。罗太守即以"好义"二字表彰汪尚斌。

　　第二件事情。清乾隆七年(1742)，徽州地区连降大雨，山洪暴发，徽州府城外的练江水势陡涨，漫漫洪流向许多滨河的民居冲去，那里的民众都惊吓得号啕大哭，与洪水浩浩的声音交织一起，让人心生胆寒。这时正在家乡的汪尚斌，因住在斗山之麓，本没有水患之忧，但他是一个慈善的人，眼见练江边这番灾情，便急忙命人驾起数只船筏前往救人。救到高处之后，他又朝夕提供饮食，救济那些遭到水患的人。

仁心济世

待到洪水退去之后,他又捐出钱来,帮助整修那些被洪水冲倒或受损的房屋,让那些受灾的人家能够恢复生业。

第三件事情。汪尚斌以慈祥待人,劝人们和谐共存,所以每每见到左右邻里和乡党之间有争讼格斗的事情发生,他便前去劝解。而这些争斗往往是因经济上的事情所导致,所以他便慷慨解囊,予以平息。这样花去的钱也就不少,但他认为只要大家和睦相处,舍弃一定的钱也毫不吝惜。

但是,汪尚斌并不是一个有丰厚财力的富豪,于是收入寡,付出多,家业便渐渐地衰败了。汪尚斌可谓是一个只知利人不知利己的善人。乾隆十四年(1749),汪尚斌逝世,享年70岁。

皖派朴学家、歙县西溪人汪梧凤对汪尚斌的事迹很感动,虽然未曾与他见过面,但觉得这种善人不能不为他撰写墓志铭加以表彰。在叙述完汪尚斌的生平,文章最后赞曰:"葛塘之阴,山苞水襟。松柏千寻,既坎既深。于后如今,考降无侵。子姓如林,旅拜高岑。思祖德音,既思德音。伫立沉吟,咸念孝心。"这些由衷的赞语反映的是人们的心声。

簸箕桥和草鞋桥

修桥铺路,所需经费不少,大多由一些富商大贾赞助而为之。但在徽州、在歙县,也有由手工艺人凭着一点手艺,赚取一些薄资,日积月累而兴建的桥梁。本篇就记述两个这样的故事。

郑成仙建簸箕桥

歙县西乡杨冲村有个老头,姓郑,名叫成仙。他以编织竹簸箕为生业,长年累月,手艺远近闻名。他编织的簸箕既坚固耐用,又式样好看,因此所卖价格也从不二价,就这样,附近数十里村庄的人们,还是要争购他所编织的簸箕。于是,一些人家簸箕用坏了,一时又买不到郑成仙的簸箕,也不愿到别地去买其他人生产的簸箕。

郑成仙青壮年时,因出外卖簸箕,要经过坤沙村边的一条小河。那小河上架了一座小木桥,由于木头已经腐烂,行人走过时都战战兢兢。尤其是遇到刮风下雨的时候,就会有人跌倒,造成危险。一次,郑成仙卖簸箕又经过此桥,差点落水受伤,于是他便抬头仰天发誓道:"我郑成仙虽是一个卖簸箕的,但有朝一日,我要把卖簸箕的钱积攒起来,把这座木桥改建为石桥。"对他的誓言,听到的人都难以相信,以为一个卖簸箕的能够赚几个钱,不可能实现,甚至有人还暗中报以耻笑。

但郑成仙是一个讲信诺的人,一言既出,就为实现誓言而努力奋斗。此后,他更加积极地编织簸箕,出售后,即把钱积攒起来,而且积攒到一定数量时,便把铜钱兑换成银子,然后储存到一个小瓦罐中,且将此罐埋到土中,以防不良的人盗窃。生活上也更加节俭,除了基本用度外,都能省则省。他做这件事时,连妻子和儿子也不让知道。当然,在有了一定的积累后,有邻居因困难向他借贷,他还是要出借的,这样便减缓了他积累的进度。还有一次,他埋藏罐子的地方偶然被泄露,结果让窥视者偷了去。就这样,他一共遭到三次损失,但他又三次积蓄,而且意志愈发坚定,对家人索要也毫厘不给。日子久了,他的手艺越来越精湛,所卖簸箕也越来越多,但是他却穿着破衣烂衫,仍显出一副贫穷的样子,人们便暗中怀疑起他想造石桥的事。

到了清康熙六年(1667),郑成仙已成了一个70多岁的老头了。一天,他忽然把村里的诸位老人招呼到自己家里来,对大家说道:"我现在脚也跛了,背也驼了,但我青壮年时所发下的誓愿还没有实现。如今,这木桥即将倒塌了,我的生命也不长了。我当初的愿望不应该到此为止。"说着,他从土地里挖出储存的罐子,然后搬到堂前的桌上,倾罐倒下,只听得一阵哗啦啦的响声,落在桌上是一堆碎银子,足有60两之多。他笑着说:"马上就用这些银子,召集工匠,采集石料,给大家造一座石桥吧。"他的老妻和儿子都穿得一身破烂,环立在旁边,都瞪着大眼看着他,口中发出懊悔之声。而昔日暗中嘲笑他的人,则收敛怀疑的容颜,发出惊愕之声,道:"你这个老头,果然有如此的决心!"

有了郑成仙数十年积攒的金钱,村里人便齐心协力地动手造桥了。他们选择了一个黄道吉日开始动工。采石时,年轻的掌锤开石,年壮的肩抬石料，大家个个挥汗如雨，日日都不休息，不到一个月，石料就采集完毕。同时请来石匠叠石造桥，很快就将一座石桥造成了。但见它像一条彩虹横跨小河之上，虹影倒映在浮波

徽州石桥

微澜之中，使一危险之处变成安宁之地，一条大道相连如砥。郑成仙还大具牲醴，率领众位老人，一起祭拜神灵。这一天，围观的人们都排成了一堵墙，大家都相互赞叹郑成仙含辛茹苦造桥利众的事迹。然而郑成仙却坦然在胸，毫无得意之色，他只觉得竭平生之力造一座桥和编织一个簸箕没什么两样。

于是，当地的文学家许楚闻知此事也赞叹道："这座桥虽小，却创造于一个编织簸箕人之手，我是前所未闻也！"他即给桥取名为"簸箕桥"，而且亲自题书；还撰写了铭文："亭亭之南，坤沙之阳。有涧弥弥，欹木以梁。郑叟过之，屡蹶而僵。猛发弘愿，易木以石。曷以奏功，惟箕是织。累数十年，三聚三析。倒瓶而出，趋工以营。向之笑者，且拜且惊。分劳助役，不日以成。硕哉郑叟，忍寒缩口。肩高于顶，桥成于手。叹羡洋溢，掩耳却走。谁谓身微，而德不扬。后千百余载，其名益香。东邻织金，西邻织仓。风师郑叟，何用不臧。"文学家的铭文是对一位善义人的衷心赞扬，也从而使郑老汉造桥之举千古流芳。

鲍老汉造草鞋桥

　　歙县上丰乡蕃村有一座桥，名叫"草鞋桥"，是当地一位姓鲍的老汉所建造的。这鲍老汉是以编织草鞋卖草鞋为业的，他见出村有一条河沟，虽然不是那么宽阔，但也阻碍人们行走，因此决心用卖草鞋的钱来造座石桥，以方便人们进出。

　　卖草鞋会有多少利润？因此，为完成自己的夙愿，鲍老汉更加省吃俭用，一点点地积攒钱财，前后花费了数十年的时间，终于积累了一定的钱财，他便开始了造桥工程。这座桥不是那么太长，所以他也没有开采偌大的巨石。或许是所取用的石头都很狭小，竟然一时垒砌不成。鲍老汉情不自禁地抱着石头大哭："老天爷呀！你也不保佑我呀！我老汉靠卖草鞋积攒点血汗钱，很不容易啊！"据说，鲍老汉正在失声痛哭之时，忽然有异人出现，给他扔来一块块巨大的石头。村里人也感觉到奇怪，便纷纷前来帮忙，众人拾柴火焰高，大家抬的抬，砌的砌，奋战了多日，终将一座单孔石桥建成功了。为了纪念鲍老汉卖草鞋造桥的一片赤子之心，人们称此桥为"草鞋桥"。

　　另外一种说法是，这座桥是卖草鞋的鲍老汉在晚年时，罄尽自己积攒一辈子的钱财建造的，但因资金不足而未完工，后来有人出资继续建造，才使石桥建成。为了表彰鲍老汉罄资造桥、济世利人的精神，人们又称此桥为"鲍老桥"。

　　两位手工艺人用自己的微薄之力，数十年坚持不懈地努力，为社会、为人们做出了可喜的贡献。这种精神可贵，永远值得表彰和纪念。

徐氏兄弟捐修堨路

徐氏兄弟，是徽州歙县傅溪村的徐朴村、徐厚庵。

歙县西乡，土地平旷，山环水绕，阡陌鳞次，农田很多，而且都很肥沃，是徽州府内著名的粮米之乡。这些良田靠的从黄山发源而来的丰乐河，因此要做到旱涝保收，就必须兴建堨坝，以调节和灌溉。这里早在东晋和南北朝时，就建有鲍南堨和吕堨，从岩寺镇以下到呆溪十余里的万亩良田，全依赖这堨坝蓄水灌溉，从而年年获得丰收。

但是到了清代初期，经历的岁月太久了，堨坝也有坍塌，坝上淤泥堆积，渠道内也都杂物淤泥湮塞，天旱时已难灌溉，水涝时又难排泄积水，而堨坝旁的道路也已崩坏而不能通行，给这里的粮食生产带来了重大的影响。乾隆十六年（1751）徽州一带遭受大灾，民众大饥，这里也因水利设施失修而遭遇重大歉收。此时，担任徽州知府的何达善就向一些富裕之户劝导捐资助赈。在扬州经商的徐朴村获知故里遭灾、知府劝赈的消息，立即从扬州捐出 5000 两银子寄到徽州府衙。后来，徐又返里倡导各富商捐资，共募得 6 万两银子买来粮食，储存到徽州府仓库之中。何达善考虑到捐款购粮救济灾民，不是长久之策，也不是发展生产的良策，唯有加强水利设施的兴建和维修，才是根本的长久之计。所以，他又号召所辖府县大力兴修水利，劝请各地富商捐助，得到许多人的支持。于是在乾隆十九年(1754),各地大修竭坝。而其中又数徐朴村捐资最多。所以何达善在后来所撰写的《西干修路记》中,赞扬徐朴村急公好义,没有人比他更好的,并认为自己得以借助众商人的力量而完成职任之事,是自己的幸运。

徽州知府何达善在主持由徐朴村等捐资而兴修竭坝结束后,就打算继续修理竭旁的大道通衢,以方便行路的人们。谁知他任期已满,离开了徽州。到了乾隆二十六年(1761),何达善在任职淮徐道员时,徽商徐朴村的胞弟徐厚庵在进京祝贺皇太后寿诞后,顺道去淮徐道看望老朋友何达善,两人相见甚欢。徐厚庵对何达善说:"何知府啊,徽州人都很怀念你哪,感谢你在任上为徽州人做了不少好事。"何达善连声谦道:"你太过奖了,本官虽然做了一点份内之事,但也是在你们许多徽州人的支持下做的,比如令兄朴村,还有厚庵你。我还很惭愧,还有一些想做的事来不及去做。比如那竭坝边的道路如何?竭坝整修后效果如何?望老兄告我。"徐厚庵便告诉他说:"那竭坝修好后,徽州人是倍加获利,年年丰收;至于竭旁的大路,厚庵我也已捐资修整一新,从杲溪旁开始,到衮绣桥下,人们走在这条路上,平坦而又舒适。"何达善听了,很是高兴。

其实,在何达善离任的几年里,在徐氏兄弟等徽商的捐助下,还兴修了书院、谷仓等建筑,又新建了竭坝,推行了栽桑养蚕,做了许多有益于徽州经济发展、改善民众生活的善事。

听了这一番叙谈,何达善不禁赞道:"新安古称大好山水,你等能够继承父兄之志,使我在任上没有完成的事每一件都实现了,这真是我的荣幸啊!"

鲍治南修蜀源路

歙县西北乡有个村庄叫蜀源,这里是进入灵金山,通往箬岭的要道。灌溉歙县西乡棠樾、郑村、唐模、潜口一带良田的水,便是从蜀源的蜀口发源,然后弯弯曲曲、环环绕绕到了白沙岭之下。这里的路对大母堨的水流状况有很大影响,道路平整,则路旁的水堤就巩固;水堤巩固,则水流就畅通;水流畅通,则池塘、沟洫就都蓄有水,而稻田、菜

徽州古道

园、苗圃等等的灌溉就有保障了。

清乾隆二十一年（1756），前任徽州知府何达善大力兴修水利，尤其是修建堨坝为多。然而还来不及整修道路，他便到期离任了。于是数年来，堨旁的道路渐渐倾倒塌方，砂砾泥土填淤四处，阻塞了从堨坝里流出的水，严重影响了田园的灌溉，也影响人们的行走。蜀源的鲍治南看到这种情况，不禁慨然叹息。他认为，道路濒临水流，因水流的不断冲击，对道路的影响很大，时间愈久，则愈加损坏道路，这样，商旅的通行便免不了颠簸绊倒，很不顺畅。何公的举措自然是有利于农事，但未曾把道路结合一起整治，则对农事也有影响。如今道路倒塌了，堨坝也就随之损坏，这样既给行旅的人带来艰难，也使农民的生产受到损害。因此整修道路势在必行。

鲍治南不仅有正确的看法，而且立即付诸行动。他慷慨捐资，倡导大家出工出力，众人感到这是有利于大家的好事，便纷纷响应。他们进山中采伐石料，抬出来铺砌道路。鲍治南经常亲自到修路工地，和石工及众乡邻一起挥汗如雨。经过数月的整修，一条平整坦荡的道路便完工了。鲍治南花费了3000两银子，为人们做了一件有益的事情。于是长途坦坦，清流汩汩，行旅之人和当地农民都交相欢庆，感谢鲍治南给大家带来便利。

时任歙县知县的张佩芳在一年秋天，因下乡了解民情，在堨坝上休息，只见道路坦荡，路边绿杨阴荫，秀气的小亭掩映在路边绿树之中，感到十分舒畅，便询问当地群众，得知是鲍治南所做的一件善事。他当即大加赞赏，将鲍治南比作战国时修郑国渠的郑公和治水的西门豹，是一个真正的好行其德者，并且欣然命笔，撰写了《蜀源修路记》，永载史册。

程国光修箬岭道

　　箬岭,是宣州府与徽州府的分界岭,是歙县、休宁、太平、旌德四县的交通要道,逶迤而曲折,险峻而僻涩,自南至北约有 100 多里长。人们行走其间,树林蓁莽,遮蔽天地,藤蔓缠绕,密叶纷披,使日月都失去光芒;还有溪涧之水东窜西流,杂色的石头横七竖八,不规则地阻挡在路上,随处皆是。在此种阴森晦暗、莽莽无边之外,还有毒蛇盘踞在洞穴之中,有狼虎窝藏于洞窟之内,有盗贼奸邪之徒躲避于暗中,他们都有可能袭击过往行旅。一年之中,磕碰、跌倒在路道上头破血流的,遭到毒蛇猛兽噬咬受伤甚至亡命的,被强盗抢劫、受利刃刺击而伤亡的,都接踵发生。所以,宣州、徽州两府的人都视这里为可畏之途,然而舍此又没有其他道路可走。

　　清乾隆年间,歙县城内有位府学秀才,姓程,名国光,字籀谷,少年时就显得人物倜傥,读书能见微知著,从小处见大道理,当时的徽州知府何达善、紫阳书院山长方梫对他的文章都极为称赞,屡次向上推荐,却未能取得成效。程国光当秀才时,由歙县赴省会安庆参加乡试,多次从箬岭经过。那时,他很贫穷,身上所带不过是一个简单的行囊和一把雨伞而已,从上岭到翻过岭巅再到岭那边的平地,途中要休息数百次才能到达。他亲眼目见行走箬岭山道的艰难,心中暗暗地为行旅之人感到可怜,所以当他还是一个穷秀才时,就立下整修箬岭上下通道的志向,然而那时他力不能及。后来,他5次赴乡试而不能中举,便走上一边习儒一边经商的道路。当生计稍微富裕时,他便决意动手整修箬岭。他拿出钱来,雇了许多人动工,砍去莽莽草丛杂树,凿去阻挡行走脚步的乱石,填埋深邃的沟堑,危险的地方将它夷平,狭窄的地方把它加宽,从南到北几乎有百里之长。因为歙县本地的石料容易风化不耐久,加上本地山石又不足,他便叫人用船只从浙江购买来坚久耐腐的青白石料,沿着新安江运载到县城,然后用人工抬运数十里进山,予以补充。整条岭道铺成宽七八尺到四五尺不等的路面,何处宽何处窄,随道路本身的广狭位置而建筑。为了保证工程质量,每一处,他都亲自踏勘检查,从不假手于他人,因为这是自己蓄谋数十年心力的一项工程,在将要完成时更是马虎不得。杂树丛林草莽除去了,则毒蛇猛兽便无藏身之地;道路平整了、宽敞了,奸人盗贼也没有了遮蔽之处。从此,行旅的人们可以不避白天黑夜,不担心霜霰霖雨的降临,往

徽州古道

返百里之路,就如同行走在庭宇之间。他还考虑到,走到半道上,口渴力乏时没有休息之处,就利用原来半岭上曾有过的一座狭陋的旧庙,把它拆除,重新建造数十楹的楼屋,请人在其中烧水服务,从此过往行人便有了休息之处,干渴了也有畅饮之地,而连夜过不了箬岭的也有栖宿的所在。程国光的考虑可谓周全。

程国光逝世后的第四年,清乾隆五十五年(1790)榜眼、歙县人洪亮吉,因事从旌德到歙县,经过箬岭,闻知程光国修筑箬岭道的事迹,很是感动,即为之撰写了《新修箬岭道记》一文,赞扬他以一介诸生(秀才),不假人力,做了数百年来宣、徽两府的人想做而又不敢做、或不能做的事情,真是功劳无限哪!洪亮吉在文中还提到,程光国的儿子在京担任文选郎之职,与洪友善,也能够随时整修这条岭道,不使它倾倒损坏,也是能够继承先人之志的。

在凿修箬岭道外,程国光还倡议同县在浙江经营盐业的商人鲍清等,捐资在歙县县学后的问政山麓建筑了 10 余间宽广的房屋,作为县学众秀才们读书肄业的地方,称之为"问政书院"。凡是紫阳书院收不了的县学学生都可到问政书院学习。

许仁赈灾芜湖二圩

　　许仁,字静夫,号耕余居士,徽州歙县许村人,生活于清代嘉庆、道光年间。据曾钊撰写的《耕余居士传》记载,许仁少年时便很聪颖,喜欢读书,只因为父亲年老,而且家境贫困,只有把书囊收起来而外出,经商于芜湖。自然,经商给他和家庭带来了富裕。不过富裕后的许仁却没有为富不仁,而是尽力做一些利于人们的善事。

　　嘉庆十九年(1814),安徽发生大旱,许多饥民蜂拥到芜湖,索取食物,人数太多,便酿成了骚乱。当局官员考察知道许仁是一位有才干、善作为的大商人,便前去拜访他,向他咨询解决的办法。许仁回答说:"应当拿出一些资金,先解决流民的饥饿问题,然后立即叫他们离开芜湖,否则骚乱不能够解除。"并且同官府一起商议了 10 条处理的章程。当局官员大为赞成,并按照他提出的办法去办理,而且要求下属各县仿效去做,于是使芜湖上下的骚乱得以平息。

　　芜湖境内有凤林、麻浦两个圩子,左边濒临长江,右边相邻天成湖,是芜湖南乡许多圩子的门户,周围有耕田数十万亩,都依赖这两个圩子作为灌溉和蓄洪的保障。清道光十年(1830),长江两岸发生特大洪水。许仁从汉口回芜湖,协助官府主持赈灾的事情,并采取以工代赈的良策,加固围堤。到第二年春天,工程完工。谁知这一年夏季,洪水又再度泛滥,漫过凤林、麻浦二圩堤坝一丈多。周围许多村庄被淹没,老百姓在洪水中挣扎。许仁见到这种情况,立即租赁船只,首先把老弱病残的人抢救到高坎之上,然后把其他灾民也救到高过洪水的地方;并搭建起临时的席棚,安置灾民住宿;又载来大饼馒头给灾民们吃,衣服单薄的感到寒冷便送给他们衣服,生病的为他们送医药;还给有耕牛的人家喂养耕牛。洪水退下去后,许仁还赠送给他们小麦种子,让他们尽快地恢复生产。为解决灾民的生活生产上的困难,许仁又向商人富户倡议捐款,而他自己带头捐出万金,从而筹集了大量资金,使芜湖灾民得到妥善的安置,并很快恢复了生产建设,使人们几乎都忘记了不久前还受灾的情形。这时,许仁并不觉得赈灾工作已经结束,为长久之计,他又和两圩的民众商议了16条通力合作发展生产、协作抗灾的章程,叫当地的农民奉行。

道光十四年(1834),许仁因操劳过度而逝世,年仅58岁。芜湖人民感戴他为芜湖人所做的恩德,请求官府同意,在凤林圩的殷家山建立了许仁专祠,以作永久的祭祀。官府也给他以布政司经历之职衔。

许仁还是一个喜欢文学的人,不仅曾与黄勤敏、王子卿等名家讲论文学,还常常在夜间手执书卷,口中吟哦着诗句,曾著《丛桂山房诗稿》。《国朝诗征略二编》中还收录了他的一些诗作佳句。如《登齐云山》云:"松摇绝涧疑无地,人立中峰只见天。"《白杜鹃花》云:"万里江南春有梦,三更枝上月无声。"《听松庐诗话》把他的诗句与宋代著名词人姜夔(号白石道人)的词句相提并论,道:"姜白石词,旧时月色;许静夫诗,月作故乡色。"意思是指他们都善于描写月色。

三碑见证徽商义渡

　　在陕西省石泉县松柏乡立有三块石碑,两块立在该乡桂花村北江边,一块立在池河口南岸,至今保存尚好。

　　立在桂花村北江边古道旁的第一块石碑,是石泉县知县盍钰所撰碑文的《石泉知县池河口义渡告示碑》,圆首方趺(即上顶圆弧形,以下为方形),身首一体,没有底座,高 170 厘米,宽 84 厘米,厚 10 厘米,碑额楷书"百世流芳"4 字,立于清道光五年八月初五日(1825 年 9 月 16 日)。第二块石碑与前一块并立,也是圆首方趺,身首一体,高 189 厘米,宽 85 厘米,厚 9 厘米,碑额上是"万古不朽"4 个楷书大字,碑题为"徽商周允吉创设池河口义渡碑",碑文为周允吉撰写。立在池河口南岸古道旁的石碑,是池河口义渡碑,也是圆首方趺,身首一体,比前述两块要小,它高 83 厘米,宽 49 厘米,厚 8 厘米,中间大书"义渡"二字,右边镌刻"小河扁舟,济渡行人。洪水涨发,毋许强行";左边镌刻"恐防失泽,涡(祸)延己身,谨此予白,以免过津"。三块古石碑见证了一位徽商在行商之地所做的一桩善举,并经历岁月的迁徙而不灭。

　　池河,古称直水,后来改称迟河,它从宁陕县的腰竹岭发源,在石泉县莲花池以北一里许流入汉江。这池河口两岸,石壁陡峭,河中水深流急,给过往行旅造成很大的困难,许多人望河兴叹。清道光二年

（1822），徽州歙县人周允吉经商来到此处，眼见莲花石道路崎岖，河水湍急，尤其是池河口涨水时，行旅商客为水流所阻，便决定要造一义渡，以济行人。他于是捐出资金，整修道路，建造渡船，招募一个撑渡的工人，还在渡口边购置田地山业，用作该船工耕种而食，多余的粮食贮积起来，作为准备缴纳国税、渡船修葺和再造船的需要；同时规定，凡是过渡往来的行人皆是免费的，不许渡工向他们索要一文钱。

义渡碑

为了表达自己捐资创设义渡的宗旨，周允吉立下"创设池河口义渡碑"，昭告人们自己造舟济渡，目的是交通往来的行人，而不是要博取一个"见义勇为，勇于美举"的赞誉，并说明自己的举措已经由乡保报到朝廷批准备案，让行客周知。

石泉县官府对周允吉的义举很是称赞，知县盍钰亲自撰写并立《池河口义渡告示碑》，表彰徽州客商周允吉"乐于捐输，利济行旅，功莫大焉"，告明该渡船水手可以依靠周商购置田地的地租维持生活，因此不许水手向往来行人索钱，如果他以索要渡钱而阻止行人，请及时报案，定当惩究，不要湮没徽商好善利济之心。

徽商湘潭建义冢

清人褚人获在他的著作《坚瓠集·秘集》卷 3 之《客窗涉笔》中写到一桩故事,说是清顺治年间,来自徽州的两位商人程青来、黄希倩,贩运食盐到湖南省湘潭县,居住在城郭之外。当时正是秋末冬初之际,或许是来到他乡尚未安顿,或许是天气有些寒冷,他们在夜里久久难以入睡。说也奇怪,越是睡不着,越是能听到种种声音。当时,他们好像听到,在远远近近有亿万只青蛙在不停地鸣叫,凄凄切切,搅得他们越发睡不安宁,一整夜也没有合上眼皮。

第二天一早,他们打着呵欠从房间出来。旅店老板就问道:"请问二位客官,昨夜没有睡好么?"

程青来叹了口气,说:"哪能睡好?远远近近都是一片青蛙的叫声,吵得人无法入眠。"

黄希倩更是没好气地说:"这个鬼地方,连青蛙也这么多,而且叫得很怪,我的胆都要给它们叫破了!"

旅店老板是地地道道的本地人,听他们这么一说,立即笑道:"二位客官有所不知,这夜晚的叫声,哪里是青蛙的叫声,而是万千鬼魅的哀鸣啊!"

他这么一说,倒把两位走南闯北的徽州商人给惊呆了,忙问道:

"这是什么缘故？"

旅店老板淡定地说："来，请二位客官坐下，先喝点茶水，且让我慢慢说给你们听。"说着，他在旁边的长桌上拿过茶壶和两只杯子，在已经坐下的两位徽商面前，倒下热腾腾的茶水。

黄希倩性子颇急，道："老板，你就快讲吧！"

旅店老板站在一旁说："那是前明崇祯年间，李闯王的军队窜到我们这里，很是凶狂，见东西就抢，见人就杀，见房子就烧，杀掠了无数的民众，横尸遍野，血流成河，十分悲惨，到今天，那些野地里遗留的骸骨还堆积如山，没有人给他们收葬，所以夜夜有鬼在哭。这么多年，我们是习以为常了，所以晚上还能睡得着，想当年，我们也是寝食难安。不怪你们心烦。"

二人听了这番叙说，心中都不禁悲恻起来。程青来立即对天立下誓愿道："如果我们这番生意能够获利的话，我们一定要为这些屈死的冤魂安葬！"

黄希倩也附和着高声说："我们一定说到做到，决不食言！"

说也奇怪，他们这次生意特别的好，不仅货物很快销售一空，而且获得三倍的利润。他们随即拿出钱来，委托一个寺院的高僧为他们做收埋遗骨、念诵超度经卷的事情，共在高坡之处兴建义冢600多座，收埋遗骨1800个竹箱，又在附近建了一座小的寺庵，延请僧人居住，早晚为冤魂念经施食祭祀。从此以后，就再也听不到鬼哭之声了。

这桩故事似乎有些神怪的意味，但也表现了徽商行善好义的行为和品德。

故事中的程青来，名奭，歙县岑山渡人，因商侨居于江都，素以孝友仁义而称誉乡里，秉性尤为慷慨好义。他所行善事除上述事情外，还有一件可以一提。据说其同县有位绅士被人诬陷遭难，将要受到沉重的责罚。程奭最不愿意看到人们受委屈的事情，当闻知这件事后，

仁心济世

义冢

立即捐出重资将同县遭诬陷的绅士救出，而没有吝啬之色。

故事中的黄希倩，名克念，歙县潭渡人。在和程青来掩埋冤骨后十余年，他又经商来到湘潭，正遇到清康熙甲寅年（1674）之乱，湘潭县再遭兵燹荼毒，又是横尸遍野，他又和歙县岩寺镇商人曹翊、休宁商人汪辉捐资掩埋数十座坟冢，并且修葺了先前的义冢，在旁边建祠以祭祀。

徽商善报轶事

俗话说,善有善报,恶有恶报。这自然不是绝对的真理,但也符合不少事实。这里叙述三件徽商因行善而得善报的故事。

佚名徽商救人被救

这件轶事先后被两位清人所记载。一是载在清代徽州休宁人赵吉士的著作《寄园寄所寄》卷十《驱睡寄》的《座右编》中;二是载于清代盛枫所著《嘉禾征献录·外纪三》中。两人所载大同小异,即大的事实相同,小的记述文字有异。

说是有位徽商,不知他的名字,却很富有,在九江经商。明万历十年(1582)的某一天,有7个人过长江,在江中被强人所劫持,身上所带钱两和物品被洗劫一空后,还被推到江水中。这一天,恰巧这位徽商也因事过长江。他只见滚滚的江水中漂浮着数人在大声呼救。这徽商坐的是自己的商船,立即命水手将船迎上去,先后把落水的人救了上船,一共是7个人。他也没有问他们是什么人,叫什么名字,只觉得他们身上衣衫已经湿透,就命家人赶紧带他们到船舱里去换上干净的衣服。船过了长江，他又各自给了他们一些路费，让他们离去了。那7个被救的人，也因慌忙仓促，只说了一些感激的话语，而没有问商人的名字，也就离去了。

　　原来这7个被劫又被救的人都是赴京城到礼部应会试的举人。第二年癸亥，7个举子中有6人高中了进士，其中一个是福建省莆田的方万策，字符忠。过了几年时间，方万策已当上都察院云南道御史，奉朝廷之命到浙江嘉兴、湖州一带巡查事务。那天他到副使屠谦家赴宴，突然见一个端茶送水的仆人很是面熟，仔细一想，那不就是当年在长江中救过我们的富商么？为何在这里为仆？他觉得不可思议。所谓三十年河东三十年河西，沧海桑田，此话真是不假。这位仆人正是当年那位在九江救人于危难之中的很富有的徽商，他因经商失算，生意大亏，已经败落，早已卖身到屠副使家为仆人多年。

县衙大堂

　　方万策立即对屠副使说："请你把刚才送茶的那位仆人叫到我跟前来，我有话问他。"屠副使立即把那仆人带到方御史面前。

　　方万策问道："这位尊驾，您还记得8年前曾救活过数人的生命吗？"

这仆人已经忘记了,思索了好久才说:"不错,我曾在九江的长江中救过几位被强盗抢劫后推落水中的人。"

他话语刚落,方万策立即向着这仆人噗通长跪,道:"您是我的恩人哪!那被救的7个人中就有我呀!,如若不是您的搭救,我们早就没命了,哪来今日的前程?"说着,他即对屠谦副使说:"这是我的救命恩人,请你让我为他赎身。"御史发话,屠副使哪敢不从,当即答应。

随后,方御史把那徽商带到公廨(办公的地方),殷勤款待了一个多月,赠送他数百两银子,又发信到那几个一同受难被救的人那里去,那几个也都做官的做官,发财的发财,闻知救命恩人的消息,也都拿出钱来帮助他。于是,那徽商返回徽州,并且以所赠资金为本,重新营商,仍旧成为一个富翁。

汪商救蛙得蛙报

据清人王椷所著《秋灯丛话》卷3记载,有位姓汪的徽商坐船到江苏经商,遇见那船中有两只竹篮竟装满了青蛙,一只只乱窜乱跳,眼中似乎在闪着哀怜的目光。汪姓徽商便觉得于心不忍,再看那位出卖青蛙的人,躲躲闪闪的,似也有恻隐之心。

汪姓徽商便对那位卖青蛙的人说:"老兄,你看,它们是多么可怜哪!它们也是一条条性命,你就忍心把它们卖掉,落入热锅中吗?"

那人似乎也同意汪姓徽商的说法,但却面露难舍之色。

汪姓徽商已猜测到那人的心思,道:"你是担心自己的经济损失吧?这样好了,我花钱把它们都买下来,然后放掉,你看行吗?"说着,他指指自己的行囊。

那人露出了一丝微笑,点点头,表示同意了。当即,汪姓徽商如数给了那人银子,那人便把两竹篮的青蛙全部倒进了河中。那些青蛙一入水,便像回到自己的家一样,高兴地四脚伸展,就沉入水中,其中有的似乎向着汪姓徽商报以感激的目光。

此时,汪姓徽商却不知自己将要大祸临头了。原来他已经露出了囊中之财,那撑船的船夫顿时萌生邪恶的念头。但他却微笑地对汪姓徽商夸赞道:"啊呀,你真是一个有道德有仁爱之心的长者! 救了这许多性命,实在难得。离这里十多里,我有一个朋友也装有数百只青蛙,要带到外面去卖,你要去把那些青蛙也买下来放生,那真是功德无量呀! 你看,跟我一起去,如何?"

汪姓徽商皱着眉头说:"这些人,怎么这样残害生灵呢?"

那船夫说:"那还不是因为穷得无奈啊!"

汪姓徽商见说,心想也是,要是不穷,怎会干此勾当? 想着,便说:"好吧,我同你一起去。"

那船夫见汪姓徽商上了套,心中暗暗生喜,但面上却表现得很忠诚,奋力地摇着船桨,使船迅速前行。

然而,时间却在推移,眼看已经暮色朦胧,而眼前哪有什么装青蛙的船呢? 此时,汪姓徽商忽然觉得不对,正要诘问那船夫道:"你想干什么?"

那船夫却突然跃起来,扑到汪姓徽商身上,并立即卡住他的咽喉。那船夫是个惯为的家伙,有一身力气,汪姓徽商哪是船夫的对手,当即就被卡得透不过气来。那船夫又拿出一根绳子紧系着汪姓徽商的颈脖子,并顺势一抛,将汪姓徽商抛入水中。他还担心汪姓徽商的身子再浮起来,还拿出船上一块石磨,压在汪姓徽商的身上,使他很快就沉了下去。做完这些事,船夫把船撑去许多路,然后抓起汪姓徽商的钱囊包袱,立即在夜色中逃窜。

一位行善的徽州商人就这样被见财起意的歹徒给杀害了,但他的冤屈很快就得到申诉,罪犯也很快被绳之以法。

却说过了一个月,这里的县令坐船经过此地,忽见有一千多只青蛙围着他的船不停地鸣叫跳跃,一只只都昂着头,似乎有许多言语要向县令诉说。县令感到很奇怪,觉得这一群青蛙的下面肯定有蹊跷的东西,当即命一个善于泅水的衙役下到水底查看。那衙役一头扎进水里,很快就捞出一具尸体。乃是一个被勒缢而死的人,颈脖上还紧系着一根绳子,而绳的另一端系在一匹石磨的磨盖孔内。县令立即知道这是一桩谋财害命的案件。由于时间已过一月,死者已有异味,县令遂命人买来棺木,把死者掩埋了。这位死者正是行善而被害的徽州商人汪某。

县令觉得现存的磨盖是案件的证物,有磨盖必有磨盘,若能找到磨盘,那么破案就进了一步。他又想,人死在水中,这里距岸边有一定距离,那么要沉尸体就一定需要用船来运输,因此还有必要寻查船。他即挑选了精干的衙役沿着河道寻查,果然很快查到一只空船,船上正有一座磨盘,立即与磨盖相配,结果非常相合。然后通过走访,查到船的主人,此船主即是凶手。当那恶船夫用汪姓徽商的钱买来酒肉大吃一番时,落入了法网。真是天网恢恢疏而不漏啊!

可以说,汪姓徽商冤魂得以申雪,那是青蛙们报恩的结果。动物也知道受恩报恩,可谓通灵性也。

义犬受恩报恩

动物受恩报恩的还有下面一件事,与前面一件有些大同小异,但这异却是救活了一条性命。

说是有位徽州商人坐船在外行商,在船的一个角落里,看见一只狗被系在桅杆底下，他便上前问道："借问船家，为何要把这只狗拴系在这桅杆底下？"

义犬

船家回道："怕它跑掉呗。"

徽商说："你自己养的，还怕它跑啊？"

船家回答说："哪里是自己养的？是逮来卖给卖狗肉的。怎么你这位客商可怜它？"

徽商说："你看它抖抖索索的，怪可怜的，那眼中的目光可是不想死啊！你就放了它吧。"

那只狗见徽商在为它求情，连忙站起来，摇着尾巴。

船家说："我已答应送屠宰户了，怎么能放它呢？"

徽商说："这样吧，我愿意拿出钱来赎它，如何？"

船家说："既然你肯出钱，那好吧。"

徽商在同船家商定价格后，立即掏出钱来交给船家，船家也便立即放了那只狗。那只狗向着徽商摇头摆尾了一阵子，便欢快地跳下船走了，边走还边回头望了望徽商，面露感激之情。

哪知徽商却面临灾祸了。原来那船家见徽商行囊中带有重资，便见财起意，在载着徽商行驶到半夜里，乘徽商熟睡之机，把他捆绑起来，并装进了布袋里，投到深水之中。

正当徽商在布袋里挣扎，布袋将要下沉的时候，忽然有一物纵身跳到水中，原来正是那只被徽商用钱赎出的狗。只见它尽力地张开嘴巴，一副利牙使劲地咬住布袋的口子，四肢拼力地划动，并向岸边游去,终于把布袋拖到了岸边的芦苇滩上。

这时天色已明,有一个耕田的农民正要趁早耕田,经过芦苇滩边。那只狗便狂奔过去,跑到农民跟前,立即咬住农民的衣衫,直往河滩边拖。当把农民牵拖到布袋前,它便向农民"汪汪汪"地叫着,而且用脚蹄子踢着布袋子。农民这才明白怎么回事,立即蹲下身子,把那布袋上的绳子解开,露出一个人来。只见那人长长地吐了一口气,苏醒了过来。他就是被谋害的徽商,他也在那只义犬的回报下获得了新生。案情很快得到解决,那谋财害命的船家得到了应有的惩罚。

这篇故事原载于清代释道忞著《布水台集》卷 25 中。

义犬虎口舍身记

　　说到动物感恩报义的故事,这一篇就格外有些奇异了。这篇来自晚清小说家吴趼人写的题为《说虎》的札记,说是清代光绪丁酉年(1891),他在上海《申报》襄理笔政时,一天,来了一位安徽歙县的贩卖笔墨的客商,在推销笔墨之际,知道吴趼人是位小说家,喜欢听一些奇闻异事,便给他谈起了自己亲身经历的一件奇事。

　　这位歙县笔墨商说,有一年某日,他做生意经过某地街头,见有一群乞丐捆绑着一只黄狗,正想把这狗宰杀而食。那狗四蹄挣扎着,口中呜呜地哀叫,似在凄凉地哭泣。歙县商人站在一旁看着,心中便有恻隐之心。那狗似乎看懂了歙商的心思,便抬头向他作出乞求的形状。歙商心中就更是不忍了,便对乞丐们说:"不要杀它吧,它也是一条性命。我给你们一些钱,就把这只狗卖给我吧,你们可以拿钱去买东西吃,不要伤它一命。"说着,即伸手向囊中掏钱。那些乞丐同意了,接过歙商掏出的几百文钱,就把狗交给歙商,歙商即把捆绑狗的绳子解开,说:"你走吧。"

　　放了黄狗,歙商即转身走了。不料那黄狗却没有离开,而是跟在歙商身后。歙商便对那黄狗挥挥手道:"你还是自己走吧,我是个东跑西走的商人,要做生意,带不了你。"可那条黄狗却并不离开,只是对着歙商摇头摆尾,表露出和善之色。既然黄狗不愿走,要跟随着,歙商也便无奈地笑了笑,说:"既然你不愿意走,那好,就跟着吧,也好有个伴,省得我孤身一人。"从此,歙商出入往返做生意,都有这只黄狗相随作伴。他有吃的,也喂它一些;他住宿客栈,它便蹲在门口。于是过吴越,走齐鲁,凡是歙商足迹所到之地,这只黄狗也从未离开过,歙商与黄狗之间建立了深厚的感情。

这样过了数年,歙商返回家乡,途经一处深山之中。那日,已经到了傍晚的时候,歙商和黄狗相伴着在狭窄的山道上行走,前不着村后不着店,四野不见一缕炊烟,找不到投宿之处。歙商心里很着急,那黄狗也奔前蹿后地望着他。正在彷徨徘徊之际,那黄狗长鸣了一声,便见一阵腥风乍起,令人毛骨悚然。歙商抬头一看,只见一只猛虎从身前的山巅奔跃而下,一边扑腾,一边吼叫,并向自己迎面而来,瞬刻间就到了跟前。那吼叫声愈发猛烈,且张牙舞爪朝他头顶扑来。歙商顿时魂魄飘荡,昏倒在地,哪还分得清自己是死是活。

过了很久,歙商隐隐地听到耳边有人讲话的声音,才惊颤略定。他慢慢地睁开眼睛一望,见有十数人围在他的身边,一个个手举火把,背着弓箭,握着铁叉刀戟等,原来是一班猎户。歙商便慢慢地坐起来,见那众猎户身边还躺着一只死老虎,才知自己已躲过了一难。那些猎户高兴地叫着:"客人醒过来了!"于是有人端着一葫芦水过来。歙商也正觉得有些干渴,遂接过葫芦,咕咚咕咚地喝了几口,然后举手作揖致谢道:"谢谢诸位救我一命!"

一猎户问道:"客商随身带有狗么?"

歙商此时才又四下一看,知随身的黄狗不在了,便答道:"是的,我带有一只黄狗,列位可知它在哪里?"

那猎户指着那只死虎道:"客商,请过来看看,这里是不是你的那条狗?"

歊商闻言,支撑着站起来,走到那死虎跟前,见那死虎胯裆下挂有一物;再细细一看,见那物正是一个狗头,那利嘴尖牙仍紧紧咬住虎的胯裆不放。歊商见状,顿时大哭起来:"是你呀!"哭声响起,那狗嘴便放松了,狗头顿即落地。歊商立即捧起狗头,大声哭号:"苦了你啦!我的狗!今朝我这条性命全是你所恩赐呀!"

原来,那老虎是被众猎户所追逐,越过山岭逃窜过来的,遇着歊商便要吞噬,不提防一条猛犬跃出,突然一口咬住了老虎胯裆中那命根物件。老虎负痛,立即舍弃歊商而狂逃,且一边逃一边用后爪击打那狗,直将那狗的躯体击得粉碎,鲜血淋漓,而那狗头仍紧紧咬住不放松。追逐老虎的众猎户见了昏死在地的歊商,便知虎又逃走,立即猛追过去。老虎被那狗紧咬胯下不放,又一路要击打那狗,自然放慢了逃窜速度,待逃到前山时,已然无力,被众猎户追上,刀叉并举,顿被打死。众猎户才抬着死虎回身来将歊商救醒。

事后,歊商非常感激那黄狗舍身护主的恩义,将那残存的狗头放到一个木匣里,埋葬在大路边,还立了一块石碑,上刻"义犬之墓"四字。以后,歊商每次外出行商,路过此地,都要带上肉食供品,哭而祭拜,以纪念救命之恩。

那歊商在同吴跰人谈叙此事时,说到猛虎之凶仍有余悸,而说到义犬之勇时仍有余哀。可惜吴跰人忘记了这歊商的姓名。但既是一个亲身经历,另一个亲耳所闻,当属真实之事,并非无稽之谈,不过也颇为奇异。本篇转述于此,是想说歊商行善在先,黄犬行义在后,善义相报,人与动物一理也。

行善仗义鲍邦珍

诚信为本，以义为利，是徽商传统的优良的经营道德。他们在行商中行善仗义，乐于助人，在徽商发展史上烙下了灿烂的印迹。歙县棠樾人鲍邦珍是众多徽州义商中的一个。

传统的身世

据《重编棠樾鲍氏三族宗谱》记载，鲍邦珍是棠樾鲍氏第十四世祖，字时莹，号友善老人，又号清逸翁，生于明代宣德癸丑年(1433)，卒于正德辛未年(1511)，享年七十有九，在当时是个高寿老人。

他出生于一个徽商世家。他的祖父鲍汪如早在明洪武四年(1371)，朝廷刚颁布法令实行"开中制"，允许商人采取缴纳粮食输往边疆来换取盐引时，就率先纳粮运输云南领取盐引，到温州贩盐，成为徽州盐商的先驱者。他的父亲鲍万善，禀质凝重，遇事有操持主见，少年就立志经营，以善于积累而起家，终使家计益加富裕，增拓了家庭基业。他的长兄鲍邦伦，赋性豁达，喜欢读书，洞明大体，曾经挟资本商游吴越河洛等地，辅佐父亲振兴家业。他的二兄鲍邦灿，少年颖异，读书能诗,也曾挟资金经商于汴梁、洛阳之间。

在业商氛围浓郁中长大的鲍邦珍,是鲍万善公的第四子,也是少年时每日涉读书史,尤为笃诚恭俭,行动不肯放弃礼法,合符矩度,言语从不妄发,用儒家的道德规范来约束自己,并体现在营商的实践中,成为行商一路、行善一路的义商。

救济贫病危厄

鲍邦珍在行商中,遇见贫病危厄的人皆慷慨出资相救,且往往竭力施与,不望回报。徽州祁门县有位举人叫谢仕俊,在汴梁周王府里充任伴读之职,然而家里人遭遇时役,死亡一半以上,穷困的举人身在外乡,无力承担后事。鲍邦珍见了,立即伸出援助之手,施舍了大小数口棺木,帮他安葬了死者,又购置药品和食物救济活着的人。后来,谢仕俊的妻子也染病丧亡,出殡在婆塔寺,谢仕俊本打算把妻子的灵柩运回故里祁门安葬,然而因贫困而不能进行。鲍邦珍得知后,便叫谢仕俊写书信把儿子招来,出资为他雇用船只,帮助他归葬妻子。鲍邦珍与谢仕俊非亲非故,只不过是同属徽州人,便慷慨相助,全凭一腔义气、一颗善心。

茶庄

鲍邦珍经营的商业有茶叶生意。一次,他回到故里,到歙县小洲去收购茶叶,途中遇到一个老妪在山道上行走,却不慎跌倒在地,折断了左腿。鲍邦珍立即放下自己收购茶叶的事,叫人把她救起。当他了解到这老妪的儿子到外面打工去了,家中又很贫苦,无法治疗,便慈善为怀,慷慨解囊,为她延请了医生给她诊治,还给她备下了一些食粮,留下了一些钱,从而救济了一位孤苦的老妪。

鲍邦珍一年在家乡时,同宗族的有位妇女因家庭纠纷一时想不开,投水自尽。他立即下水将此妇女从水中救出,把她覆卧在牛背上,让人牵着牛向前行走,使溺水者把喝进腹中的水吐出来,从而挽救了一条生命。

救人于行商途中

有一年,鲍邦珍从浙江到汴梁经商,坐同一只船的有个河南杞县的秀才叫王景昙,半途中忽然生起病来。鲍邦珍与他不过是同行者而已,但他像对待自己的兄弟一样,调汤药给王秀才治疗,每日相对,照应备至,使秀才的病得以好转。到了河南考城,他与王秀才出船同行,连夜赶路,不料夜色中遇到强盗,身上所带财物几乎被抢劫一空,而鲍、王二人也被冲散了。那王秀才躲在河边的芦苇丛中,鲍邦珍遍寻不见,怀疑他溺水而亡了,当即大哭不已。或许是听到了鲍邦珍的哭泣之声,王秀才从芦苇丛中跑了出来,喊道:"鲍恩人,我在这里。"两人相见,鲍邦珍很是高兴。于是,他和王秀才一起去到开封府,控诉途中被抢一事。开封太守立即派衙役前往缉拿,捉到盗贼10余人。盗贼却诬告平民王敬是他们的窝主。开封府立即下令衙役,速将王敬逮来一并惩治。王敬被带来后,诉说自己无辜。

见他诉说有根有据,证明自己被诬告,鲍邦珍便对太守说:"既然他有根据说清自己是无辜的,我也不忍心伤害无辜,我愿意舍弃所损失的财物,请您释放他吧。"开封太守对鲍商息事宁人的行为也甚为感动。

明代弘治己酉年(1489),鲍邦珍在汴梁经商。这年,汴梁遭遇饥荒,有一个秀才的儿子竟也当街插标出卖自己。鲍邦珍见了不忍,立即花钱将他买下,教他读书,待他像亲儿一样抚育。偶尔诘问他父母为何要抛弃他。他便哭泣着说:"我的父亲叫王景崑,是个秀才,我在外出时被人诱拐,父母亲并不知晓。"此时,鲍邦珍才知自己所救的正是一路同行的王秀才的儿子,便立即为他找来了父亲,让他父子团圆,先前卖身之钱也就不计较了。

汴梁城内有许多无赖子弟,互相斗殴中打死一人,却赖着是薛氏孤子所为,把他送往官府。鲍邦珍知道此事真相,便前往官府将实情陈告。因鲍邦珍在汴梁颇有名声,官府经查也的确如鲍邦珍所言,遂将薛氏的孤子释放,找到真凶并加以惩办。但薛氏孤子还不知道是谁救了他。

在家乡施行义举

鲍邦珍在家乡施行义善之举也很多。同族中有先辈人出赘其他姓氏的人,后来子孙贫困,无家可归,鲍邦珍就和堂兄鲍时明联合盖了一座房屋,召那些无所归者回故里居住。故里中有贫穷的人逝世后,没有葬身的地方,鲍邦珍就买了一块地方作"义冢",给贫穷的人安葬。祭酒王瓒曾为鲍邦珍设义冢的事作记,太守彭公在编纂郡志时也将此事收入志书中。明代弘治乙丑年(1505)夏,夏粮尚未登场,不少农家已经缺粮,日子非常难过。鲍邦珍见此情况,便贴出告示,说自家存有粟米 30 石,愿意拿出来借给大家,不取利息,于是救济了 40 余家。

乡里有个叫方亨的女儿已经纳聘订婚,只是没有下嫁夫家,还和父母住在一起。此时,乡里发生了盗窃的事情。许多人认为方亨是盗贼的窝主。但方亨早已行商在外,他们便找到方亨妻女。方妻与女儿无法为自己辩解,着急得唯求一死。鲍邦珍闻知后,立即前往被盗的人家,仔细询问他失盗的前因后果,便查清了窝主并不是方亨,从而使方亨妻女得到解脱。

仁义的回报

鲍邦珍在汴梁等地经商 40 余年,结交了当地许多官宦名士,而且相与甚厚,还曾在藩王周府中与众多名士同宴。他的行善仗义之举得到当地官民的称赞,呼他为"友善老人"。他便也以此为号。后来,他的子侄各自成家立业,他也就回到家乡颐养天年了。他在家乡也行善很多,因此在乡里也享有很好的声誉。每年,郡县官长视察乡里,举行饮酒礼宴,鲍邦珍都作为嘉宾得坐雅席。他还曾受命督造渔梁坝,竣工后,他的名字列于郡守之后。弘治壬戌年(1502),鲍邦珍奉诏输粟赈边,还得到朝廷赏赐冠带的荣耀。

鲍邦珍在棠樾故里曾辟园林建亭阁,怡养其中,将亭阁取名为"清逸",遂又自号"清逸翁"。明正德五年(1510),鲍邦珍召集本宗 14 位老人(鲍友暹、鲍时进、鲍清应、鲍庭会、鲍孟美、鲍孟禛、鲍勉仁、鲍自茂、鲍士良、鲍以潜、鲍以贤、鲍以臻、鲍世礼、鲍时莹),于清逸亭中讌会畅叙,一时称为盛事。仪部杨公为此作《清逸亭记》,北郡督学李梦

仁心济世

阳作《宗老会记》。詹事程敏政也称赞道："此棠樾里人老而贤者，其齿德见推于士林。"仁义者寿。鲍邦珍一生仁义，所以他与妻子皆伉俪偕老。宪长邵国贤曾为他们作《双寿堂记》。浙江督学吴公为他撰写《友善轩记》。他济人利世的事迹也被当局载入《义行传》中。

歙县棠樾今貌

救难义士郑士寰

救人于危难之中,是具有高尚仁义之心的表现。这样的人堪称义士。安徽歙县郑士寰就是这样的一位义士。

战乱中救人

郑士寰,字名区,歙县郑村人,在江西经商。那是清顺治五年(1648),正值朝代更替之际,许多地方还在战乱之中,江西也不例外。当地还有姓金和姓王的两个强寇在煽动骚乱,市面萧条,物资匮乏,粮米的价格高得像珍珠一样,万千百姓被羁困在乱象丛生的城中,一个个饿得嗷嗷待毙。在这危难的时刻,生意受到战乱影响的郑士寰,不顾自己也在困难之中,却捐出资金高价买来粮

江西浮梁县瑶里镇

食,平价卖给民众,解决了许多人的困难,救活了很多人。后来,郑士寰经商的城市被强寇攻陷了,强寇们穷凶极恶,大肆杀戮,抢劫财物,强奸妇女,还把许多人俘虏到寇窝里,并声称,凡被俘虏的人要赎出来,必须拿金子来,而且赎一个人要一斛金子。这是一个极高的要价,郑士寰只有咬着牙齿罄尽了自己所有的钱财,赎出了7个被俘虏的同乡人。

送还买来之妾

郑士寰娶妻多年,但长时间没有生儿子。那是个以"不孝有三,无后为大"为信条的年代,妻子长期不为丈夫生子,便觉得自己犯了大罪。郑士寰的妻子吴氏也存在这种思想,于是主动从徽州帮丈夫买了一个妇女,送往江西郑士寰经商之处,给他做妾,以便生个一男半女的,也好减轻自己不育之罪。

郑士寰却没有这种思想,感到妻子的行动有点可笑。待这妇女送到,稍作安顿之后,他即和颜悦色地问道:"请问你这女子来自哪里?为何要卖身为妾?"

那女子年纪很轻,看来还没有经历多少生活磨砺,自己被家里出卖,也是实属无奈,见这买主问话颇为温和,也就向郑士寰躬身施了一礼,道:"妾既卖身于主公,本不再作其他想法,既是你善言相问,妾身也便直言相告。"

郑士寰依然和蔼地说:"你且如实说吧,我不会为难你的。"

那女子又施一礼,道:"小女子已经聘有夫家,只因那家家境贫寒,无力及时迎娶,家父便有悔婚的念头。此时,你家夫人便托媒人来购买,家父便退了那已定的婚事,卖于你家作妾。小女子本不情愿,然而我家也很贫寒,所以就同意了父亲之举。主公,事已至此,妾身就甘愿为之。"

郑士寰道："既然你已是有夫家的人,我岂能夺他人之妻!也罢,我将你送回夫家。"说完,他即请下人把相邻的一个老媪请来。

一会,邻居老媪来到。郑士寰说："老邻居啊,今日我有一事相求。"

那老媪连忙道："啊,郑老板,你平常对老身照应很多,要老身办什么事,你尽管吩咐,还说什么求不求的。"

郑士寰笑道："这女子是我老家来的,我这里孤身一人,居住多有不便,想将她安排到你处暂住一晚,明日即送她离开,你看如何?"

老媪道："这有何难,随老身去便是。"

郑士寰即给老媪一些钱,老媪推辞不要,然却不过郑士寰的真诚,即带那女子回到自己家中住了一晚。

第二天,郑士寰就叫送她来的人重又把她送回去,不仅不追还当初买她的身价,还资助嫁资,让她与原聘之夫完婚。

乡里的人都称赞郑士寰的高义的行为。郑的妻子吴氏觉得这是丈夫自己的选择,也便尊重丈夫的意见。

歙县郑村郑氏宗祠

潘氏数代行善录

歙县的潘氏宗族出自于唐代两度担任歙州刺史的潘名,字逢时,因德政卓著,在离任时,被当地父老相拥攀留而定居歙县篁墩,而后分迁各地。以潘名为一世祖,第三世潘瑶始迁大阜,成为大阜潘氏始迁祖。本文要记述的是从第二十三世祖潘孟信起几代人的行善事迹。

潘孟信闯商海致富行善

潘孟信,字时义,号玉溪,为父亲潘乔山元配聂氏所生,但3岁时,母亲便去世了。15岁时,潘孟信见家中贫穷到嗷嗷叫的境地,便愤然说:"我作为一个男子汉,不能志得意豪,像这样奄奄缩缩,我岂不羞耻!"说完,他就带着不足1千文钱,离开家乡,前往富春山中,作采买土产贩卖生意去了。他往来于浙江严陵和徽州之间,看市场需求选择货品,以信义结识当地百姓。当地百姓都称赞他说:"这么小小年纪,在生意场上竟如此谙练,真是了不起!"于是都热情地与他往来,所以不到一年,潘孟信的囊中便有富余的资金。他便返回家中,买来好吃的东西孝敬父母,并把已关闭的塾学重新开下来,延请塾师来教育培养诸位弟弟和族内的子弟。

然后,潘孟信又踏上外出经商之途,而且走得更远,去了福建,泛舟在大海之上,经历着洪涛怒波的考验,许多人看到海浪汹涌的气势,都不由得心骇瞠目,而他却徜徉自恣,意气愈发舒畅。东南沿海的许多岛屿和险隘之地,他都勇敢去闯荡。这里许多地方都有别处所没有的奇货,他懂得把这些物品贩运到北方去交易,肯定能够赚大钱,于是他运筹帷幄,艰苦经营,数年下来,他的囊中何止千金。他自己富了,却不满足,便又带着那些在科举途上无法通达的宗族子弟,去往外地经商,以改变穷困的状况。不到十年,他和弟兄们都钱囊满满的了。

致富归来,潘孟信没有做守财奴,而是营造房舍,购置田地,种植果木,娱乐双亲。父亲生病了,他守在床前,衣不解带两个多月,并多方寻医求药,没有效果,他便割下大

清代海上贸易

腿的肉给父亲服用。不久,父亲病愈,他又不远千里去到中岳嵩山元帝祠下为父母祷告,请求延寿,直至使父母终养天年。

潘孟信不仅对父母行孝,而且对其他人也是乐善好施。平日里,经常周济他人之急难,宗族中有孤儿寡母的,他都拿出钱来帮助他们度过困难,给予庇护,并不期望他们回报。如族中有个孤儿,3岁时,父亲即去世了,又正值灾荒之年,母亲便离他而去改嫁了。潘孟信就把这孤儿收养下来,给他吃的、穿的,教育他成人,就像抚养自己的儿子一样。17岁时,要他出门去福建跟着自己学生意。两年后回到家乡,便为他娶了妻子。待他稍能自立后,再给他一笔钱作资金,让他自

己做生意。前后抚养他将近 20 年,才放手离开。然而这孤儿竟然在背后听了一些风言风语,对抚养自己长大的潘孟信产生怀疑。潘孟信却对此置之不理,认为德薄不足以教化也,让他自责好了。

潘孟信对宗族也是颇有贡献的。宗祠要倒圮时,他慨然捐出数十金,帮助修缮完工。村上道路崎岖不平,他也捐资修葺。一生中,凡有善义之事,他若有所闻,皆极力为之。因此他的名声在郡县都有耳闻,郡县官府也屡次召他为乡饮嘉宾,他却屡屡推辞,婉言谢绝。

潘仲兰继父志扶危济困

潘孟信生有四子,潘仲兰是第二个儿子,字谷馨,别号筼友。幼年时,因父亲长年累月在外经商,所以兄弟间非常亲密,一起玩耍,一起读书,同一张桌子吃饭,同一个被窝睡觉,互相推让,你扶我帮。潘仲兰对朋友也天然笃诚,讲求信义。他少年时读书就能够纵观大略,贯穿经史,综览古今,所发议论常使人觉得出类拔萃。然而他也没有在科举途上奔走,而是投身盐业,遨游在江淮之间。他是有文化的人,所以经商中,善于出谋划策,所提出的办法和建议,既有利于国家税课,又有利于百姓民生,所以取得权臣和商家的一致推崇,他自然也就成为富商。

和父亲一样,潘仲兰在扶危济困上所做的事情,也是指不胜屈,难以计数。饥饿的人,他资助以粮米柴火;寒冷的人,他救济以衣服被絮;良家的女子失身于他人的,他设法去把她从陷阱中救出来;灾荒之年,灾民中有抛弃家室的,他收留他们,予以抚恤,并使他们家庭团聚;战乱时,有许多人被俘掠到兵营中,他召集一些同道者,进入营中,倾注自己的钱财,予以解救。至于修缮桥梁,平整道路,奉养先人,和睦

清代扬州两淮盐运使司

宗族,抚幼存孤,掩埋路边无主之尸等等,他更是凡遇到就时时行之,而没有疲倦之容。

潘仲兰与人交往,非常讲究推诚布公,实心实意;教育子孙,也是要求他们尊师取友为先。他生有两个儿子,长子为潘景隆,次子潘景文,景隆先父亲去世,继承家风的便是次子潘景文。

潘仲兰一生扶危济困行善好义的作为,不仅得到民众的赞扬,而且得到了当局的表彰,徽州太守罗鉁曾为他撰文作赞,以表扬他的良好的德行。

潘景文入仕宦仍行仁义

潘景文,字其蔚,是潘仲兰的次子。他幼小即聪明懂事,出外就读时,每日能够背诵数百言;年岁稍长,便投身科举之途,学业成绩优秀,

仁心济世

铺纸撰文,操笔立就。当时学坛名公罗永叔一见,大为器重,并将自己的女儿许配给他为妻。他曾与哥哥潘景隆一起,各自手持一本书,篝灯诵读,到深夜也不休息。不料后来潘景隆患病去世。潘景文与哥哥手足感情很深,自然痛悼不已,但心中觉得要使家庭名声显扬,只有靠自己一人了,于是更加发愤读书,下帷攻苦,经史子集皆融会贯通,在杭州就试时,被学使拔置府学庠生第三名。后考取岁贡生,被保授为内阁中书。但为宦不久,即因父母年过花甲,哥哥又不在世,遂辞官回归家乡侍养父母。清康熙二十四年(1685),某王爷手书"茂松清泉"四字赐给潘景文。他便建筑"松泉别墅"于花畦南,在那里读书著书至老。

义田碑

潘景文和祖父、父亲一样,秉性好义,尤其是对乡党邻里多有周恤,如冬天寒冷,那些缺衣少被的人家,他即捐给衣被;夏天蚊子多,他就购置一些蚊帐,送给没有蚊帐的人;有些穷苦人生活困难,他就给一些钱;有的人死了,无法安葬,他又给予棺木,帮助收敛;凡是知道有人急难,他都慷慨施与。清康熙三十六年(1697),遭遇很大的灾荒,他发起赈济一个多月,救济了许多灾民。他还购置良田百亩作为义田,用于救济穷苦人;又购买两处朝阳的山地,辟为义冢,以让那些无处安葬的死者有安身之地。族中有一家因贫困而出卖自己的女儿,潘景文从外地回来知道后,立即给以赎回来,帮助那家抚养成人,并资助出嫁。从浙江余杭到徽州歙县,他修葺了许多桥梁和

132

道路。他生平借给他人 10 余万两银钱,到临终时取出那些债券来,一把火全部烧了,不再追讨。他对儿孙们说:"我不能给你们留下多少家业,唯有留给你们以道义。"

潘景文生于明朝崇祯己卯年(1639),卒于清代康熙丙戌年(1706),享年 68 岁。他生有 9 个儿子,是大阜潘氏家族发展史上的重要人物。他的子孙也颇仁义。如次子潘兆臣,字舜邻,也是岁贡生,出嗣伯父潘景隆为后,但父亲逝世时,第 9 弟潘兆垂才 2 岁,所以他没有从大家中分析出去,而是挑起抚养幼弟和家中事务重担,他说:"我不敢忘记先人的嘱托。"他的第 5 弟潘兆夔担任浙江台州府仙居县知县,因拖延了全县的税赋任务,将要被解职。潘兆臣倾尽自己的钱囊给予弥补,不够又卖田卖衣服首饰,并设法借贷,终使弟弟完成税赋任务,保住了职务。所以潘氏一门数代人笃于义善,好行其德,被载入了府县志书之中。

歙县大阜潘氏宗祠

程公琳积善得报

　　程公琳,字蕴堂,号丹云,先世由安徽歙县迁居浙江桐乡,是一位侍奉母亲至孝而闻名于乡里的孝子。他既继承了祖上创下的基业,又善于治理谋生,所以手中已经集资百万。然而令他感到遗憾的是,年届五十却没有儿子,遂慨然羡慕宋代范仲淹文正公的为人风格,大行广济乡里的善义举动。

　　一天,他看见一个衣着贫寒的人来到他家门前,那形态是想要向他借贷,却露出一副拘束不敢上前,口中想说却又停止的样子,他便率先问道:"朋友,你是不是有什么困难呢? 若是有的话,请你告诉我,我愿意尽力地帮助你。"

　　那人见问,便微笑着开口道:"程先生,闻知你是一位肯帮助穷人的善人,我特意前来想向你借一点钱,办一件事情,还望先生答应。"

　　程公琳笑道:"我也知是如此,行,我答应你。"说罢,就按那人提出的数目借给了他,没有一点骄横的容颜。

　　清康熙四十七、四十八年(1708、1709),浙江桐乡一带发生瘟疫,病死的人一个接一个,铺满了许多地方,没有人安葬。程公琳见到这样一副惨烈的景象,便在桐乡县城的城隍庙、青镇的密印寺设下掩埋局,捐资购置棺木,将露尸予以安葬,共掩埋1万余口。此后,这个掩埋局设立了 30 余年,未曾中断过。

浙江桐乡——清代大批徽商在此经营

对地方建筑,程公琳也多有捐助,比如修理县文庙、城隍庙,重建程忠介公祠等,他都慷慨捐资。而每逢水灾、旱灾,他都拿出粟米进行赈济。还有酷暑的月份,他施以防暑的药物;冬天寒冷时,他施舍御寒的棉衣,每年都习以为常。得到他救助的人难以计数。

想不到程公琳行善果真带来善报。他在半百的年纪之后,竟连生了 4 个儿子,儿子又给他生了 13 个孙子。而且子孙在科举上、在行商中、在许多方面都有良好的收获。有人便说:这是积善之报。

徽商行善群像

清代初期,各地灾害不断,战乱兵燹仍然存在,百姓处在难以生存的境地。在此灾荒惨重、民不聊生的时候,手中有一些钱财的徽商,没有熟视无睹,坐视不管,而是慷慨地捐出自己的一点力量,投入赈灾之中。本文介绍一组徽商赈灾的群像,供今人一阅。

吴于悌祖孙行善

吴于悌,字恺仲,安徽歙县人,因经商寓居在江都。少年时父亲去世,依靠母亲抚养长大,因此侍奉母亲十分孝顺,在当地有一定的名声。他秉性慷慨倜傥,喜好行善德之事。康熙十八年(1679),江都一带遭遇灾荒,饥民成群。吴于悌立即捐出不少资金进行赈济。依赖他赈济而有了活路的人很多。当时的御史郝浴将吴于悌捐资赈济的事迹上报给朝廷,朝廷下旨嘉奖他,授他以七品官的身份,后又延伸赠他以朝议大夫的称号。他的儿子吴元诚,字言修,也继承父亲的良善之风,笃行抚养孤儿的事情,乐善好施,远近的百姓都尊称他为长者。吴元诚的长子叫吴国士,官任监司之职,所以吴元诚被封为中宪大夫。

吴元诚的三子为吴仕遴,也敦行善义,能够继承并发扬父辈的作风。

黄家佩与方周行善

黄家佩,字锵鸣,安徽歙县人,因经商徙居于江都。他对待亲人朋友都尽心尽意,有了钱财也是能够乐善好施。清康熙四年(1665),海潮漫溢,淹没了许多地方。黄家佩立即捐金修筑当地的范公堤,阻挡了海水继续蔓延。大水带来许多饥民,黄家佩不仅自己捐资设赈,而且多方集资扩大赈济力度,从而救活了许多饥民。

方周,安徽歙县齐武人,清康熙六十年(1721)遭遇大灾,到处饥荒,方周还在行商途中,闻此信息,立即悉数把家财捐出,购买粟米,赈济贫穷的人,也救了许多人。

汪燧父子相继行善

汪燧,安徽歙县瞻淇人,青少年时,虽然家境贫穷,却竭力侍养双亲,只要双亲需要,无不设法办到。后来双亲谢世,他已到了中年,便去往浙江经商,商业稍有振盛,就考虑到两位兄长依然穷苦,便把所得的收入分给二位兄长,让他们也改变穷苦状况。后来,生意愈来愈好,于是乡里族党孤独贫苦者依赖他维持生活的很多。清康熙六十一年(1722),家乡遭受灾荒,饥民甚多,他向饥民们散放家中的稻谷有500石,其中包括赈济族人。他还在家乡设立义渡一处,构筑里社和祠宇3处。

汪绂,字方来,是汪燧的儿子,太学生,后来因为父亲年老,从而代替父亲经营盐业。盐运使知道汪绂的才干,就推举他为浙中盐商中的甲等商人,相当于两淮的总商。他也体会到父亲的意志,以行善为己任,不仅周济宗族亲友,而且对其他贫苦的人也施以救助。当郡邑中发生大的病疫时,他急公好义,唯恐落在人后。邑中拖欠税赋已积累至28000多两,诸位绅士倡议拿出钱来,分年代为缴纳,汪绂是其中的积极分子。他和众绅士捐资的名字都刊载于邑令汪文坦所撰的《绅士公输旧碑记》中。

仇立礼兄弟善行

仇立礼,安徽歙县王充人,与弟弟仇立祁在童年时就失去父亲了,依靠祖母汪氏、母亲项氏两世坚守孀节,抚养成人。兄弟二人十分友爱、和谐,克勤克俭,孝顺祖母和母亲,恪守母亲的谆谆教训,成为有道德、有品行的人。所以凡是乡中诸种义善的举动,他们都无不身体力行。

清康熙五十六年(1717),徽州歙县发生饥荒,仇氏兄弟即拿出钱财先周恤本图的贫穷的人,又周济邻图的乡亲,还响应县里号召,捐出资金投入助赈行动。于是徽州太守和歙县县令都给予奖励,旌表他仇氏门闾。

以上所述的徽商善行义举虽不甚多,却也体现了他们以仁爱济世为重,仍值得今人一读。

汪涛善行多不胜纪

汪涛,字亦山,安徽歙县西溪人,随父亲汪钺在江苏东台盐场经营盐业。他为人义字当先,经商以义为利,无论是在家乡,还是行商之地,经常做一些善行义事。

清雍正二年(1724),发生海啸,潮水涌入陆地,使东台盐场一带严重受灾,盐场的许多灶民们流离失所,衣食无着。见到此情此景,素来见义必为的汪涛自然于心不忍,他当即组织船只,运载来许多口粮,沿着灶民们流离的地方,供给他们吃食,一时间,救活了无数的灶民和其他灾民。事迹后被载入《东台县志》。

后来,汪涛在浙江台州经商。这里濒临东海,常受台风影响。他在那里经商时,正值遇到大海之上,刮来癫狂的飓风和铺天盖地的暴雨,这是他这个诞生在徽州山区的人,平生所未曾见过的,故称之为癫风怪雨。这癫风怪雨却给当地带来了重大的灾害,其中一害便是把许多埋葬在海边低处的坟墓冲垮,使许多死者的骸骨全暴露在黄土之外,呈纵横交错、一片狼藉之状。汪涛见到如此惨状,真是不忍目睹,便捐资买下高处之地和一些小棺木,雇人收拾那些骸骨,埋葬到让海浪冲击不到的地方,使故世的亡灵得以安息。

那里还有一种不好的习俗,贫苦的人家因经济贫困,养不起很多

仁心济世

清代育婴堂

子女,遂都把多余的子女遗弃不予养育,于是便有好多弃婴无人收养。汪涛见状,也于心不忍,便筹集资金,建起了育婴堂,雇人养育,救活了很多弃婴。

汪涛虽常年经商外地,但从不忘本,所以对家乡徽州和歙县也关心备至,频频施行义举。如徽州府的试院由于岁月已久,出现了颓败景象,甚至要倾倒了,这自然难以承受选拔考试的重任,使培养人才受到影响。汪涛见之,即以满腔热忱,慷慨解囊,独力将它修造一新,所花费的资金不下万两。

他回家乡时,见从古关到西溪岭的道路已经残破,坎坷不平,很不方便行人,甚至有些腿脚不便的老弱残者,还在此处摔跤跌倒,这也激发起他的古道心肠,当即拿出钱来修整一番,高坎处将它铲平,坑洼处把它填高,狭窄处加以拓宽,从而使一条崎岖之路变成为通道坦途。

此外,他在家乡还建置义学,让贫困不能入学的乡党子弟得到读书的机会;构建义冢,安葬那些无力入土的穷困者;还有赈贫恤孤等种种善行,多得纪不胜纪。

刘正实行善例受荣耀

代缴全县积欠税赋

刘正实,安徽歙县向杲人,生活于清代初期。当时,满人入关建立清王朝后,所推行的制度政策,大都沿用明制,像田赋缴纳征收都是按照旧例,平常不管不问,不知按照收获季节予以征集,总是到了年底再催征催缴,再加上征收官吏不负责任,于是弊端丛积,年年拖欠。如一个歙县,从康熙丁酉年(1717)到雍正己酉年(1729),12 年里就积欠田赋超过 2 万两白银。

这年,刘正实的弟弟刘丰年被选拔到广西一个州担任州牧,赴任前,出于礼节,去向家乡的父母官歙县县令汪文坦拜见告别。谁知这歙县县令汪文坦在恭贺刘丰年高升之余,即向刘丰年诉起苦来,既谈起所治下百姓困苦的情状,又详细地谈了本县历年赋税积欠情况,颇感有些无奈。并道:"闻说令兄经商于江浙等地,所获颇丰,境遇颇佳,能否为下官解一点燃眉之急呢?"刘丰年见县令如此开口,心知推辞不得,遂慨然许诺捐资代缴积欠的税赋。县令汪文坦听了,自是心中大喜,双手合十,叩首作揖道:"那么,下官预先代本县民众向大人致谢了。"

刘丰年回到家中,即把拜见县令时县令所谈情况和自己答应捐资代缴欠税的事情,一一向兄长讲明。刘正实听完弟弟的诉说,首先肯定了弟弟的许诺,但觉得弟弟一介书生,对家庭经济的实际状况并不清楚,他知道,即使把兄弟二人的富余资金合起来,也无法缴纳全县多年积欠的赋税。但他不能把困难同弟弟讲明,遂对弟弟道:"好吧,你尽管放心去往广西赴任,具体筹措资金和办理交税的事情,就让愚兄我独力来做。"刘丰年谢道:"那就有劳兄长了。"

自明代中叶到清代末年,在中国商界,徽商和晋商是最具实力的两大商帮。而徽商之富莫过于盐商,盐商之富又莫过于两淮,两淮盐商又以歙县盐商最富,所以刘正实觉得,只要到扬州一行,区区两万两税银是可以完成的。万一筹措不到,那么自己倾家荡产也要实现弟弟

清代运盐船

的许诺。所以在弟弟离家赴任后,刘正实就动身去到淮南,寻找本歙县在那里业盐的商人,把家乡情况向他们说明,倡议他们支持自己的捐助活动。在淮南的歙县众商都感到刘正实对家乡的一片真挚之情,也了解家乡父老乡亲的困苦,都立即响应,解囊捐助,于是在刘正实带头捐资下,所需积欠的赋税全部筹齐。刘正实兄弟和众徽商对家乡的大义之举,歙县县令汪文坦也很感激,立即亲自撰文并刻石立碑传之后世。

但赋税问题,不是单靠商人捐助而能长期解决的,汪文坦也开动脑筋,尽力改革旧税赋制度的弊端,他采取了将无业但有粮的户、丁匠丁班税额都平均摊入田亩,拓宽了税赋之源,再加上加强征收力度,改变工作作风,使县内的赋税问题得到根本解决,从此再很少发生拖欠税赋的事情,官吏和商家也不再由此受到拖累。

路遇救人急难

刘正实行善,不止捐资代缴积欠一事。他一次行商经过江宁镇,看到一对壮年夫妇相拥而哭,哀哀之状令路人都甚为难过。他便上前问道:"请问二位,何事在此路边哀哀哭泣,一种不忍分离的情状。"

那男子见有人问话,抬头一看,是位正气和善的人,便擦擦眼泪,躬身一揖道:"让过路客官见笑了,我因欠人债务实是沉重,而债权人又索要甚急,无奈之下,这才做出卖妻还债的事情,想我夫妇二人感情甚笃,如今她要离我而去,我俩不忍分离,故而哀哀哭泣,令人难堪也。"说着,又忍不住泪流满面。

刘正实听他一番诉说,不禁心生同情,道:"我这里有 200 两纹银,不知可够还债,若是够了,你且拿去还债,不必卖妻了。好好夫妻,哪能轻易离散。"

那男子感激地说道:"200 两纹银,足够了。只是我与你仅是一面之交,怎好让你破费。"

刘正实坦然道:"救人一难,也是应当的,你无须羞颜。"说完,掏出了银子交予那人,然后转身就走。

那男子接过银子,即叩谢道:"敢问恩公尊姓大名?也好容我日后回报。"

刘正实道:"些许小事,不须记挂。"他回首扬扬手即大踏步而去。

旁边,有人告诉那男子道:"此徽州义商刘正实也!"

刘正实行善之事还有很多。如他曾在京口捐资设置救生船,曾修整桥梁,修葺路亭,捐银万两修建龙门桥,以及灾年捐资助赈等等。后来以报效甚多,被朝廷按例授予知州的荣誉职衔。他的弟弟刘丰年也以居官廉明而得到人们称赞。

京口瓜州

"尚义之家"孙仕铨

孙仕铨,字有衡,号毅庵,安徽歙县岩寺镇人。从少年时起就表现得英俊而豪迈,识时度而老成,为人办事急公好义。下面记述他两件尚义的故事。

救人于危难

这是发生在孙仕铨在宣城经商时的事情。那时,宣城县有位县丞,已是从七品的官了,却意外地被人诬陷他贪赃枉法而获杀头之罪。奇怪的是当局竟说只要他能够退回所谓的"赃款",就可以免去死罪,只不过是罢官而已。这县丞心知自己是遭诬陷的,但他也无法为自己辩解,于是他觉得,罢官不要紧,还可以选择其他行业;杀头可了不得,命没有了,一切都完了,他只有选择"退赃"一条路。然而,所谓"赃款"并非一点半点,这县丞素来廉洁,哪里拿得出许多钱来退呢?他只有采取出卖女儿得钱偿还。其实,他的女儿已经许配有人家了,那未婚夫家也拿不出钱来替他"退赃",于是在无奈之下只好选择他人。而他的女儿为了救父亲的生命,也便只好牺牲自己的未来人生。

仁心济世

　　孙仕铨在宣城经商已有多年,而且颇为成功,故财力和人品都为人所知。那县丞也曾与孙仕铨有过交往,自然也了解孙仕铨的情况,知他虽有妻室,但仍在徽州老家,在宣城则是孤身一人,于是托人到孙仕铨处,求他拿出钱来收纳女儿为妾,以便挽救自己一命,而对女儿来说也不失为一个好去处。

宣城一瞥

　　对县丞的遭遇,孙仕铨也有所了解,知他是被人所诬陷的,但官场的事情是难以说清的,自己也不能为他申辩。现在他要卖女退赃,自己倒可以出资救之;不过又听说他女儿已然有了婚约,我岂能乘人之危? 于是,他欣然拿出钱来为那县丞偿还了"赃款",却没有接纳他的女儿为妾。县丞既退了"赃",也便免去了死罪,仅是被罢了官。

　　然而罢了官的县丞,也穷得全家衣食没有了着落,在宣城也待不下去了,只有回老家去谋生。但他连返乡的盘缠也没有。孙仕铨很同情他的处境,便干脆好人做到底,赠送给那罢了官的县丞一笔银两,帮助他返回故乡。临行前,那县丞对孙仕铨是千谢万谢,叩首谢恩。宣城当地的百姓也纷纷称赞孙仕铨的仁义之举,更相信他的为人,于是他的商业经营也就更加兴隆。

捐建"孙公桥"

在宣城经商致富的孙仕铨,对家乡岩寺十分关心,也作有贡献。

在孙仕铨家附近有一条河流,它就是源于黄山山脉的丰乐河。早年人们过河是设立渡船,运输东西则是编扎竹筏,但往往有船翻人亡物毁的灭顶之灾发生。后来便造木桥,以通南北,改善了交通情况。但是,凡是遭遇大洪水时,木桥便被冲走。明朝弘治丙辰年(1496),孙仕铨从宣城返里,见此情状,遂慷慨捐出 4000 缗钱,将木桥桥垛改建为石头桥垛,设立 9 道水门,即 9 个桥洞,每洞用 6 根大楠木铺架在石垛之上,然后在上面覆盖巨石,成为桥面,再在桥面上构建木屋 48 楹,东边面西列为商业区,百样货物具集,车马负载着货物,往来如织;西边则设置长长的木凳,供行人过客坐在上面以作憩息,而桥两面都环以木栅,既防止人与物品掉落,也支撑着桥梁以防倾斜。制造此桥设计如此详密,给行人带来了很大的便利。人们都称赞孙仕铨的恩德,都称此桥为"孙公桥"。徽州太守祁门人李汛(字思恩)为孙仕铨捐建桥梁的事撰写文章以记之。另一位郡守彭金城大书"尚义之家"四个大字,旌表孙氏之门。

孙仕铨义善之风,在他的后人那里得到了继承。清代康熙丙子年(1696),距此桥修成过去了 200 年,此桥遭受了一场大洪水的冲击,遂导致损坏。他的后人孙昱竭力进行修整,使桥继续给人们带来方便。再到康熙癸巳年(1713),此桥意外地被一点遗火酿成大火而遭焚毁,仍是孙昱倾囊加以修葺。5 年后的康熙戊戌年(1718)6 月,复涨特大洪水,这次所遭损坏就大了,所有石垛都被冲击崩泻,不能再作修复,于是有 5 至 6 年的时间,人们通行受阻。此时,镇中的众位绅士、退休官员,以及孙家的后人一起商议,共同筹集资金,改建成一座纯粹的石桥,从清雍正元年(1723)开始动工重建,历经 8 年,到雍正九年(1731)终于告成。桥南首还筑亭架阁。这回依靠的是众人之力了。但它仍旧称为"孙公桥",以纪念孙仕铨热心公益事业的高尚精神。

生立祀祠的程量越

被人设立祭祀的祠堂而作专门顶礼膜拜，这是人们对有功德者的一种很高的尊重与崇拜。一般来说，都是此人故世后才得到的一种荣誉，然而也有人还存活于世，就被人立祠祭拜的，这叫立"生祠"，这表明此人的功德更为令人感激。徽商程量越就是存活于世时就被人立生祠的。他，为何能够有如此待遇？且看下文。

程量越，字自远，安徽歙县岑山渡人。岑山渡程氏在徽商中是一个

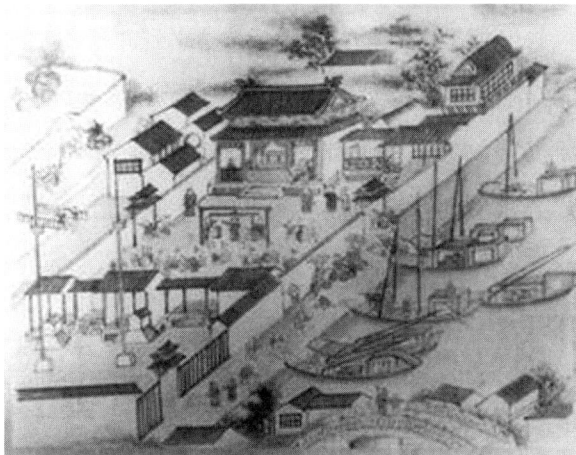

两淮盐场

享有盛誉的商人家族。程量越的父亲程慎吾是岑山渡程氏到两淮经营盐业的开拓者。程慎吾生有 5 个儿子，程量越是他的第 5 子。程量越虽没有像他长兄程量入那样，担任了两淮盐业总商，但他在盐业经营上也有很大的成就。他居住在山阳县，在经商有所成功后，即好义

乐善,用经商获得的钱财做了不少行善的好事。

救民于洪灾

清康熙九年(1670),淮北大地遭遇很大的水灾,洪水滔滔,茫茫无边,像是无际的汪洋大海,房屋冒顶,农田淹没,许多大树被淹得只看到树梢,而受淹的民众更是多处伸手呼救。在这危难的时候,富商程量越没有袖手旁观,而是捐资招募了许多船只、竹筏,撑划到汪洋之中,将所有能够抢救的人救上来,送到可以安置的高处,总共救助的有数千人之多。

第二年,淮河的洪水泛滥得更厉害,尤其是盐城、高邮、宝应等地灾情更为严重,许多灾民流离失所,仅流入山阳县的就有数千余户。这些流民,穿得破衣烂衫,走路摇摇晃晃,一个个拖儿带女,那情状十分悲惨。在这种情况下,善良为怀的程量越自然于心不忍,慷慨地捐出钱来,在山阳县空旷之地,建筑了一大片临时的房子,收留了那些流民住宿,使他们得到了安置。

赎妇于乱后

清康熙十三年(1674),盘踞于云南的吴三桂、福建的耿精忠和广东的尚可喜三藩叛乱清廷,点燃战火,将无辜的百姓带到战乱之中。福建的耿精忠把叛乱的矛头指向北方,首当其冲的就是距离福建最近的浙江,尤其是与福建紧密相连的温州、台州,遭受的祸患特别厉害。乱军所到之处,烧杀抢掠,无恶不作,而对懦弱的妇女更是俘虏起来,带到外地出卖。温州、台州几个州县的妇女被俘虏过淮河的特别多。程量越见到这些被当做商品出卖的妇女那种凄惨的景象,心中特别不忍,他知道她们不愿意流落他乡,都想能够回到自己的家乡去,那里还有亲人,甚至还有丈夫、儿女和父母。出于慈善之心,程量越又毫不吝啬地拿出巨资从人贩子处救赎了落难妇女1000余人,并且各给她们以路费,送回家乡。这些被救赎的妇女家人,非常感激程量越的恩德,便在家乡为程量越设立了许多生祠进行祭祀,祷告上天给这样的大善人带来吉祥。

建筑育婴堂

清代初期,百姓的生活还不富裕,有许多穷苦的人家生了孩子无法抚养,还有一些逃荒逃难的人在困境中生下孩子也无力抚养,于是造成弃婴很多。眼见如此情状,程量越又是难以容忍,自然出手相救,便于清雍正十一年(1733)出资在山阳县北门府下坂兴建了育婴堂,收养了许多弃婴,挽救了无数年幼的生命。

程量越在兴建育婴堂外,还创建了当地紫宵宫的后楼,修建了该宫前殿廊的大门。还有赈济灾民、代替穷困者偿还拖欠的赋税等等诸种善事,他更是施行终身。所以,清代的王觐辰所编纂的《淮安河下志》13卷《流寓》中记载了程量越的事迹,使之名垂青史。

鲍蕃巧计救人

鲍蕃,字公衍,安徽歙县岩寺镇人,12岁时就随从父亲到吴地学生意,踏上了经商之途。鲍蕃致富后也做了不少善事,这里要讲一件他施用巧计救人的事情。

那是某一年8月的一天,经商有成的鲍蕃到杭州游览钱塘江,只见有个年轻人愁容满面,唉声叹气,似乎有难以排解的事情。鲍蕃是一个善心在怀的人,平生最见不得人家有难,于是他即上前问道:"这位仁兄,如此愁眉苦脸,叹气连连,心中定有困难。你我虽是素昧平生,但若能说给我听听,或许能帮上一点忙呢。"

那年轻人的确满腹心事,正难以排解,又没有个人可以商量,今见有人主动询问,便向鲍蕃拱手施礼,道:"小可确有一桩心事,既是仁兄关心,我便从实道来。"

鲍蕃见他信任自己,心中很是高兴,即把他拉到一个小茶馆内坐下,并招呼茶博士端上茶来,然后和蔼地说道:"不要着急,请你慢慢说来。"

那年轻人道:"小可姓董,名云涛。我有一个兄长叫董南公,因欠下了军营一个营弁的债,难以归还,兄长把嫂嫂藏到我的住所,他自己走了。"说着,他端起茶杯咕嘟嘟喝起水来,竟然一口气把一杯水一饮而尽。

鲍蕃连忙起身给他倒了一杯,道:"别急,慢慢说。"

董云涛继续说道:"谁知兄长走后,那营弁寻兄长不见,即要抓我嫂嫂做人质,并在监视我的住处。若是嫂嫂被他抓走,我如何向兄长交代,故而发愁。"

鲍蕃喝了一口茶,道:"仁兄,欠债总是要还的,令兄出走也不是个事呀!"

董云涛道:"吾兄外出,乃是要谋得一些钱来还债,并非要逃债。只是那营弁逼得太紧,让他一时无法筹集。而且他还要将吾嫂嫂抓去做人质,若要被抓去,嫂嫂岂不要受辱!所以吾要谋得一法,送走嫂嫂。"

鲍蕃也喝完了杯中茶水,微微一笑,道:"既是这样,又有何难?"他机警地四下望望,向董轻声道:"你且附耳过来。"那董云涛便起身凑到鲍蕃跟前,只见鲍蕃附在他的耳边低声说了几句,直说得董云涛连连点头。

说话间,到了八月中秋之夜,鲍蕃雇了一只游船,从西湖上悄悄地划到董云涛住屋的北边后门藏好,然后鲍蕃来到董家前门,高声招呼道:"董兄,今乃中秋之夜,西湖上月儿正圆,我们兄弟俩何不去湖上好好欣赏一番。"

他这番呼叫是叫给那监视的人听的,与此同时,董云涛已从后门把嫂嫂送上了鲍蕃停在那里的游船。

鲍蕃呼叫了一番,见没有人答应,便自说自话道:"好,不答应,难道已经走了?"说着也离开了董家,然后从另一个地方上了船,便把董家嫂嫂转移走了。

而那营弁所派监视者却丝毫不知。过了许久,那营弁才发觉,然而董家人却一个也不见踪迹。原来,董云涛和嫂嫂被鲍蕃救走后,即设法找到了哥哥,在外面打拼起来,没几年,赚了许多钱,然后回到杭

瓜洲古渡碑

州,还清了营弁的债务。

鲍蕃这次见义勇为之举,在当地获得了许多人的称赞,再加上其他的善事,使他的善义的名声愈传愈远。

大义抚孤汪良蛟

　　安徽歙县北乡狮山人汪良蛟，幼年时就失去了父亲，稍长大后，便只有出外学生意以度人生。他的经商之地在九华山下的青阳县，因为有一种"徽骆驼"的肯吃苦的精神，在商业上也小有成果。汪良蛟也是一个有仁爱之心的商人，因而生平多有义行。

　　第一件，与他同宗族里有两个人，因为家境贫寒，娶不起妻子，因此到中年还没有子嗣。汪良蛟不忍看到他们家族没有后人传宗接代，就拿出钱来为他们买来两个女子，送给他们每人一个做妻子，使他们各自成立了家庭，后来都有了子嗣。

　　第二件，汪良蛟在经商的青阳县，一天在街上行走，见有男子为了还债，将自己的儿子出卖给那债主。那儿子哭哭啼啼，不愿离开父亲；那男子也不忍亲生儿子离开自己，自然紧紧地拉着儿子的手不放。那债主恼火了，焦躁地大声说着："既然你舍不得儿子，儿子又不愿离开父亲，那么我也不一定要你的儿子，只要你马上把欠债还清，也就罢了。"汪良蛟立即上前对着那债主，问道："这位先生，他欠你多少债？如此逼人家骨肉分离。"那债主没有好气地说："你是何人？想管闲事？我只要他还债，没想要他的孩子。怎么？你替他还债？"汪良蛟干脆地说："好！我可以替他还债，只要他父子不要分离。"那债主从怀里掏出

仁心济世

一张债券,递到汪良蛟面前,道:"好,真有见义勇为的人,不多,200两银子。"汪良蛟接过来一看,便说:"好,你且随我去拿。"说完,带着那债主以及负债的父子二人去到自己的商号里,当即替那男子付清了债务,并把债券交到那男子手中。那债主得到了银钱,向汪良蛟拱手道:"不错,你是个有仁有义的人,我今日长见识了。"说完,转身离去。那欠债的男子也立即拉着儿子在汪良蛟身前跪下,叩首谢道:"您真是我们父子的大恩人,日后当努力报答。"汪良蛟连忙扶他们起来,说:"见人有难,理当尽力相帮,何须报答?"

第三件,汪良蛟有个表兄叫黄泰兴,因身染重病,即将离世,死前,将自己的孤儿托付给他,希望他把这可怜的孤儿抚养成人。善良的汪良蛟自然衷心接受表兄之托。谁知,表兄逝世不久,青阳县山中土寇被人告发,并被当局剿灭。但有人诬告黄泰兴也曾与贼寇相通,请官府也把他抓来获罪。衙役们当即去抓黄泰兴,然而黄已去世,他们就把汪良蛟抓来顶罪。市面上的众人见汪良蛟被抓,便纷纷不服,说汪老板是一个极为仁善的人,怎么会与贼寇相通。他们即要衙役把汪良蛟放了。衙役们说我们做不了主,要说情就到县衙门去。于是众人一起相拥着进了县衙,在公堂大庭上,向县令哭泣地申诉着:汪良蛟是一个极有仁爱之心的人,他只不过是帮去世的表兄抚养了孤儿,现在要他顶罪,于礼于法都行不通啊!那县令也是一个正义的人,见许多民众前来替汪良蛟申诉,而且为汪良蛟抚孤的义行所感动,于是当庭宣布汪良蛟无罪,立即开释。不仅如此,县令还亲书"大义抚孤"四个大字,命人挂在汪良蛟的门楣上,予以表彰。

第四件,汪良蛟有个朋友失去了配偶,留下一个女儿还很年幼。这朋友本就家穷,加上妻子去世,就雪上加霜更加穷困了。汪良蛟又伸出援助之手,收养了朋友的幼女,长大后又为她选择了佳婿,使这孤女有了一个良好的归宿。

第五件，汪良蛟又一个朋友买来一个良家的女子做妾，但那女子坚决不愿跟从。汪良蛟就劝朋友道："既然女子不从，你就不要强逼她为妾，这样不仁义。"朋友道："既如此，那就让她回去好了。只是我买她花了银子。"汪良蛟道："你要银子，那好办，她的身价是多少，我为她赎身，如何？"朋友道："怎么又让你破费？这怎么好意思？""别啰嗦，就这么办。"汪良蛟说毕，即如数付给那朋友以赎金，将那女子送回自己家中。

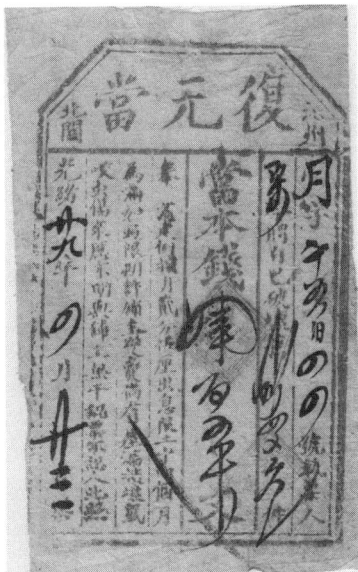

第六件，汪良蛟因身边帮忙的人手不够，就买来一个男孩做家僮。谁知，那男孩来后却一直闷闷不乐。汪良蛟见状，便亲切地问道："你为何如此郁郁寡欢？有什么心事，说出来听听，能帮忙的我尽力帮忙。"那男孩委屈地说道："老板，不瞒你说，我乃是一个世家子弟，怎能为奴，岂不辱没了家风？"汪良蛟微微一笑道："原来如此，那好办，我放你回去，那购买的身价我也不要了。你好好地走吧。"那男孩道谢之后就离开了。

从上面六件事情，足可以表明汪良蛟是一个大义的人。那青阳县令所书之匾，是恰如其分的。

当票

鲍氏兄弟济人利物

本篇所介绍的鲍氏兄弟,是安徽歙县蜀源人鲍兆瑞、鲍兆秀二人。他们究竟如何济人利物,且分别叙来。

鲍兆瑞善行多

鲍兆瑞,字次玉,号璞斋,是父亲鲍德成的第二个儿子,赋性倜傥风流,本是一名监生,而且考授了州同知。但为了拓展家业,他还是转儒为商,来到汉口镇之武昌卫。毕竟是有文化的人,鲍兆瑞经商很快获得成功,用今天的话说,就是很快就挖到第一桶金。他也和许多徽商一样,以济人利物为己任,常对需要帮助的人给以资助。

那年,鲍兆瑞 29 岁,有个姓方的朋友病危了,身边没有其他亲人,于是在临终前把鲍兆瑞召去,满带病容地对鲍兆瑞说:"兆瑞兄,你我朋友一场,平素关系不错。现今我不幸病入膏肓,即将离世,唯一咽不下去这口气的,是这早已失去母亲的幼小的孤儿无人照应,思来想去,现只有托付给兆瑞兄,予以照应了。你不会推辞吧?"说完,要起身给鲍兆瑞叩首。鲍兆瑞连忙按住他的双肩,说:"你已重病如此,何须言

清代武昌

谢。你我既然是朋友,照应幼侄乃是份内之事,你且放心吧。"话刚说完,那方姓朋友便面带微笑辞世了。鲍兆瑞没有辜负朋友的重托,在安葬了朋友之后,悉心地把此孤儿抚养成人。

在武昌时,鲍兆瑞还遇到一件事。有个姓毕的管理府库财物的小官员,因管理不善,又稽查核验失误,使财物受到重大损失,于是被处以罚款。因所罚金额甚是巨大,毕某作为一名收入不高的小吏,岂能承受。而若不如数缴纳罚金,则将受到更严重的处理。正当毕某无计可施的时候,鲍兆瑞得知实情,虽然毕某人与他毫无关系,但他还是慷慨解囊帮毕某缴纳了罚金。

还有一个同乡吴某,在武昌遭遇了一场官司,甚是为难。鲍兆瑞又把他人的事情作为自己的事情,暗中为吴某到处奔走,了解事情原委,掌握前因后果,然后为他在官府中据实据理予以申辩,终使吴某的事情得以解脱。但吴某在事情过后,还不知是鲍兆瑞帮的忙。像以上为他人或出钱,或出力排忧解难的事情,对鲍兆瑞来说,是举不胜举。

汉口是中国著名的四大名镇,工商业非常发达,人口也很稠密,街市店铺鳞次栉比,街巷纵横交错,而那时的建筑物都以砖木结构为主,而街巷又比较狭窄。因此一旦发生火灾,常常是火烧连营,绵延千百家。早年间人们曾组织过"广庇会",大家平时筹集资金,届时用来抚恤救助受灾者,但年代已久,或许火灾也不多,这个组织便荒废不存了。鲍兆瑞则认为,这样一个对大众有利的组织不可少,应当恢复起来。他的想法得到当地商界人们的赞同,于是在他的极力倡导下,重建了"广庇会",并在后来发挥了作用。

汉口是徽商聚集之地,那里曾建有新安会馆,理学大家朱熹是徽州人,人们对他非常崇敬,尊之为"朱夫子",并在新安会馆中予以祭祀,鲍兆瑞也是如此。旅汉的徽州同乡还想开辟从会馆大门到江边码头的大路,以便行旅,也便利商品货物的进出,这个计划已经很久了,苦于地处商业黄金地段,所需费用巨大,而当地人也不甚同意,因此迟迟没有进展。鲍兆瑞又带头倡建,同乡们极力赞成,于是齐心协力,克服困难,终于建成,那码头也被称之为"新安码头"。此事不久,鲍兆瑞又倡议兴建了新安义学,培养徽州人在武汉三镇不能从师读书的子弟,为同乡人带来福祉。

鲍兆瑞不仅在行商的武汉三镇大行义善,在故乡歙县也积极参与了一系列公益事业的建设。如县城北面有个太尉殿村,村边有一座石桥,横跨于富资河上,然而倒塌多年,并且早就有筹资募捐重修的计划,但由于响应者很少,于是拖了几年也没办法重修。鲍兆瑞闻知此事后,不仅积极响应,而且极力召集同仁,带头捐款,集资筹划,终使多年未曾完成的修桥大事得以完工。

还有徽州府与宁国府交界的箬岭，是一条非常崎岖难行的要道，虽然在清代初期时，歙县人程国光曾大修过这条道路，但时间已久，到清代中期已有不少地方损毁。而徽州府城之北的万年桥，也是通衢要津，也已有损毁。对此，鲍兆瑞都出资予以修葺。他还在所居的蜀源村兴建了"登云桥"。凡是诸多有利于大众的事，他都慷慨捐资，使之完成。所以徽州府和歙县的长官都很敬重鲍兆瑞的德行，推举他为乡饮大宾。他的事迹也载入府县志书中，流传后世。

鲍兆秀善行如兄

鲍兆秀，字俊民，号质庵，是鲍德成的第四个儿子，也是鲍兆瑞的四弟。还是孩童的时候就为人厚重，很少说话，也不轻易谈笑。长大后，就随从父亲到楚地经商。后来，父亲逝世，他极为悲哀，几乎痛不欲生，不过还是协助兄长鲍兆瑞，将父亲的灵柩扶送回家乡，尽力按照家乡的传统祭祀之礼予以安葬。他对母亲十分孝顺，凡大小事情，都要先禀报母亲，然后按母亲的意志去做。他与诸位兄嫂也很友爱尊敬，因而全家非常和睦。他也同哥哥鲍兆瑞一样，见义必为。

鲍兆秀在湖北大冶县经商时，他的商铺附近有一个年轻人，此人既家境贫穷，又为人懦弱，父母曾为他聘有一个女子，并约定了成婚之期。不料有一天，他那个长得漂亮的未婚妻在街上，被当地一个豪强看见了，那人便立即想占为己有。当他知道这漂亮女子已与人家有了婚约，却并不放手，还想出一计，即伪造了与女子的婚约，并恶人先告状，在县衙大堂上诉道，自己与这女子是青梅竹马，早在雀角之年即有婚约。而那青年婚约在后，要求大人将女子判给自己为妻。那贫穷的青年自然也不服气，拿出了自己与女子的婚约。此情此景，真是公说

仁心济世

公有理婆说婆有理,把个县令也弄糊涂了。他即招来他们的左邻右舍,询问究竟谁的婚约在前,谁的婚约在后?然而那些左邻右舍都畏惧豪强的势力,即使知情也不敢明说实情。更有甚者,还有人受豪强的收买作伪证。贫困青年眼看自己就要败诉,急得痛不欲生。此时,鲍兆秀挺身而出,在公堂上义形于色,慷慨陈词,将自己所知的一切,诉说得头头是道,把豪强的强取豪夺说得体无完肤,终于说服了县令。那县令最后判道:"鲍老板在大冶经商多年,又与某青年相距不远,自然知根知底,所述有根有据,本官现判定,此女子与某青年婚约有效,某豪强仗势欺人,强取豪夺,有违法理,扰乱治安,特判打 50 大板,轰出公堂,以儆效尤。"一场官司终在正义之声下结束。那青年还在鲍兆秀的资助下与未婚妻得以完婚,缔结伉俪。这段故事,在当地一直被人们津津乐道。

清代县衙大堂

至于其他的善事,鲍兆秀还做了许多。如见有婴儿被抛弃路旁的,他便收留起来,送到育婴堂里去,并投入资金;见有人亡故后无以收殓的,他也乐助资金,予以安葬。平常借贷给人家钱财,如果看到那欠债人实在贫苦无法归还的,他便把那些债券拿出来予以焚毁,不再索要。

晚年,鲍兆秀返回故里,也不忘尽力做一些善义之事。如从家乡蜀源到灵金山的道路,长有 10 里,与从灵金山上流下的金带溪相依相伴,而金带溪是下游大母堨的源流。如果道路损毁倒塌,那么砂石泥巴全塌在金带溪中，那么就要堵住水源，而砂石泥巴冲到塌中，又会淤积起来，这样，大母塌也就被荒废了，那么下游的千百亩良田就无法得到灌溉，就会使粮食收成带来减产。鲍兆秀见此情状，便捐出资金，招募人采伐石料，整修这条重要的道路，既有利于人们行走，也有利于当地的水利建设。然而，年岁已大的鲍兆秀没有亲眼见到工程完工，便因病而逝世。他的儿子鲍光甸秉承父亲的遗志，继续使整修道路的工程圆满完工。

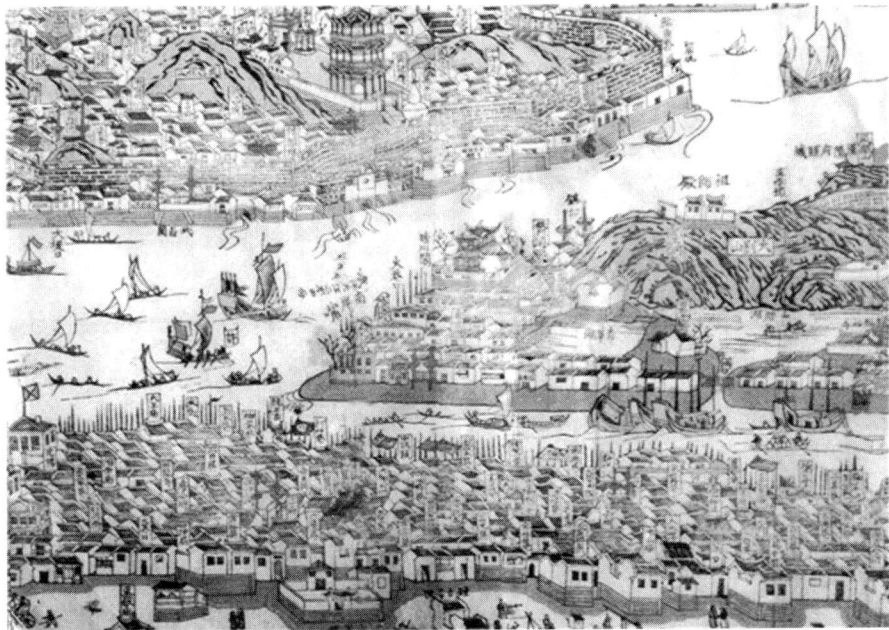

清代绘制的汉口汉正街全貌，大批徽商在此经营

勇于为义的洪氏父子

本文要叙说的洪氏父子洪公寀、洪翘,原是安徽歙县虹源人,因父亲洪公寀入赘于江苏武进县(亦称阳湖)的赵家,便入籍于阳湖。

洪公寀尚义破产

洪公寀一生尚义,却也因此而破产。那么他是如何破产的?早先的时候,洪公寀的父亲洪环出任山西省大同府知府,因遭遇大灾,税收难以完成,以致亏欠国家税赋超过万两银子。那时有规定,税赋与职任紧密相连,用今天的话说叫责任制,完不成任务,账便算到主管之官的身上。洪环既然是知府,那么就要承担一府完成税赋的责任。洪环生有11个儿子,却只有洪公寀变卖了全部家产,替父亲偿还了亏欠的赋税。洪公寀的孝心可光照日月。他也从此弃儒从商,白手起家。

然而当他刚在商业上起步的时候,又有一桩麻烦事降临他的头上。原来,时任太原府知府的赵凤诏获罪被抄家。赵凤诏与洪公寀有何关系?这赵凤诏乃是洪公寀岳父赵熊诏的亲弟弟,也就是说,是洪公寀的叔丈人。事情紧急,赵凤诏只能将希望寄托在侄女婿的身上,

将独子托付给洪公寀。既是至亲,洪公寀便责无旁贷,收留了堂内弟。谁知此事又被冤家所控告,说洪公寀收留罪犯之子,于是被牵连也遭抄家。这时,洪公寀也不作辩护,只要能保住赵氏孤儿就行,抄家的事情也只有由他去了,也终使堂内弟得到保全。经历这两次沉重的打击,洪公寀岂能够不破产?于是他只好租赁一间简陋的房子居住下来,日常生活都成了问题,甚至穷得一天吃一顿饭都难以保证。然而洪公寀并不为自己尚义的举动而后悔,生活上虽遭遇到极大的困难,但人情道义上却能够交待了,所以他泰然处之,怡然自得。

洪翘义愤焚券

在艰难的困境中,洪公寀的儿子洪翘长大了。他自幼受到父亲的耳濡目染,为人处世,义字当先。当父亲家产破败后,他便奔走四方,以解决家中的困境。曾有一个他洪家的故旧朋友,现担任江西提督,先前曾借洪家3000两银子,按照还款的日期早已到了,见家境如此困难,洪翘便去往江西收取借款。到了江西提督衙门,那提督却也以故旧的样子予以接待,且故作好话道:"感谢令尊当年借助我钱,才使我度过困难,今借期已到,理当偿还,但请拿出借据,让我核对后再付款,如何?"洪翘不知那提督有诈,便从身上拿出借据,递给提督。谁知那提督拿到借据便马上变了脸色,他看也不看,就突然将借据撕掉,还恶声言道:"哪里来的小子,竟胡乱拿出一张废纸,想从我这里讹些钱去,也不看看这是什么地方!"洪翘见提督突然变脸,拒不认账,反将借据撕毁,便知这债是要不回来了,如若再与他争执,可能会遭遇其他不测,遂微微一笑道:"好,既如此,也无所谓,不过是区区三千两银子而已,小事一桩,我不要了,提督大人不必动怒。"说罢拱手作别,全身而退。他这一番潇洒的举动,倒叫那提督所料不及,也便随他离去,心想,反正 3000 两银子的账已经赖掉了。洪翘回到家中,实是非常恼火,但一想,那些欠人钱财至今未还的,无非两种情况,一种是确实家境贫困无力归还的,前去索取,于心不忍;另一种是存心抵赖,落井下石,像那提督一样,强去索要也很不值。况且,人生在世,钱财乃身外之物,生不带来,死不带去,何必较真?想到此,洪翘索性取出家中那些超期未还的借券统统一把火焚烧干净。洪翘的这种理念和举动,倒也异乎常人。

洪翘救人危难

在家境困难中长大的洪翘也踏上经商的路。他在金陵经商时,正遇到江南省乡试。有 6 位秀才从江北一起坐船渡江到金陵应试,不料突然刮起飓风,将渡船吹翻,6 位秀才虽然万幸免于送命,但所带应试物品钱财全沉入江中。这 6 人中有武进的陈宾、通州的盛聪,他们是洪翘的朋友,被救上岸后,都跟跟跄跄地走到洪翘处,将翻船事情告诉洪翘。朋友有难,理当帮助。洪翘没有二话,将自己一年所获得的收入,全部分给了 6 位应试秀才,让他们重新置办考试用品和生活所需,以安心地赴试应考。然而到这年岁末回乡,他却囊中空空如也。妻子问道:"你在外一年辛苦,怎么没赚一点钱来?莫非遭遇了什么灾难?"洪翘据实告诉了助人的事情。贤惠的妻子也欣然听之而毫无责备之色,只是用些清水来祭祀灶神,祈祷灶神为一家来年带来好运。

洪翘友爱兄弟

洪翘有兄弟 4 人,他们兄弟间互相友爱,亲密无间。他的三弟洪翔从小就表现得很聪慧,但因为遭受劫难的家庭生活极为困难,哪有财力供他们众多兄弟读书,如今洪翘和二弟都已从商,所以父亲洪公寀也就要洪翔去学生意。洪翔实在想读书,便暗中找到哥哥洪翘,哭泣着说:"哥哥,我不愿学生意,我要读书,请你帮帮忙吧。"洪翘十分理解三弟的意愿,但自己也无能为力,却又不能让弟弟失望,于是说:"翔弟,我支持你读书,困难我来想办法解决,就不要去麻烦父亲了,他也是无奈呀!"随后,他拿了自己的衣服送到当铺里,当了一些钱,暗中把弟弟送进了乡里私塾,继续读书,而且每天在街上买点烧饼供弟弟食用。这样,一连过了几个月,父亲洪公寀才知道此事,也就没有责备他们兄弟俩,不再要洪翔学生意了。

老汉冒险报德

洪翘有个嗜好,那就是爱喝酒。但他也很有文才,往往喝酒后,诗兴大发,操笔作诗,佳句连篇,甚有深远的意境和趣致,为时人所推重,

仁心济世

清代私塾

曾著有《两间集》2卷,藏在家中,没有刊行。清乾隆十六年(1751),人在中年的洪翘病逝了。他的英年早逝,给人们带来很多的悲痛。有个没有子女独居的老妇女,闻知后,立即哭号着:"我老太婆从此后要成为饿死鬼了!"又有一个男子汉突然闯进门来,对着洪翘的灵柩哀声痛哭了一番,留下许多涕泪,然后再次跪拜而去,洪家都不知他是何人。洪翘逝世时,儿子洪礼吉只有几岁,并且家境贫穷,不能马上下葬,便将灵柩停放在天宁寺中。乾隆十九年(1754),一日夜半,天宁寺突发火灾,火势凶猛,许多人都不敢贸然进去抢救物资。突然,人们望见,在火光中,有个老汉随从几个人抬着一个沉重的物体,蹒跚而行,并突破弥漫的烟雾向寺外冲来。有个仆从大声叫道:"这是洪楚珩(洪翘)的灵柩!"众人闻知,都齐声道:"是应当救!应当救!"说着都争上前去帮忙把灵柩抬出来。那位抢先进去的老汉鬓发都被火烧光了,连皮肤都被大火炙伤了。大家一看,原来这老汉就是洪翘曾经救助过的通州的那位秀才盛聪。这位受德的人能够如此不顾生命危险地去报德,那么施德的人是怎样一个人,也就可想而知了。

洪翘之子洪礼吉后来改名洪亮吉,于乾隆五十五年(1790)高中殿试榜眼,授职翰林院编修,成为清代著名学者。他的祖父洪公寀、父亲洪翘都因此获赠翰林院编修的荣誉称号。这也是施行义善的善报。

慷慨任事凌起翔

　　安徽歙县人凌起翔，字紫雯，很早就富有家财，而且以慷慨任事享有很高的声望，许多人都造访他，仰慕他，并从他那里获得好处。而凌起翔也以此而沾沾自喜，豪爽地挥洒钱财，结果给他带来的是家道中落。他有兄弟3人，次弟曾遭遇盗贼，损失了许多钱财，于是为了生存，便离开了家乡，数十年都没有回归，却把妻子与孩儿留在家里。凌起翔没有抛开弟媳和侄儿不管，而是尽自己的力量抚养他们，尤其是把侄儿养育成人后，还传授给他以生存的本领。这是因为凌起翔接受了过去漫洒钱财的教训，决心东山再起，去了苏州经商，而且很快又有了重大发展。

　　凌起翔在苏州经商时，一天，与之相邻的一个大户人家门前，有一个老妇在哭哭啼啼，很是伤心。怀有仁善之心的凌起翔便关切地问道："老人家，你为何如此伤心？"那老妇对他诉说起来，原来她是早年卖身在这个旗人家里做佣人的，多少年来，为他家当牛做马，起早摸黑，以致积劳成疾，如今生病了，且病得不轻。那个旗人主子竟然丧尽良心地要遗弃她，而且还要向她索要当初卖身的钱。想到此，她自然觉得非常心寒，遂不由自主地在那家门前哭哭啼啼起来。了解了事情原委，凌起翔知道这种旗人仗着是满族的身份，素来是以势欺人的，与之理论是谈不通的,遂拿出钱来为这老妇偿还了卖身之钱,并将她暂时收留到自己店中。老妇告诉凌起翔,自己还有一个儿子,现在不知在何处。凌起翔经过多方打听访问,又终于把老妇的儿子寻了回来,并由她的儿子把她带了回去。

苏州街市

凌起翔有个叫王文甫的朋友,拖欠了官府税课有 100 多两银子,结果官府贴出告示,说如果再不如数缴纳,则要受罚,受打 100 多鞭。如此沉重的责罚,叫那朋友如何经受得起,岂不是半条命要送掉。凌起翔得知这个情况后,二话不说,就拿出钱来替朋友偿还了税课,从而使朋友免受沉重的责罚。

凌起翔的另一个弟弟叫凌起潜,字友陶,也像哥哥一样崇尚仁义,做了一些善事。如曾经焚烧了数百两银子的借券,让欠债的人免去了债务。后来还因儿子科举得中,因做官得贵而享受了朝廷的封典。

吴如彬继父行善

吴如彬,字均若,安徽歙县昌溪人。他的父亲吴之求是一个广为行善的人,做了许多善事,如曾经独资建造了灞溪源的石桥,又倡议并捐资建造了大昌桥,方便了行旅的往来;还曾捐出田地作义冢,收埋四方暴露在外的骸骨。因此被人们称作吴善人。

吴如彬长大后,继承了父亲的仁爱之风,也做了许多行善利众的事情。清乾隆十六年(1751),徽州遭受灾荒,造成许多民众陷于饥饿之中。在此种灾难降临的时候,吴如彬作为一个富有的人没有袖手旁观,而是捐出钱来购买粮食,以平价出售给灾民,而且借贷给人钱不收取利息,让生活困难的人们渡过了灾荒。

歙县南乡的大洲源以及英坑等地,与浙江淳安县、昌化县相连,都是深山穷谷,绵延数百里。那里的老百姓每到寒冬腊月,便以挖掘野蕨根,漂洗蕨粉,或砍柴烧炭,来换取生活的资金。深山穷谷虽是挖掘野蕨、砍柴烧炭的好地方,却也是豺狼虎豹等野兽出没的地方。清乾隆二十九年、三十年(1764、1765),这里就发生了老虎大白天吃人的事件,伤及男女竟有 200 多人,有的受伤,有的丢掉了性命。吴如彬决心为民除害。他自己虽然没有搏虎之力,但他四处寻访敢于搏虎并善于搏虎的人,拿出重资给以报酬,务必要尽力把残害人命的老虎剿灭掉。

仁心济世

搏虎的勇士请来了,也进入深山进行了打虎行动,然而一个月过去了,却一无所获。吴如彬觉得,不是老虎没有了,也不是老虎害怕躲起来了,而是所给的报酬还太少,没有激发搏虎勇士的积极性,于是出资1000两银子,鼓励搏虎的人奋力进击。结果,那些搏虎勇士竟一连搏杀了5只凶猛的老虎,于是老百姓们才得到安宁。

歙县昌溪今貌

善人善举一束

在徽州、在歙县,积德行善的人很多,所做的善举也很多。这里且列举数人数事以飨读者。

吴宏任积善昌后

歙县昌溪人吴宏任,字肩任,远至京师经商,生意也很不错,然而听到父亲得了身体萎缩之症,无法独立生活,便马上从千里之外赶回家中,侍奉护养父亲,以尽孝心。然而孝心无力回天,父亲还是病故了,他便请术士卜选了一个吉祥的地方,予以安葬,并且又重新安葬了两代先世故人,让他们入土为安。他又念及乡党之中和客居于此地的人中,有一些无力安葬的人,便偕同族人吴之求、吴承拾一起,捐资购买了高而宽敞的地方,设置义冢,造了收藏棺木的屋数十楹,以备贮藏浮棺,然后每五年或十年收葬一次,并请和尚道士设立祭坛,斋祭那些亡灵,并给此处义冢取名为"万人缘"。徽州郡守魏公对吴宏任的这一义举极为赞赏,书写了"积善昌后"四字以作嘉奖。此后近百年,吴宏任的宗族乡党的后人,一直遵行义冢这一义举,没有放弃行善。

张象钜建延寿桥

张象钜,字彦洪,歙县绍村人,经商稍有成就,便舍财造福乡里。村里有座辛田桥,处在往来交通的要冲,横跨在急湍的河流之上,过去架的是一座独木桥,平常日子,人们行走已经不那么舒畅,而每到溪流暴涨的时候,行走在这独木桥上便很不稳当了,已有许多行人掉入水中,有的就被大水冲走了。张象钜面对这情况,遂捐资改造成一座石桥,并在桥的一侧建了一座亭子,亭额上写着"延寿"二字,于是桥名也叫"延寿桥"。从此极大地方便了往来行人。

叶良茂赈灾常熟

叶良茂,字筠友,歙县叶圩人,曾在江苏常熟经商。有一年,常熟遭遇灾荒,民众中产生饥饿的状况。叶良茂以一颗善良的商人的心,拿出了自己家中所藏的粟米借贷给缺粮的人,后来藏粟贷完了,又捐出钱来,甚至连家中日常用的器物都变卖一空,用于赈济。到了秋天有了收成,那些春荒时借贷的人都想着怎么来偿还他。而叶良茂考虑到借贷的人还不富裕,便把那些借券全部焚毁,不要他们偿还了。于是在常熟到处都是颂扬叶良茂善义的声音。

洪徽治捐建桂林桥

洪徽治,字魏笏,歙县桂林人。他所在的桂林村乃是歙县东乡的一个大村子,地处源于绩溪的扬之河边。那扬之河是一条比较宽的河流,桂林及从桂林进山的大片地方的人们进入徽州府城和歙县县城,都必须要过扬之河,因此在此处建桥十分必要。以往这桂林村边的扬之河上有座桥,人们可以通过此桥过河。但这是一座木桥,在一次特大洪水中被汹涌的波涛卷走了,人们便只有望河兴叹。洪徽治眼见此情,立即慷慨捐出资金,改建为一座大石桥,长约 40 丈,花费了约 10000 余两白银。洪徽治的这桩善举被载入了乾隆间的徽州府志和歙县志中。

歙县桂林镇远眺

江村江氏义行录

　　歙县江村在徽州府城北郊 3 千米许。自从千年前浙江开化人江汝刚中进士后来歙州任通判，任满后选择这里定居，到清代嘉庆、道光年间形成了"烟户三千余家"、有"千灶万丁"之称的大村庄。它村内有山，山间布村，五星联络，地脉灵秀，碧岫遥环，清溪旋绕，甲第连云，楼阁栉比，既得山林逸趣，又具文雅风韵。江村江氏人众，既认真读书，代代向上，科举场上捷报频传，从宋朝至清代，江村人共高中了 20 名

江氏宗祠

文进士,4名武进士;又勇于闯荡商场,从明朝中叶江光禄率先在扬州经营盐业后,代有巨商涌现,最卓著者是清乾隆时期任两淮总商近50年的江春。江村江氏商人在致富后频频行善仗义,为家族增添了光彩,受到了人们的崇敬,他们的义善事迹被载入了府志、县志之中,世代流传。

江瑞,字天玉,秉性刚直好义,在杭州经商时,曾捐金修茸西湖和岳王(岳飞)坟、岳王庙;而在家乡,亲戚、邻居有急难的事情,他都多方设法给以救助。

江承炳,字云岑,凡是抚恤贫穷、拯救急难、修桥铺路等善事,他都身体力行,没有懈怠。尤其是,当经商之地江苏省丹徒县发生灾荒的时候,他曾经捐出万两银子赈济饥饿的灾民。此举得到当时总督和巡抚的题书旌表,但他认为这是自己应该做的事情,向督抚呈书力辞。他还在家乡捐资帮助修建祠堂,购置义田,准备宗族乡党祭祀渡灾的资金。

江人龙,字霜公,少年时侍奉孀居的母亲十分孝顺,闻名当地。成人后秉性持躬正直,敢于当面指出人的过错,由于他说得正确,且出于善意,所以没有人怨恨。他特别笃行宗族里的事情,对各家的人都视同一体,抚养孤独的侄子长大,如同是自己亲生的儿子。

江晟,江瑞的第三个儿子,秉性孝友,他的哥哥江洪官任青海西宁太守,却在边陲任职中犯下了事故,将要治罪。江晟闻知,立即骑马走了数千里路,奔赴西宁,上下进行沟通了解,帮助哥哥的事得到解决。

江承珍,字待占,少年时即失去父亲,成为孤儿,但他十分孝顺母亲,恭谨侍奉,称誉乡里。他的父亲江懋潢,也是个孝友好善的人,然而心中许多愿望没有实现便英年早逝了。于是江承珍体察父亲的遗志,做了许多父亲想做却未能做的善举。一是顾念着邻县有处叫楠木岭的地方,是七省的交通要衢,于是捐资家财修茸,还在岭巅上建祠一座,供应茶水给往来行旅,以解饥渴。二是捐资修葺了故乡江村的石板路。三是购置义田160亩,其中40亩为祭祀之田,以作宗族祭祀供奉之用;80亩作济贫之田,用以救济宗族内贫困的人家;10亩为公田,作兴修桥梁茶亭的预备资金;30亩为"右文田",用以为族中读书的士子请教师、奖励学习的资金。四是购置了一些产业,滋养生息,以备村内修理社屋、举办祭祀典礼、表彰节烈之用。

江允昇,字晓青,江承珍之子,也如父亲一样笃行好义。他偕同弟弟江昭、江晖、江暄、江昂一起,在徽州府城里建造了飞布书院,作为文会里的公产,用作江村人士应试前的学习场所。清乾隆辛未年(1751),徽州发生大饥荒,这时,江允昇在扬州经商,闻知家乡灾情,带头捐资1000余两,购买稻谷运归家乡,赈济乡党饥民。许多在扬州经商的歙县人,也都向江允昇学习,纷纷捐资购粮,救助家乡,于是一时间聚集资金数万两,购买粮食在县里建立了惠济仓,使得凶荒之年有储备的粮食。因此惠济仓的设立,是江允昇兄弟开启的。

江承东,字晓苍,少年时即在湖北汉阳经商。他的伯父伯母逝世后置留于棺木里数十年,是江承东为他们安葬入土。他的堂兄江承彩及嫂嫂故世在外地,也是江承东把他们运归故里安葬。他的先世有几代人都侨居于江苏邗江,有些高祖、曾祖辈的人,没有后代的,他通过搜罗资料,找出他们的籍贯,都把他们运归家乡,一一营葬并立碑。他还捐资购买祭田,作为支祠内高祖曾祖以下祭祀之用,凡是没有后代的也都得到祭祀。清乾隆辛酉年(1741),许多受灾的棚民聚集于汉口,江承东见此情状,便暗中派遣儿子、侄子在除夕的时候,到每个棚子里悄悄地送上一些银钱。他的这种救济行动被许多商人仿效,从而救济了无数灾民。江承东对同乡人更是另眼相看,凡是徽州人到了汉口,大多得到他的资助,而且周贫济困从不吝惜金钱,其间有亡故于客邸之中,丧葬不能回归的,他必定解囊相赠,予以抚恤,使亡故之人的灵柩返回家乡。凡此种种义善之举难以计数。

江村今貌

　　江允暐，字东扶，也是从小失去了父亲，侍奉守节的母亲十分尽孝。成年后投入商场，颇有成就，于是也尽仁爱之心，行善仗义。他一是购置义田，所获收入供宗祠中祭祀运用。二是每年都要施舍数百口棺木救济那些无钱的急难者。三是见本宗的支谱未曾编辑，他便捐资开局编修宗谱，然而没有完成，他便逝世了。他的儿子继承他的遗志，联合同宗其他三支，一起修谱，终于完成数百年没有编修的宗谱。

　　江世栋，字右季，侨居扬州，凡是关系到故乡和宗族乡党的事情，他都尽自己的经济实力来帮助完成，并视乡亲宗支如同自己家人一般，闻知有人遇到了困难的事情，他就慷慨地分出自己的钱财予以周恤。他的叔父江阊曾在湖北西北的均州做官，他随侍在叔父身边。当时刚经历兵燹之灾，州内百姓日子凋零，穷困多病。江世栋协助叔父筹划救济之策，忙得疲惫不堪，才使州内形势有所复苏。他还曾游学于中州，捐资修葺了当地一个名人文通公的墓，并且撰文记之。他的儿子江恂官任徽州太守，也曾捐出薪俸，购置义田，作为本支宗祠祭祀用度的产业。

仁心济世

江嘉诂,字赓扬,于清乾隆甲子年(1744)以商籍考中江苏仪征县武举人,后又考任候补守备,因为要侍奉老母亲,便辞职居于家中。乾隆辛未年(1751),家乡遭受饥荒,江嘉诂担任赈灾董事,谋划周到,处事公正,让受灾的人都得到了赈济的实惠。徽州太守何达善在众徽商的协助下,设立了官办惠济露天谷仓,因江嘉诂为人正直,办事认真,所以被任命为董事。每当灾荒之年,江嘉诂就忙于筹措安排赈恤的事情,不怕麻烦和疲劳。何达善了解到江嘉诂还擅长栽植蚕桑,教人织纴的事情,便推心置腹地全权委托他做这件关乎民生的事情。江嘉诂也不辜负何知府的信任,全身心地做好了这件事,推动了家乡经济的发展。江嘉诂还尽力做了帮助孤寒子弟,设立义塾,收埋路尸,填桥治路等等义善的事情。

江蕃,字均佐,在扬州经营盐业,对于种种义善的举动,他都勇肩重任,从不推辞。他曾积极参与修葺宗祠,并在江村附近的云岚山兴办了义学,又创建了忠义祠、节孝祠,主持了崇祀大典。对于宗族中的贫乏的人,则按照人口给以粮食,以满足他们早晚吃食的需要。在扬州时,对街道巷衢的整修工程,他或者自己慷慨捐资,或者积极动员其他商人义助,以尽力使工程完工。他还有一些义善之事没有完成的,他的儿子江士相、江士栿都继续完成。

江振鸿,字吉云,秉性倜傥好义,敦本情深,对宗族的和睦十分关切。他曾捐资购置义田一千多亩,设立"追远"、"周急"两个户头,前者是为了合族祭祀先祖所用,后者则是周济抚恤贫乏的人。这些义田将要购齐的时候,他不幸病故。他的妻子黄氏完成了丈夫的遗志,继续捐资购足了原计划的义田数。他的儿子江大镛也继承父亲的志向,义善不倦,并具呈报告,将这些义田全数归公。安徽巡抚康公于清嘉庆二十四年(1819)上疏给朝廷,于是奉圣旨给江振鸿建树牌坊,予以旌表。

吴邦伟倡行义田法

　　吴邦伟,字轶容,歙县丰南人。丰南,现称西溪南,这个村的吴氏家族,是一个很繁盛的望族,地处于较为平旷的徽州盆地中。但是,也会遭受水灾或旱灾,这样便有荒芜歉收的年成,而每当这个时节,那些鳏寡孤独的人就缺粮少吃,挨饿受饥,嗷嗷待食。家境较好的吴邦伟,就同兄长吴邦佩商量,要像宋代范仲淹文正公那样实行"义田法",多收获一些粮食,以救济那些鳏寡孤独和缺粮少吃的人。兄长吴邦佩很赞成他的想法,但感到仅凭兄弟二人之力还不足以解决问题,应当再联合数人,共同行事,才能如愿。于是,兄弟俩就去同叔祖吴禧祖、叔叔吴之骏、吴之鹜一起商量,一家人合议之后,决定酌情实行。他们一起出资一万多两银子,在宣城到泔水之间购置了良田 1000 余亩,招募人在那里耕种,每年收获的粮食,分春末和初冬两个时节进行抚恤周济的事情,使贫苦的人在荒歉之年解除饥饿之苦。

　　吴邦伟兄弟和叔叔们还一起协力同心,做一些赈济灾荒、平价卖粮、整修道路、建造桥梁、助贫安葬等等义善的事情,在当地得到很高的赞誉。《徽州府志》和《歙县志》都把他们的义善的举动记载于《人物·义行》之中。

江承燧义行湖南

江承燧,字敬和,安徽歙县江村人。这也是一个秉性好义的人。他不仅笃诚于宗亲故旧,养育宗族内的孤子,让他们读书受教育;遣嫁宗族内的孤女,并玉成她们节义的品德,如此等等不胜枚举,而且经商在外,见善必为,义行四方。

江承燧在湖南经商时,曾亲眼目击洞庭湖冷饭洲处,许多过往船只到那里常迷失方向,从而导致倾覆,以致不少人被溺水身亡。于是他捐资建造了一个高 10 丈、宽 18 丈的石台,并在台上建了一座神祠,台四周环植数万株柳树,遂在那里形成一个航标性的所在,使撑船的船夫们不再迷失方向。这桩有利于人们辨别航向的举措给当地带来好处达 40 余年,而他还每年坚持不懈地进行修葺。

湖南辰州有个叫清浪滩的地方,山势十分险恶,船夫们行船到此都非常担心,也发生过许多次的翻船的祸患。江承燧捐资招募工人凿去险恶的山势,另外开辟行径,从而使水上运输带来方便。

江承燧又捐资在湖南常德府一个叫紫草湾的上游建了 2 处巨大的石桩,作为警示船夫们行船的标志,让他们趋便避险,保证安全。还特别雇人挖凿倒塌的盘根错节的江岸 15 处,以便利舟船的航行。

清康熙甲午年(1714)至乙未年(1715)间,洞庭湖上刮起飓风,狂浪滔天,航行的船只有许多被打翻卷走,伤害了无数人的生命。飓风过后,江承燧出资招募人划船去湖上收捞了数百个死于风灾的尸体,并给予埋葬和祭祀。

江承燧还捐资整修了常德府西、南两城外的进出孔道,又在湖口钞关的旁边种植柳树,以阻挡江涛的汹涌之势,从而保护堤岸。还花费6000余缗钱,在柁杆洲沙滩上安置了一堆石桩,作为航行的标志。

江承燧的这些义善之举,既赢得当地百姓的称赞,也得到当地政府官员的肯定。他们统计了江承燧一生花在义善之举上的资金,不下数万两银子。所以,清乾隆十年(1745),经都察院迈柱入朝廷奏告,又经湖南巡抚蒋洲特别上疏,请旌表江承燧为"一乡善士"称号,得到恩准;还于次年(1746)移关防到安徽歙县原籍,恩赐建立牌坊一座,以作永久性的表彰。

江承燧的儿子江禹治,字念功,秉性豪迈,多有才干,在汉口盐运司担任总司事,经常维持徽州乡党的利益。汉口新安会馆的建设,他不仅投入了资金,而且在许多事情上都出了很多的力,在建造新安码头时,当地许多人加以阻挠,若是没有他从中排解劝说,是难以建成的。这为徽商在汉口的发展作出了贡献。

路口徐氏善行录

　　歙县路口虽说是一个不起眼的村庄,但该村徐氏在清代乾隆年间也以经商有成、善行卓著而留下盛誉。清代乾隆二十二年(1757),高御史在扬州开莲花埂新河抵平山堂,两岸皆构建名园,北岸构建有"白塔晴云"、"石壁流淙"、"锦泉花屿"3段,南岸构建有"春台祝寿"、"筱园花瑞"、"蜀冈朝旭"、"春流画舫"、"尺五楼"5段。其中北岸的"石壁流淙",一名"徐工",便是歙县商人徐氏的别墅。乾隆三十年(1765),

徽商园林

皇帝给此处赐名"水竹居",并御制诗一首:"柳堤系桂艭,散步俗尘降。水色清依榻,竹声凉入窗。幽偏诚独擅,揽结喜无双。凭底静诸虑,试听石壁淙。"

路口徐氏的义善之举,首在长兄徐景京。他字维镐,秉性端谨,笃于孝义,曾经捐资在家乡歙县修理县学,建造徐氏宗祠,编纂徐氏家谱,重新修葺紫阳书院,遗憾的是修葺紫阳书院没有竣工却逝世了,临终前遗命儿子徐士修继续事业。

徐璟庆,字赞侯,徐景京之弟,与兄同在扬州业盐,与著名徽商程泽弓、汪廷璋齐名。在兄长建祖祠、编纂家谱中,积极赞同并支持完工。此外,还极力施行了许多义举。他考虑到上江8郡5州(安徽省)的士子参加科举考试,必定要去金陵,但路途都很曲折,所费盘缠很多,于是他捐资将自己建在金陵的一幢大房子,改建为安徽学使行署,命本宗族之徐本增办理此事,于乾隆庚辰年(1760)落成,给众多士子带来方便,受到许多士子的称赞。他还独资修葺了故乡歙县的文庙,又在金陵建造了全婴堂,在镇江的京口设立了救生船,拯救落水的人于狂风巨涛之中,每年救人无数。他还捐资万缗存入钱庄生息,作为赡养宗族中贫苦者的救助基金。晚年时又在祖居边重又独资建造了宗祠。他这种敦根本重人伦的义善行为,表现了他优秀的秉性。

徐景镛,字金奏,是徐景京、徐璟庆的堂弟,也是一个赋性宽厚、好善乐施的人。凡是对故里乡党的善义事情,他都不惜多少钱财,尽力给以资助;亲戚宗族中有急需用钱的,他都如数给予,从无二话。肩挑货郎担的小贩经过他的门前,他看见有卖不完的剩货,便都尽数予以买下来,给小商贩解决困难。在徐景京、徐璟庆两位堂兄捐资创建紫阳书院、金陵试院,堂侄徐士修兴建程朱阙里惠济义仓时,他都极力赞同并捐助,而当大事告成后,他便无声退出,而不显扬。他的这种低调之举,却被许多人看在眼里,在推举义行时被公众提出,从而载入志书中。

仁心济世

　　徐士修,字禹和,徐景京的长子。他不仅奉承父亲的遗命,将紫阳书院修建完毕,而且还增建了学舍60楹,作为学子们学习的地方,尤其是还筹措重资购置产业滋生利息,作为众秀才学习的生活补助费,并且每年拿出重金延请名师前来教学,以提高诸位学子们的知识水平。因此徽州歙县在长期的科举场上捷报频传,与这些徽商们的鼎力支持是分不开的。徐士修还考虑到歙县篁墩是程颐、程颢和朱熹几位理学大师的祖居地,明朝时曾在那里建造有程朱阙里祠,因为历时已久,便有破败景象,而且祭祀典礼也长久荒废,他即提出建议,上书官府重建,得到允许,并且带头捐资,予以建造。在工程进行中,徐士修生了重病,便遗命儿子继承事业,终在乾隆辛巳年(1761)落成。乾隆辛未年(1751),徽州歙县都遭受灾荒,徐士修曾独捐5000两银子,买来粮食赈济乡里受灾的百姓。还向官府提倡建立惠济仓,储备粮食,以作为赈济灾民的长久之计。他所做的义善之举还有很多,如重新修葺了县学的名宦祠,捐资给傅溪文塾作教学费用,捐助修理鲍南堨等等。

　　徐士业,字建勋,徐士修的胞弟,凡是兄长所做的义行善举,他都积极参与协助,而且办事精明周到。程朱阙里祠建成后,当时兄长已病故,他为了使祭祀程朱的典礼和祠堂能够长期继续下去,便想方设法筹措资金增置祠产。他还捐资为在京师的歙县会馆增建了南院屋舍;整修了歙县西乡通往休宁的孔道10余里。时任徽州知府的何达善为之树立了一块丰碑,记载了此事。

善人义举众人夸

徽州和歙县是程朱故里，儒学风行，形成了良好的社会道德风尚，涌现了许多善良的人和仗义的举动，这里再叙述善人义举一束。

程振箕拯人急难

程振箕，字泽弓，安徽歙县岑山渡人，是两淮著名盐商，曾被朝廷选拔为员外郎。清乾隆甲子年(1744)，徽州发生水灾，程振箕捐输重金赈济宗族乡党，还采取以工代赈的办法，整修了故里的宗祠和社屋。他生平最重朋友间的义气和友谊。长沙人陈恪勤担任江苏山阳县令时，与程振箕关系友善，后升为苏州知府，但遭到江苏制军噶礼诬陷弹劾，陈恪勤的宾僚属下尽都离他而去。唯有程振箕不避艰险，仍在陈恪勤身边，为他出谋划策。此时，仪封张清恪与噶礼互相参劾，形势更加危迫，程振箕依然相从陈恪勤，始终不懈怠。后来，陈恪勤诬陷尽释，深感程振箕为患难之交。

许以景出粟赈粜

许以景,字星瑞,安徽歙县唐模人。他素来尊祖敬宗,所以对兴建宗祠、寝庙等宗族的事情,都极力而为,或者独自出资,或者资助他人,无不以实力投入其中。至于桥梁道路依赖他的资金而成为坦途的不是一件两件。清乾隆辛未年(1751)徽州和歙县发生饥荒,许以景慷慨拿出自家的粮食用以赈灾,平价粜卖给缺粮的人,救活的人很多。他还曾和自家兄弟一起购置义田数顷,所收获的粮食都用来救济宗族里的鳏寡孤独的人。许以景因为长子许荫材官任中央部郎而受赠同样名誉职务。又因次子许荫楷承嗣叔叔为后,也官任抚州太守,而受赠太守的荣誉职称。

项一溶九江行善

项一溶,字鉴亭,歙县岩溪人。为了侍奉父母双亲,他精学了医术,承当父母亲的保健医生。为了卜葬先祖的灵寝,他下工夫攻克堪舆之学,而且都学有本源。他曾经商在江西九江,眼见江上有巨大的礁石,阻碍船只通行,翻船淹死人的事情频频发生,遂捐出重金招募工人把礁石削平,使江面上张张白帆坦坦通行,至今仍便利交通。至于平价粜售粮食抚恤贫穷的人,他在家乡里闾中是常见的事。

程氏数世义举

程其贤,字思齐,歙县岩寺镇人。岩寺镇水口上有一座凤山台,它起着障挡丰乐河廻转的波澜,保护水口堤岸,增强镇口形势的重要作用,关系着全镇居民兴衰隆替的大局。它是明代嘉靖年间,大参郑佐经创建的,到了清代,已是年代久远,呈现颓败倾圮的景象。程其贤毅然拿出数千两银子,将凤山台修复一新。

程其贤的儿子程佶,以庠生继而贡生得授中翰之职,乐善好义的品格继承了父亲之风,清康熙间,见镇上丰乐河北众多村落的交通要津孙公桥被烧毁于大火中,遂捐资万缗,采伐石料,予以重建,经过9年的努力终于竣工。

程志洛,是程佶的儿子,因品行良好被举荐为贤良,但他不热衷于官场,没有就职。他曾对儿子程晋升说道:"我们继承了先世的遗业,一定要选择做一桩善义之举,以光耀先祖,而最利济于乡党桑梓的不是那凤山台吗?"程晋升立即接受父亲之命,捐资1万余两银子,在曾祖父程其贤修台80年后又重修鼎新。

程其贤曾抚养孤侄程沛长大,当初修葺凤山台时,程沛曾鼎力辅佐办理此事。到程佶重建孙公桥时,他又和弟弟程傃、侄子程瑜,仰承先世遗命,一起参与了重建。

项氏兄弟捐资平粜

项理孝,歙县小溪村人。清乾隆辛未年(1751),歙县发生灾荒,项理孝捐资购来粮食,以平价出售给受灾民众。第二年,他又与弟弟、任职韶州通判的项理忠,从江西购运大米400石回到家乡,开设救济局,依旧平价出售,远近灾民都依赖他兄弟的义举而得以度荒。

项氏兄弟,还竭力修葺宗祠,并隆重举行祭祀先祖典礼。

新馆鲍氏父子善行

鲍峻,字清誉,歙县新馆人。幼年时家境贫困,但对父母很有孝心。后来到浙江经营盐业,家境日渐富裕,他便以善良之心做了不少义举。如曾经给屯驻在当地的军队捐助饷银,设置义仓,为驻军协助解决军粮。浙江巡抚把他的善行义举上报给朝廷,多次得到朝廷的恩荣褒奖。

鲍峻之子鲍魁,字翰宣,也像父亲一样喜好施与。清乾隆甲子年(1744),徽州发生水灾,洪水像蛟龙一样汹涌疯狂,冲毁了许多田地村庄,既吞没了大片的庄稼,又漂溺了不少生命,并且造成严重的饥荒。鲍魁捐资购买来粮食,平价出售,救济乡间,救活很多饥民。他还捐资招募工匠采伐石料,整修歙县东面交通要道15里,使坎坷的道路成为坦途。

以上所述善人义举,虽是短短片段,但可体现众徽商和徽州人的一片仁爱之心,闪耀着助人为乐的光彩。

练达君子梅光晨

梅光晨,字含英,歙县庄边人。出身于商人家庭,自幼聪慧孝顺,但他有个哥哥叫梅光昱,却与他相反,素性笨拙。天下父母虽都喜爱聪明的孩子,但对资质较差或身体懦弱的孩子则倍加关注,因此他的父母亲对笨拙的大儿子特别怜悯和照顾。梅光晨也爱怜这位哥哥,所以在家里分家产时,仅仅要了一些杂物,价值不过 30 来两银子,而家中的店业、田产全部让给了哥哥。

梅光晨懂得,人生在世,能够继承家业固然好,但自力更生,谋取发展则更好,而想发展,便只有外出经商,于是他开始了小本经营,贩买贩卖。通过一些日子的艰苦努力和勤俭积累,他便稍微能够自立了。但是哥哥因为笨拙,不善经营,只知吃喝开销,渐将田产和店铺消耗殆尽,家业渐渐中落。梅光晨见此情状,便只有

义冢

时常加以资助，才让哥哥能够生活。而父母双亲生病治疗，逝世丧葬等等事情，全是梅光晨独力办理。连他的伯父伯母、叔父叔母逝世，两家无力收殓，也都是梅光晨按照礼仪给以殡葬。不仅如此，梅光晨见村上人家的左右旧冢，历经岁月多被沦没，便出资进行修葺，并立碑石记载。其他旁姓没有后人祭祀的坟墓，他也一一予以立碑，题写："原来墓"；与祖坟相邻的，题写"祖邻墓"。为使这些无人祭祀的墓冢能够得到长期祭祀，梅光晨还捐资购置了祀田，设立了祭祀户头。

梅光晨曾经为儿子延请了一位姓曹的老师来家教读。后来，那老师去世，留下了妻子和儿子，他便把曹姓老师妻子及其儿子留在自己家中供养，表现出一种亲情。再后来，曹姓老师妻子及其儿子也先后去世，梅光晨又把他们作为自己的亲人予以营葬，立碑祭祀。这在那个"各人自扫门前雪，莫管他人瓦上霜"的年代，是非常难能可贵的。梅光晨还做有许多抚恤孤寡、周济困乏的种种善事，不一而足，乡里许多人都曾依赖他的救助。

世间的人总不是铁板一块的。乡里还有一些无赖的人，常用一些暴力手段倾陷一些富裕的人家，甚至使人家败家荡产。梅光晨便出面婉转地劝谕他们，诉之以理，动之以情，同时也给予一些接济和帮助。由于梅光晨在乡里有一定的声望，从而使他们听从了劝告，并从此改恶从善。

梅光晨喜好交游，能够知人善任，洞明世事，在当地很有人缘和声望，被同邑官任庶常的罗廷梅所看重，称他为隐于民间的练达君子。

方士夆敬宗睦族

　　方士夆,字右将,号西畴,歙县石壁下人,因在江苏省仪征县经商而入籍仪征,还是一名附贡生。他秉性仁孝友爱,善于吟诗作文,因为侨居在广陵(即扬州),不能时时返归故里,却又敬宗睦族,于是倡议在扬州建立宗祠,购置祭祀之田,以便聚集在经商之地的同宗族人众祭

徽州歙县鸟瞰

祀祖先。

方士㙟人在扬州心却在故乡歙县。清乾隆十六年(1751),歙县发生饥荒,方士㙟捐出千两银子,资助县府建设惠济仓。又在本里石壁下设办义塾,让家乡子弟读书学习。还帮助了 7 位因穷困不能婚娶的年轻人娶妻成家。

有一个同宗族的人,欠方士㙟的金钱超过万数,无钱还债。他走到方士㙟跟前说:"宗兄,很抱歉,欠下你许多债,小弟一时难以归还。"方士㙟热情地接待了他道:"不妨事,你我同宗同祖,欠些钱,不必记挂在心。"那人说:"虽是如此,也不能不归还。是否这样,我把自家的房子和田产抵押给宗兄,你看如何?"方士㙟连忙摆手道:"这怎么能使得。你把房子抵押了,你家住到哪里去? 你把田抵押了,你还种不种田? 不种田,你一家老小吃什么? 这万万使不得的。"那人道:"既如此,叫我如何是好?"方士㙟道:"你别着急,债就搁到那里,我不催你的。"方士㙟不仅没有接受他的抵押,而且还资助他把老母亲抚养起来。

同宗里还有一个 4 岁的男孩,失去父亲,成为孤儿。方士㙟义无反顾地把这个孤儿收到自己家中,像对自己的儿子一样把他抚养成人,给他娶了妻室,成立了家庭,后来还成了名。

方士㙟是一个亦儒亦商的商人,在扬州曾与当地诸位文士名流缔结了"邗江吟社",以诗才享有声望。他年过 70 还手持毛笔,抄录汉、晋、南北朝、五代诸种史书,字迹缜密,还像少年和壮年时的风格。他的桌案头上摆放有明代官宦邵宝二旧存"泉范铜温研炉"一个,为了不使得先贤遗物泯灭,他在逝世前无偿地将它送到无锡听松山房,与那里的一个竹炉作伴侣,表现了爱护文物的拳拳之心。

方氏二君义行

方姓是最早在歙县繁衍生息的氏族,远在西汉末年就在这里居住,后来在歙县许多村落都印下了他们奋斗的足迹,也涌现出不少杰出人才和善义之士。这里且介绍两位方氏君子乐善好义的事迹。

方世环行善得报

歙县岩寺镇人方世环,字西玉,因为祖父方善述在江西南昌经商而寄籍南昌。他继承祖业继续经商,事业进一步发展,家境更为富裕。他富而好义,特别注重本族宗支,回家乡扫墓时,凡是先世祖宗的坟茔有崩塌的,都尽数进行修葺。歙县南乡蛇坑(今名霞坑)石潭村附近,有一座祭祀汉代孝廉、迁徙古歙的方氏始祖方储的真应庙,因时间十分久远,损毁较为厉害。方世环回家乡时闻知这个情况,遂不惮数十里路的跋涉,前往勘察,而且当即捐资雇人整修一新。全县方氏人众极为感激他的义举。

方世环在南昌经商时,也很关心那里的公益事业,凡是遇到赈济灾荒、救人急难等事情,也都踊跃争先。但是到方世环晚年时,家境走上没落,他因不得施展自己善行义举的怀抱而抑郁得病,泱泱离世。

不过,他的儿子方英继承他的良好品德,科举有成,官任贵州铜仁州通判;他的孙子方振更是好学上进,于清嘉庆六年(1801)高中进士,历官右春坊庶子福建省学政。故里人都说,这是方世环行善积德带来的丰厚的回报。

方其柏慷慨尚义

方其柏,字庭粹,歙县灵山人,16 岁时,因父亲逝世而成为孤儿。他的父亲在楚地荆州经商,留下了不少产业,但由于不忍让母亲独自在家,无人奉养,便将荆州的产业委托给宗族亲友代为经营。谁知所托的人竟是一群蛀食木头的蠹虫,挥霍贪占,把一个好端端的产业折腾得仅存无几。

湖北荆州古城

方其柏心中忧患，不忍眼看父亲一生的心血毁掉，便只有亲自前往经理。他虽然年少，但家庭波折给他带来了人生的考验和历练，因此他很快就接手了父亲的产业，并精心打理，使产业得以复苏，且进一步发展。他也没有责怪和惩罚先前毁损他的产业的那些人，心境恬如地对待他们。后来，又有宗族亲戚在他钱囊里偷窃不少钱财而潜逃，他也没有去追究，反而对其中一人的母亲，念她苦守贞节，对他的母亲以丰厚的抚恤，甚至为他代还欠债。至于焚毁那些归还不了的借券，给许多亲戚眷属以经济上的救助，他都视为是自己份内的事，坦然而平常。

方其柏对故乡宗族中的事很是热情、热衷，曾先后把三世没有妥善安葬的先人进行安葬，并将他们的灵位置入里中庙社内，予以按时祭祀。凡是宗祠的修葺之举，他也都率先捐资。他所居住的灵山村，僻处深山，出入尽是羊肠小道，弯弯曲曲，崎岖不平，他也慷慨捐资，加以治理，使之尽量趋于平整。他曾对儿子方矩说道："葛藤尚且能够庇护自己的根本，人也应当更是如此。"因此，方其柏的慷慨尚义，可以说是他的天性所至。

汪氏父子德重乡间

　　徽州府与歙县过去是府县连城的,设立四关四隅。四关依次是东关、西关、古关、北关,四隅分别是东南隅、西南隅、东北隅、西北隅。古关距城最远,有3华里之遥,俗称古城关。本文要叙述的德重乡间的汪氏父子就是古城关人。

　　父亲汪登泽,少年时曾攻读诗书,走的是科举道路。本想通过读书科举挣个一官半职,却因为父亲年老,又没有兄弟,于是在16岁还是一个少年时,就到浙江省孝丰县,以经商赚钱来奉养双亲。虽然经过艰苦努力,所赚资财还不及一个中等商人,但他有一颗仁爱之心,乐善不倦,尽自己的一点力量去施行义举。他曾捐资两次纂修汪氏宗族支谱;又两次为本图民众代缴纳积欠的税赋;还整修了徽州府城西关旁边的道路,以方便行旅。他晚年生子汪嘉树,因有丰厚的德望为乡间所尊重,也被徽州知府明晟延请为乡饮嘉宾。

　　他们的先世从葛川迁徙到古关定居,虽已多年,但一直没有建造宗族支祠,祖宗的神主灵位都供奉在社厅中。清乾隆十五年(1750),一场大火将社厅烧毁,先祖神位尽毁其中。此时汪登泽的儿子汪嘉树已接替父亲在浙江孝丰经商,也同父亲一样乐善好施。汪登泽见状自然要操劳此事,但他年岁已老,只有把火灾情况寄信告诉儿子。汪嘉树闻知社厅被烧的事后,立即遵父亲之命急忙赶了回来。他在和父亲商量,并咨询宗族的意见后,先构建了数间简易的房屋,将先祖灵位安顿下来,然后在社厅的地基上兴工建造宗祠。正当建祠工程趋于紧张的时候,第二年夏季,徽州和歙县遭遇大旱,许多农田遭灾后严重歉收,粮食价格顿时腾涨,于是就有人劝他父子把建造宗祠的工程停下来,活命要紧。汪嘉树回道:"先祖的灵位没有安置妥贴,我睡觉和饮食都不安宁,况且古人有以工代赈的做法,我们岂能够停下建祠工程么?"然而他们父子俩实在经济力量不够支持,以至于只有靠借贷和变卖家产来继续建祠工程,终将支祠建造成功,使先祖的灵位得以长期安顿,也使宗族的人们有了一个长期祭祀的地方。然而他们的钱财也已耗尽。宗祠建成了,但饥荒并没有过去,有许多人用观音土磨成粉来当粮食吃。汪嘉树见了,心中很是恻然,便转到浙江桐江去购买来一些粟米,然后减价平粜给饥民。

乾隆二十一年(1756),汪嘉树经商的浙江孝丰也发生饥荒。此时,通过数年的经营,汪嘉树的商业有了新的起色,经济实力有了恢复和提高。好义的人见饥荒产生,怎能袖手旁观,于是他带头并倡议富户们捐资设立粥厂,购买大米,煮粥赈济灾民,救活了许多饥民。

汪嘉树还有周济亲族,帮助丧葬等许多善义的举动,不可胜纪。浙江巡抚和徽州知府、歙县县令都赠题匾额予以嘉奖。徽州知府何达善还把汪嘉树的名字记载到自己撰写的《平粜碑记》中,又登载于"彰善"牌坊上,进行永久性的表彰。《徽州府志》和《歙县志》也将他们父子二人的事迹载入《义行》中。

行善武穴两徽商

湖北省黄州广济县武穴镇地处长江北岸,是广济县县城,也是长江沿岸的重要河港之一,鄂东的物资集散地。在那里有许多经商的徽州人。其中有两位徽商见义必为,从而赢得当地居民的称颂。

何永昌善举多多

第一位介绍何永昌,他字思敏,歙县富朅人,所做的善举有以下几件。

第一件,武穴濒临长江,平日里江面宽阔,波涛汹涌,而当洪水来时则更加波浪滔天,因此常有人在江上遇难的事情发生。何永昌眼见此景,即发了善心,捐资设立了救生船,招募水性极好的船工,及时抢救溺水的人,挽救了不少生命。

第二件,广济县有个午山湖,湖边有个灰劫场,此处乃是一个执行死刑的地方,有一些人犯被夺取生命后,无人收尸。何永昌觉得,犯了罪受刑,是他罪有应得,然而毕竟也是一个人,也应当有个入土为安的归宿。于是对无人认收的,他即予以掩埋,不使其暴露于光天化日之下,实行人道主义。

第三件,黄州有座牛关矶庙,年久失修,将要倾倒。何永昌见了,也掏出钱来,进行修复。

第四件,广济县县令陈某因为亏欠了赋税帑币,自己又偿还不了,于是不仅失意于官场,而且遭到弹劾,失去官职,还要受到处罚。何永昌在广济和武穴经商,与陈县令有一定的交往,于是慷慨地拿出6000两纹银,替陈县令偿还了亏欠,使此事得以解决。

第五件,何永昌在武穴镇经商数十年,几乎每年都要施舍粮食给困难的人们,帮助他们度过灾荒,因此在当地有"何善人"的称号。广济县县志在"流寓"的目中记载了他的善行。

第六件善举,不是在广济县和武穴镇,而是在江西省彭泽县的梧桐镇。那里有一条峻岭道路,也是年久失修,坑坑洼洼,极不平整,行旅之人往来极为不便。何永昌经商也曾经过这里,见此残破的样子,遂捐资雇人采伐石料,进行整修,使数里的石阶一级一级平平整整。他还在这岭道的顶端处建了一座"太平庵",购置了一些田亩作为僧人的生活资助;又建了一个茶亭,让行旅之人有歇脚饮食和遮阳避风雨的地方。

由于何永昌做了许多善事义举,后来朝廷按照惯例选拔他为贵州省思州府知府。谁知刚要上任时,他忽然心疾发作而未能及时到职,结果被处以怠慢职事,发配到西域去戍守边疆。此时,何永昌年岁已大,迢迢千万里,叫他如何经受得了? 他的儿子何秉杼(字星坦)便随父亲一起前去。一路上,他父子二人,冒着风雨霜雪,跨越无数险阻,历经许多时日才抵达乌鲁木齐的戍卫之所。毕竟是年纪大了,又是江南人,如何受得住西北的严峻气候的折磨,仅过一年,何永昌就病卒于边域之城。父亲既殁,留下何秉杼孑身一人,带着泪带着血,极为悲痛地在那里办完了父亲的丧事,然后扶着灵柩回故里安葬。这样一个为

古道与凉亭

百姓做了不少善事,也为朝廷解决了不少烦心事的义善之人,竟是如此可悲的下场,朝廷处事实在不公啊!

鲍廷玙义行永垂

第二位介绍鲍廷玙,他字奂若,所做善举也很多。他也经商于武穴镇,做生意诚信笃实,还常为人排除困难,解决纠纷,所以人们大多敬服他。他尤其是乐与施与,义行很多,其中最重要的一件是:

当时,徽州六县在湖北经商的人,有一些人亡故之后不能及时送回故乡安葬。他们的灵柩,有的寄存在和尚寺庙之中,有的权厝在浅土之中,时日一久,则暴露在外。这是一个令徽商们很伤脑筋的事情。

清嘉庆十六年(1811),鲍廷玙见义勇为,站了出来,倡导在武穴的众徽商同人成立归榇局,把这些还没有送归故乡的徽州人遗留的棺木送归故乡。他带头捐资,众商响应,给予路费和安葬费。如果死者亲族中没有男子的,或者虽然有男子但还年幼的,便招募人送其灵柩归乡安葬,同样给路费和安葬费,还给这应募者以工资。如果是没有后人,或不知其名成为无主灵柩的,则买地作为义冢进行安葬,从而使故去的人得到安息。同时,鲍廷玙还广为倡导捐输,以作永久的安葬基金。当时婺源人朱庆光担任黄州府同知之职,对鲍廷玙的倡议极为赞成,也慷慨捐出自己的薪俸予以赞助。在许多徽商的支持下,在鲍廷玙逝世后,这项救助制度一直实行未曾废去,所以徽州同乡们都颂扬鲍廷玙的恩德。

徽州会馆

唐模许氏善行

歙县唐模村是一个富有深厚历史文化底蕴的名村,它以唐代风气为楷模,是以得名。村中主要姓氏为许氏,历史上曾涌现不少名士富商,留下不少历史文化遗存,如水街、檀干园、同胞翰林牌坊、水口楼阁等等。在富商中,有不少人乐善好施,留下好的口碑,也被载入史志。本篇且简述几位。

许以仁善行

许以仁,字讱园,秉性孝友,笃信义行,先后经商于江西省的吴城、丰城。他看见经商之地有一些道路圮塌毁坏,便与一些同样行善好义的人,共同捐资,进行整治修理,给人们带来便利。在宗族和乡党的许多善事义举中,许以仁也是率先倡议并付诸行动的。清乾隆十一年(1746),发生饥荒,许以仁为首捐输资金购买粮食,平价出售给灾民,救济了不少人众。

许以仁的儿子许荫松,也能秉承父亲的意愿,并恭敬地加以继承,也做了一些善行。

许氏兄弟善行

许荫本,字慕堂,是许以仁同宗侄一辈的人。他从小就有至爱的秉性,父亲许以诚逝世后,他对两个弟弟许荫杰、许荫采非常关爱友善,并且秉承父亲的遗命,捐资把家庙整修一新;又购置义田,用以家庙祭祀先祖和救助宗族中的贫困的人;还捐资整治了村中乡里的道路;对孤寡的穷人,每年都予以抚恤。清乾隆十六年(1751)和二十六年(1761),歙县两度发生饥荒,许荫本把自家的粮仓全部扫尽,捐出粮食平价出售给灾民,救活了许多人。

许荫杰,字俊友,许荫本大弟,在兄长抚养长大后,也像父兄一样,具有仁爱之心,对乡党和亲族也不时有所周恤,对宗祠家庙和乡村道路,他也都率先提倡整修。

许荫采,字鹤洲,是许氏三兄弟中的小弟,在科举奋斗中有所收获,以贡生的资历担任了朝廷刑部郎中。任职中,他秉公执法,平反了许多冤案。他也颇具义善之心,京城里旧有歙县会馆,经历许久岁月,呈现倾斜破败的景象,他便偕同侄子许日辉、许日舒一起,将会馆重新修葺。

许日辉,字韬所,许荫本的儿子,是一位贡生,官任兵部主事。他考虑到祖父和父亲曾购置了义田以赡养宗族中的贫苦人,但后来宗族日益繁盛,恐怕不能满足需要,所以他又增加购置了义田70余亩,并说:"我的作为是要光大先辈的德行也。"

许日舒,字静泉,许荫杰的儿子,也是一位贡生,也担任了兵部主事。他也克承家教,发扬家风,做了一些善义之举。

蜀源鲍氏兄弟善行

本书前面曾介绍过蜀源鲍氏鲍兆瑞、鲍兆秀兄弟济人利物的善行,他们的品德后继有人,本篇再介绍鲍兆秀两个儿子鲍光甸、鲍光猷兄弟的善行。

鲍光甸造福故里

鲍光甸,字治南,号砚轩,鲍兆秀的第二个儿子,歙县蜀源人。他自幼就特别聪颖,器量与见识都超过一般人,弱冠之年即已通贯经史,并成为一名贡生。家庭也对他寄予厚望,期望他能够走上仕途。以儒家思想为人生理念的徽州人,经商是迫于生活的无奈,读书做官,光宗耀祖才是重要的人生目标。鲍家也是如此。但由于家人甚多,供养浩繁,父亲渐渐年迈,且因众多善举耗费不少钱财,因此鲍光甸只能放弃完成举子业,不得不去往两淮扬州经营盐业。

鲍光甸因是一名有文化的商人,善于经商之道,很快便在商场立足,而且颇有收获。他生平为人仁厚,品行诚实,自奉节俭,颇具古道遗风,像父亲一样经常周济那些生活贫穷的人和拯救那些遇到危难的人。清乾隆辛未年（1751），徽州发生大的饥荒，鲍光甸捐资购买粮食平价出售，邑内许多人依赖他的救济才度过灾荒。徽州知府何达善赞扬他的义善之举，将他的名字列入牌坊中予以旌表。他所居的蜀源村道路日久又圮塌了，碎石沙砾堆积，阻碍了溪流通行，溪水便四处漫溢，既不能灌溉农田，又冲毁道路，使农民与行旅之人两下里都不方便。他的父亲鲍兆秀曾经整修过道路，但没有完工便去世了。他继承父亲的遗志，花费了数千两银子，终使道路整修完工，使许多人都得到好处。鲍光甸造福故里的事情还有很多，如捐资增置了宗祠的产业，编纂了鲍氏三宗谱牒，兴办了村中义塾，抚恤了族中孤寡困苦的人，族内的人凡生活困难都给予适当补助，而散处流落在外的族人都尽力召回家乡。他曾经说道："我家世代传继忠厚之风，只要是能够亲力为之的，必定尽力去做，但我绝不敢以这点薄薄的德行去同先祖媲美也。"

有较高文化素养的鲍光甸，喜欢收藏古砚、旧书，稍有闲暇便博考图画，并且工书法，精于篆籀文字，曾著《砚铭》若干首。他的儿子鲍树芳官任候选知府，他也因此得封赠中宪大夫之衔。乾隆皇帝于辛未（1751）、乙亥（1755）、丁丑（1757）、壬午（1762）、乙酉（1765）等年份，五次下江南巡视，鲍光甸在扬州参

古砚

与了接待工作，因此蒙受皇恩加二级，叠加赏赐貂皮荷包藏香。癸巳年（1773），鲍光甸又因捐资输军饷报效有功，得议叙蒙恩加一级，授中议大夫衔。庚子年（1780）乾隆第六次下江南，鲍光甸又得恩赐"御制柳絮落叶诗册"、"耕织图"、"福"字、文绮、朝珠等，还蒙皇帝赐宴的礼

遇,可谓风光之致。这也与鲍光甸行善仗义有关。桐城派文学家姚鼐专为鲍光甸撰写了《墓志》。

鲍光猷佐助兄长

鲍光猷,字立勋,号竹君,鲍兆秀的第四子。他的秉性也很孝友,办事情慷慨豪爽。父亲逝世时,鲍光猷年纪还小,依靠三位哥哥抚养长大。到成年后,鲍光猷便跟着兄长鲍光甸到扬州经营盐业,做一些辅助的事情。后来,年岁增长,鲍光甸对经商之事感到有些疲倦了,即把业盐的事全部托付给弟弟鲍光猷经理。两淮盐运使知道鲍光猷的才干,就任命他为淮北盐业总商,凡是盐务上的重大事情都与他谋划商量。在繁杂的盐务中,鲍光猷像编织渔网一样,抓纲治理,专注商情,使淮北盐务颇为兴旺,众位盐商都倚靠他为核心。

经商颇有成就的鲍光猷也经常博施泛爱,一些游历的士人文客带着自己的技艺和文章,来到他这里,他都以礼相待,几乎没有虚日,给他们以应有的帮助。对于故里歙县和蜀源,那些兴建社坛、修葺祠庙、兴办义塾、购置义田、整修桥路、抚恤孤寡、救济苦难等等善事义举,他都积极支持和帮助哥哥鲍光甸去完成,而且不居功。他凭着自己的智慧和才能,使哥哥托付给他的盐业经营年年获利,资本比以前增加了数倍,他都全部交归哥哥,没有私下留给儿子。

乾隆御书"福"字

由于他在盐务上的功绩和捐输义举，也按照惯例被朝廷授予正六品候选布政司理问的职衔。乾隆皇帝于甲辰年（1784）又下江南，鲍光猷参与了接驾事项，遂蒙恩得赐书"福"字。庚戌年（1790），鲍光猷因恭祝皇帝万寿之庆，又恩授加顶戴一级，授予奉直大夫称号。鲍光猷因此更加感恩图报，出入转运使司衙门办理盐务公事，常常是披星戴月，终因积劳成疾而逝世。

歙县蜀源今貌

善人义举十例

在儒风劲吹的徽歙大地,善人义举如烂漫的山花处处盛开,现采撷 10 朵,以供读者欣赏。

鲍立然敦行施予

鲍立然,字亭表,歙县新馆人,自幼就很注重品行修养的磨砺,因此很喜好施予行善。清乾隆辛未年(1751),徽州遭遇饥荒,鲍立然捐资购粮,在歙县东乡 49 个村子进行平价出售,对那些特别贫苦无钱购买的人,则不要利息地借给他们,从而使那里的无数饥民度过了灾荒。三年后的甲戌年(1754),与歙县相邻的绩溪县再度发生饥荒,新馆村是歙县与绩溪县交界的村子,鲍立然便主动伸出援助之手,向徽州知府提出赈灾恤邻的请求。知府见有人自愿行善救济,自然立即批准。鲍立然便拿出自家储存的粮食,前往绩溪县平价出售。绩溪县人眼见在灾荒年粮价猛涨的时候,有邻县的人来此平价售粮,都纷纷购买。鲍立然自家的那些存粮也就不能满足了,他便花钱采购来一批粮食,继续平价销售,从而解决了绩溪县的饥荒问题。

为了发展徽州经济,增加百姓的收入,徽州知府何达善便在所辖各县,号召百姓种植桑树和苎麻,养蚕缫丝纺织,还在府城四郊设立了纺织局。颇有经济眼光的鲍立然很赞成何知府的号召,率先响应,购买了桑苗进行栽植,请来了教师予以教导,很快收到了良好的成效,并推动歙县东乡一带农民投入栽桑养蚕,使他们也提高了经济收入。

鲍立然所在的新馆村,与绩溪县交界,道路崎岖,坎坷不平,虽有前人开凿整修,但历时已久,便有许多地方残破损坏,行旅十分不便。鲍立然见状,便捐资整修了道路10余里。新馆村前濒临从绩溪流来的扬之河,河两岸都有新馆村的土地,新馆村对河是竦口村,也有土地在河对岸。河水浅时,人们可以涉水渡过,而稍一涨水,便断了往来,生产生活都十分不便。鲍立然就设立义渡,让人们通过渡船往来,使两岸民众都受到实惠。

鲍立然还是一个尊重师长、礼义待宾的人。他在村中设有义馆,聘请了檀墅村的黄秩凡在义馆中任教。鲍立然不仅平日礼貌款待,而且在黄老师病故在斋舍后,仍以恭敬的礼仪将其殡殓,并且给黄的家属丰厚的待遇,一直到终世。

鲍立然还有购置宗祠祀田,资助穷困者婚嫁、埋葬以及施药救治病人,救济族人等等善举,不可胜纪。

直接给鲍立然带来荣耀的一件事,是他捐助了整个四川省的军饷,得到朝廷议叙即用州同知的官,军功加级的奖励,并被授予奉直大夫衔(从五品)。

汪元机踊跃行义

汪元机,字锦文,歙县岩寺镇人,是一位贡生。由于少年时父亲就离世了,他便开始经营盐业。在经商的同时,他把两位弟弟教育成人。在有了一定的经济实力后,汪元机踊跃地参与到宗族乡党的诸种义举之中,如修葺宗祠,兴办祭祀典礼,救济困苦的人等等。

湖北襄阳城门

清嘉庆庚午年(1810),汪元机经商来到湖北襄阳,恰遇这里发生很严重的饥荒和瘟疫,造成了众多百姓死亡,道路上尽是饿死和病死的尸体。汪元机作为一个外来的商人,却以解决他乡的困难为己任,立即捐出资金,购置了数百具棺木,给那些无钱不能葬殓的人家以及帮助无人收殓者安葬。他的弟弟汪元格在兄长的抚育下长大,也外出经商致富,同样乐行义举,曾捐出8000两银子修建了故里的藻川桥。

汪莘行义乡间

　　汪莘,字尹耕,歙县瞻淇人,是一位监生。他也是少年时便失去父亲,成为一位贫苦的孤儿,依靠叔父汪昌当一个塾馆训蒙先生的微薄工资糊口。当长大以后,汪莘不再依靠叔父生活,独立外出经商。在得到一点薄薄的薪俸后,汪莘就节俭生活,尽力拿出余资来接济五服之内的亲属。当汪莘看到故里的要道和村口的石栏杆都损毁了,便拿出自己省吃俭用积累的100多两银子,进行整修,使之焕然一新。

　　清乾隆甲辰年(1784),徽州和歙县遭遇饥荒,汪莘一个收入并不太富裕的商人,善义在心,又捐出资金购买粮食平价粜售给乡间的贫苦的人。汪莘有一位宗族远房的某人,先世本是巨族,但当传到某人时,由于贫穷而没有钱财完婚成家。汪莘不忍看到这远房宗族因贫穷不能成家而断了香火,便全力赠送资金使其得以完婚,使他有了一个温馨的家庭。

黄利中轻财好义

　　黄利中,字义先,歙县虬村人,素来轻财好义。黄利中的邻居中有一人因为拖欠了赋税,便卖掉了儿子得钱偿付。黄利中闻知后,心中不禁恻然,当即赠送资金给邻居将卖出的儿子赎回。清康熙五十七年(1718),歙县遭遇特大洪灾,粮食的价格腾然涨了起来,这给穷苦的人们自然带来了不小的困难。黄利中不忍心见人有难,便拿出自家所储蓄的粮食,送给宗族乡党和邻里的人,那些乡里的人都依赖他渡过了饥荒。村子里有座桥叫"聚源桥",因岁月已久将要倾倒。黄利中又捐资重造了这座石桥,便利了行人往来。黄利中平生轻财好义,生活节俭,以淡薄过日子为甘甜,所以仁者长寿,年纪荣登耄耋,而且子孙繁盛。歙县雄村的翰林曹学诗赞扬他的为人品德,欣然提笔给他撰写了传记。

项光祜捐建广济桥

项光祜,歙县坑口人。他的故里是通往浙江省的要道。他的父亲项士极在世时曾计划自薛源流至新安江的口子上建一座桥梁,以方便行旅,但由于经济条件不足,加上年纪已大,没有如愿。项光祜在经商事业有所成功后,便决定要完成父亲的志愿,而且立即付诸实施,捐资建造了一座名为"广济"的桥梁。此二字表达了他项氏父子,行善仗

徽州古桥

义,广济民众的心愿。在建广济桥的同时,项光祜还捐资整修了连接桥梁两边的道路。此后,项光祜又捐资重建了项氏宗祠,并广置宗祠祭祀的田产,以保证宗族今后祭祀先祖活动的开展。这几件善事义举,都得到了家乡人的称赞。

许世奇施义南昌府

许世奇,字卓州,歙县唐模人。他随父亲经商侨居在江西南昌。父母亲逝世后,他尽孝心把父母的灵柩奉送回家乡安葬。然后,他继续在南昌经营商业,而且在原先的基础上有所发展。事业有成的许世奇怀着一颗善良的心,关注着经商之地的情况,看看自己能否为当地做点什么。清乾隆五十六年(1791),许世奇见到南昌府的学宫已损坏了,当局也在奉劝一些有财力的人捐资予以修葺,这也正是许世奇的意愿,便立即捐资独立修葺了学宫中的主要建筑明伦堂。

许世奇施义于南昌府,还有几件事值得一叙。一是捐资修葺了府属县学学宫,重建了学子考试的考棚,赞助了县学里的祭祀典礼。二是在南昌府建造了桥梁,整治了道路。三是发生灾荒时,踊跃地投入了赈济活动,唯恐落后。此外,凡是亲朋故友来到南昌,他都热情接待,而且帮助解决他们的困难,满足他们的需求,使他们有宾至如归的感觉。

吴仲生宽仁待人

吴仲生,字景张,歙县丰南人。他秉性仁厚,喜好施与,凡是以急难的事情求告他的,他都热忱地解囊相助。若是自己一时难以施助的,他也向他人借钱来转手帮助。正因为他乐于助人,以致自己的家庭渐渐趋于贫困。但他并没有因此改变自己的做人原则。

有一次,吴仲生在坐船过扬子江时,船上有个佣人模样的人在暗中偷窃他的钱财,结果被人发觉了。于是船上的众人都一起将那行窃的佣人抓住,要把他扭送到有司衙门去问罪。那佣人便哭哭啼啼地哀求到:"各位大爷、先生,请饶了我吧!我可是第一次啊,家里实在贫穷,逼迫无奈啊。饶了我吧,下次不敢了。"吴仲生见他那样悲泣的样子,宽厚的心顿时软了下来,便对众人告道:"各位客官,我看这个人面貌善良,面色有所悔愧,不像是一个惯于行窃的人,就饶他一次吧。"众人见失主都原谅了,便把他释放了。吴仲生不仅让大家放了他,还将他没有偷成的钱送给了他,说:"这点钱送给你做点正当营生吧,可不要再犯偷窃之错了,偷窃是可耻的。"那佣人当即感激涕零,叩首作揖而去。过了许多时候,吴仲生又遇到了那佣人,那人立即向吴仲生致以谢意,并告诉自己如今的生活已大有好转。原来他已经改恶为善了。

汪坤尚义抚孤

汪坤,字以载,歙县清流人。他为人也是慷慨好义,对家乡曾经修葺过宗祠,抚恤过贫苦和孤寡的村人。有一年,汪坤在金陵经商,正遇着那里发生饥荒,农业歉收,许多农民处于饥饿之中。汪坤为首捐资,倡议赈济,带动了不少商人和富裕的人参加了赈灾行动,救助了许多灾民。

汪坤有一个表亲,担任都司之职,但家中没有其他依靠,只有一个年幼的儿子,所以在身患重病、将要逝世时,想到了还有汪坤一个表亲,遂向汪寄出书信,将儿子托付给汪。汪坤收到表亲的信后,立即赶到表亲的家,接受了他的嘱托。在表亲故世后,汪坤尽心尽意地管理着表亲的家业,抚养教育着表亲的儿子,使那位孤儿平安地长大,有了生活的技能,并且教导他经营自己的家业。汪坤尚义抚孤的事情,得到了人们的称赞,提台王绥撰写了《抚孤说》一文,记载了这件尚义的事情,予以宣扬;总制高晋书写了"义行堪垂"四字匾额赐给了汪坤,予以表彰。

巴源立行善渔梁

巴源立,字于礼,歙县渔梁人。他小时候,父亲巴廷鹏在外经商,逝世在外边,是母亲黄氏辛勤刻苦把他抚养长大。他母亲矢志抚孤的行为,得到徽州知府江恂的关注,以"松性筠心"四字匾额奖励他的门楣。

歙县渔梁坝

在母亲身体力行的教育下,巴源立谨遵教诲,谆谆行孝,在当地也很有名声。长大后的巴源立,不负母亲的众望,既发展了父亲留下的事业,使家境富裕起来,又以慈爱之心热忱于家乡渔梁的建设,不仅捐资修葺了宗族的祠堂庙宇,添置了祭祀的产业,而且还重修了渔梁至府城沿练江的石头栏杆,使过往行人增添了安全感;还有重修渔梁下游的紫阳桥等等诸多善举,受到家乡人们的称赞,事迹被载入徽州府志。后来又因儿子巴树番做官而获赠通奉大夫。

程永康七叶衍祥

程永康,字象丰,号娱耕,歙县上市人。他长得饱满的前额,秀气的双眉,得体的身材,常常满面含笑,用今天的时髦语言来说,是一个地地道道的帅哥。他不仅外貌俊美,而且品行良好,为人真诚,对双亲十分孝顺,对年幼的弟弟又十分友爱,与他人也没有纷争和矛盾。在家乡是一个令人们喜欢的好青年。

程永康的父亲程廷槐曾经有重修宗族祠宇,整理祭祀秩序的愿望,可惜志愿未成而身亡故。长大后的程永康把父亲的志愿牢记在心,在继承并光大了父亲的家业后,捐资将父亲的志愿一一实现。此外,还在村里建立了文会,组织村内文人士子开展文化活动;设立了义学,让贫苦的孩子也享受教育;建立了乡里社屋,使大家有了聚会议事的场所;建置了邮亭,加强了乡邻与外界的通信往来;整修了道路,便利了行旅。用今天的话来说,他是独资搞了一次新农村建设。

程永康还和弟弟程杏芬、程永庚、程永序等一起,修葺了程氏始迁于篁墩的始祖墓,将原来的土墓改砌为石墓,使整座墓显示出一定的气魄,表达了后裔子孙对始祖的尊敬;又把篁墩程氏阙里宗祠和祭祀的器物都予以更新,而且将自己父亲的神主灵位祭祀于总祠内。

清乾隆壬戌年(1742)和甲子年(1744),歙县连续发生灾荒,粮食大为歉收,许多人家又到了缺粮少食的地步。程永康不忍心看到乡邻们挨饿受饥,便将自家的稻谷拿出来赈济给乡邻们,使他们度过了灾荒。

程永康在吴地经商时,与他一起交游的故人中有孩子遭遇了困难,程永康也毫不吝惜地资助他,使他不至于流离失所。

程永康活得很长寿,到90岁才无疾而终。他一生对上侍奉过祖父,对下抚育过曾孙、元孙,经历过七代人,这在当时是很少有的祥瑞的事情,所以,在清嘉庆八年(1803),朝廷下诏赐给他以"七叶衍祥"的匾额,当时,程永康还在世。他的儿子程嘉训于乾隆辛丑年(1781)高中进士,官任员外郎。因此程永康也得到朝议大夫、员外郎的封赠。清道光时官任军机大臣的歙县人曹振镛专为他撰写了《程永康墓志》,这也是一份荣耀。

《七叶衍祥》匾

北岸吴氏之善举

北岸村是歙县旱南乡的一个较大的村庄,村内吴氏也是一个名望较高的宗族。北岸吴氏在明清两代出外经商者也很多,在获取利润改善生活以后,也慷慨行义,做了不少善举。现介绍几位,以飨读者。

吴肇福慷慨尚义

吴肇福,字德基,歙县北岸人。少年时,家境很贫穷,只有依靠在农田里劳作维持生活。到 30 岁时,他果敢地闯出山门,到外面的广阔天地里,去谋取富裕的生活。他确有一番雄心壮志,竟然做起了海上贸易,将徽州和歙县的特产茶叶,通过海上运输,贩卖到东南沿海之地,甚至海岛上。如此便获取了很高的利润,本是白手出去,却积有盈余而归,闯荡多年,自然富裕起来。

吴肇福本就是一个内行敦笃、慷慨尚义的人,在家时,家乡人们多把他作为长者来看待。经过海上贸易、获取财富之后,吴肇福的一颗尚义之心没有变化,即在家乡进行了一系列的善举义行。一是建造了村边棉溪河上的桥梁,整修了道路,改善家乡的交通状况;二是创办了义塾,吸收贫苦人家的孩子入塾读书,促进家乡的教育事业;三是设立了义冢,施舍棺木,给那些无力安葬的人以归宿之地;四是在饥荒之年,把自家粮仓里的粮食,拿出来救济缺粮的人,帮助许多人度过饥荒。做这些善举时,自然耗费了他许多钱财,但他既然行善,便没有吝惜之心。

他的儿子吴志遂,也能够继承父亲的志向,继续行善。

吴荣运好善如父

吴荣运,字景华,歙县北岸人,幼年走的是习儒之路。他的父亲吴元贯是一个在北京经销茶叶的商人,也是行善好义的人,看见家乡有人贫穷得告贷无门时,常常慷慨解囊给予救济。吴元贯逝世后,家中经济的顶梁柱倒了,吴荣运的习儒科举之路也便走到了头,只有弃儒经商。

改弦更张后,吴荣运也富裕起来,于是他也像父亲那样行善好义。在县里遭遇饥荒时,吴荣运也投入了捐资赈济之中,救活了不少饥饿的人。在县令征缴历年赋税积欠时,吴荣运非常怜悯那些贫穷而不能缴纳的人,全部代他们缴纳。在看到荒野中有暴露的枯骨时,他不忍死者没有安息之地,便出资将他们掩埋。在看到道路崎岖坎坷不利行人时,他毫无二话地捐资整修。对村里一些穷困的人,他也常常施以救济,让他们改善生活。总之,吴荣运行善好义,没有厌倦之色。

吴家龙乐善好施

吴家龙,字步李,本来世代居住歙县北岸村,因为经商而迁居江都。他还在襁褓之中时,父亲即已逝世,依靠母亲抚养长大。长大后的吴家龙对母亲十分孝顺,笃诚谨慎,在乡邻中很有声誉。为了使母亲和自己有良好的生活,他像父亲一样勇闯商海,获得了成功。

成功后的吴家龙也富有善心,如乡党中生活上有个轻重缓急的事情,他大多拿出钱来予以抚恤和帮助;而每当遇到荒年歉收的时候,他都倾己所有参与赈济,因此他的乐善好施在当地也颇有名声。吴家龙的事迹被当地官府奏报到朝廷,朝廷赐给他以盐运副使的职衔。清乾隆三年(1738),江都遭遇灾荒,吴家龙捐出 7000 余两银子用于助赈。乾隆七年(1742),又遇灾荒,吴家龙又捐资 3000 余两。于是官府又上报朝廷请议叙记功,获得加级奖励。

在赈灾之外,吴家龙还在扬州修葺了宝轮寺、静慧园,通过整圮治废,寺堂庙宇焕然一新。吴家龙还花费了不少钱财,用于整修道路,施贫救穷方面,凡是能够见义勇为的,他都慷慨为之,唯恐落于人后。他的子孙也很孝义,家庭又很雍睦。所以当官府要征求意见时,乡党里间都首推他的善行,以获得朝廷表彰。

勤敏不倦凌顺雷

北枕飞布山延脉为来龙,南依梅山仙姑山作屏障,西南水口有狮、象、龟三山喝形,地处白沙河、富资水交汇间,遂称"双溪",后因溪中沙石晶莹而名"沙溪"。这就是歙县北乡较闻名的沙溪村。沙溪村人主姓为凌,传说唐时八仙之一的吕洞宾在此受凌氏先祖的恩惠,遂点化凿井酿成美酒,进贡朝廷得赐金帛。此后,凌姓人繁荣昌盛,代有名人,既涌现了9名进士,报效于国家;也涌现许多善义商人,解决社会的困难。本篇就介绍一位勤敏不倦、和善乐义的亦商亦儒的人物凌顺雷。

凌顺雷,字贯日,自幼就有至爱的秉性。7岁的时候,就不幸遭遇父亲亡故,而年少的他悲哀如毁,痛不欲生,像一个成年人那样倾情。他深深懂得,人死不能复生,今后只有善待和孝顺母亲,才是自己唯一要做的,所以他侍奉母亲极为孝顺,在当地享有名声。当时,他家很是贫困,少年的凌顺雷就和二哥一起上山去砍柴,然后挑到集市上去卖,挣得钱来奉养母亲。毕竟砍柴谋生终不是长久之计,故到年纪稍微长大的时候,凌顺雷就和哥哥一道去外地经商。刚开始,自然是当学徒,做苦力,但他兄弟二人坚持去做,无论是天寒地冻,还是酷暑当头,他们的身心虽然都觉得疲惫,但还是咬着牙坚持干下去,不愿叫苦,也毫

仁心济世

无怨言,终于学到了经商的本领。兄弟二人在外经商,因为路途遥远,当闻说家中老母亲过世时,已经过了服丧之期,兄弟俩回忆起母亲独自一人抚养他兄弟长大,辛苦一生,却没有享到半点福,便哀痛不已。在每年祭祀时,兄弟俩都会涕泪交加地说:"慈爱的母亲啊,做儿子的想抚养您,可是母亲您已不在人世了,叫我们做儿子的如何活下去啊?!"那悲哀的声音,让一旁听见的人都不禁流下泪水。

吃尽千辛万苦,兄弟俩的事业渐渐有成,自己开起了店铺,生活日渐富裕起来。做弟弟的凌顺雷依然办事勤敏不倦,十分听从哥哥的安排与计划,自己则事事冲在前头,尤其是出力的事情,南来北往,从不贪图安逸,可以说是数十年如一日。到清乾隆丙辰年(1736),兄弟已经各自成家,分家时,凌顺雷没有一丝一毫地私匿财产,而是处处推让给哥哥。他的这种蔼然推让的高尚风格,不仅让哥哥与嫂嫂很感动,而且得到了乡党邻里们的赞扬和敬重。

凌顺雷虽是一个商人,而且自幼因家贫未曾读多少书,但他秉性儒雅,爱好经史,在繁忙的商务中,他也都抽闲读书。当经商致富之后,凌顺雷购置了一处别墅作为书屋,一有闲暇就在其中披览书史。他深知读书对人生的重要,因此教育几个儿子以读书为第一要务,还曾以宋真宗的《劝学文》作为对儿子们耳提面命的教材。在凌顺雷的谆谆教育下儿子们果然小有成就。长子凌应秋成为府学秀才,并编纂了《沙溪集略》一书,记载了沙溪村的历史和各方面的情况。次子凌奖昂、三子凌罡晁等虽没有中科举,但也都恪守先人基业,能够说礼谈诗。这应归功于凌顺雷教子有方。

凌顺雷为人和蔼平易,待人接物皆合礼仪,而且乐于助人。他的行善仗义表现之一,便是积极调处里巷邻居的纷争之事,皆以温和的言语予以相劝,以理服人,使是非曲直得以申明,因此产生纷争的双方无不心悦诚服,这也就使人们能够安居乐业。

凌顺雷行善仗义的表现之二,是在乾隆辛未年(1751),歙县发生由大旱带来的饥荒,粮食价格暴涨,道路上灾民相望时,他考虑到本地市面所储存的粮食不多,人们即使怀有钱财也买不到粮食,从而要饿着肚皮度夏,于是他不顾正值酷暑,往返于徽州和江苏之间,采购来粮食,以接济徽州饥民。谁知当粮食经新安江水路运到严州府青溪时,遭到当地居民中不明真相的人阻截。凌顺雷率众人向阻截者苦口婆心地说明,这是购来运往徽州救灾的粮食,申明救灾如救命的道理,而非是乘机谋利之举。道理讲明了,当地也就放行,从而运输外地的粮食源源而来,平价出售,前后总共采买了4趟,给受灾的歙县人民解决了缺粮的大问题。所以到晚年时,歙县县令王公看重凌顺雷的才干与德行,特地推举他为本乡约正。

不过,凌顺雷已过花甲之年,冒酷暑到江苏采买和运输粮食回来后,心力与身力都十分疲惫,最后积劳成疾,不久即病逝家乡,享年仅64岁。歙县人凡是听到这个噩耗的,都不禁哀悼惋惜,

运盐船

是他在灾荒之际,挺身行善,救活了无数人,自己却倒下了。著名学者、时任监察御史的泾县人赵青藜以无比崇敬之心,为凌顺雷撰写了墓志铭,从而流传后世。

救人急难的吴蕙

行善仗义于人的急难之中，乃是一种雪中送炭之举，是救人一命胜造七级浮屠之举，是最能体现一个人的善德品质的。歙县人吴蕙就屡次救人于急难之中。

踏上弃儒经商之途

吴蕙，字又植，少年时即是县学的优等秀才。然而擅文的他，也爱好习武，读书闲暇之时，便练习骑马射箭，照此发展下去，吴蕙很可能就是一个文武双全的人。然而家庭的境遇却未能让他向自己的志趣发展，15岁时，母亲就生病了，富有孝心的他竟向苍天祷告，愿以自己的身体来代替母亲的病痛。然而，事与愿违，重病的母亲还是离他而去。年少的吴蕙按照礼节，忍着悲痛，安葬了母亲，然后放弃读书科举的路，外出经商。

富有才干的吴蕙，经商很快就获得了成功。他不是为富不仁者，而是慷慨好义之人，囊中稍有余金，就会拿出周济宗族中的贫苦的人。不仅如此，他在外经商中也是见义勇为。他在杭州经商时，盗寇猖獗，附近临安等诸县有许多妇女被盗寇掠夺,并声言只要有赎金便可赎回。但那些妇女中有不少是家庭贫苦的人,拿不出赎金。吴蕙此时挺身而出,倾尽自己的家资,帮助那些贫苦的人家把妇女赎了出来。

西湖救人一命

有一次,吴蕙乘闲到西湖上游览,却见有一个人正要投湖自尽。他连忙喊着:"朋友,且慢,有何困难,尽可说来,不必走此绝路。"

那人见有人呼喊制止,便停住了跳水的脚步。当他看见是一个颇有儒雅之气的人,在向自己微笑地招呼着,便移布前去。

吴蕙拉着那人在一旁的亭子里坐下,便和蔼地问着:"朋友,心中有什么不快之事,且对我说来,看能否帮上一点忙?"

那人见吴蕙满脸的慈祥和一身的正气,便低声诉说起来。经过了解,原来他也是一个来自他乡的商人,却在纷纭的商海中破了产,并造成妻离子散,自己则流落到杭州,想另谋出路,然而奔波许多时日却一无所获,如今已是走投无路,不如一死了之。说到此,那人禁不住潜然泪下。

吴蕙思索了一下,仍旧和蔼地劝道:"朋友,天无绝人之路,想我也是一个离乡经商的人,父亲早早亡故,15 岁时又失去了母亲,一个人出外打拼,也饱尝了千辛万苦,既有成功,也有失败,但我没有退缩,依旧奋力向前,才有今天的小小的成功。"

一番话,说得那人又是羞愧又是感动,当即有了东山再起的勇气。

吴蕙乘热打铁道:"朋友,我所带银两也不多,这里有 50 两银子,送给你作点本钱吧。希望你能够从小生意做起,再展宏图吧。"说着,将身上的钱囊解开,递了过去。

那人连忙道:"这怎么可以,你我萍水相逢,怎好接受?"

吴蕙道:"哎,这点钱,何足挂齿! 拿去吧,好好生活。"

那人只得收下,含泪拜谢而去。试想,经过吴蕙的一番言语上的鼓励和资金上的援助,那位从死亡线上回归的人定会走上一条光明的路。

代偿欠债招婿完婚

吴蕙在杭州经商,不仅一心专注商务,而且关注社会民生。一天早上,吴蕙正打开商店的大门,只见他的商店附近街坊里的某老汉,正带着年轻的女儿走过门前。那女儿虽然穿得尚好,但是脸上却露出一副无奈而不情愿的神态,而且步履也是迟迟挨挨的,显示出有气无力的样子。那老汉也是满脸愁容,心事重重。

吴蕙一见,便猜测他们肯定是遇到了什么难事,便笑着招呼道:"喂,老人家,这是要带女儿到哪里去呀? 怎么一副不情愿的样子?"

那老汉素来敬重吴老板,见他动问,便停住了脚步,苦笑着说:"吴老板,实在不好意思开口。"

吴蕙爽朗地说:"有什么不好意思的? 我们是多年的街坊邻居,您还信不过我吗?"

那老汉连忙摆手道:"不、不、不,你吴老板是个大好人,这街坊上谁个不知？我是不想麻烦人。"

吴蕙笑着说："老人家，这就是您的不是了。我们既是街坊邻居，有什么困难，说出来，理当帮忙。俗话说，亲帮亲邻帮邻，您跟我还有什么见外吗？"

那老汉道："既是吴老板如此仗义，我也就不怕现丑了。"

吴蕙是个爽直的人，立即道："老汉，您就不要吞吞吐吐的了，有什么困难，请直言相告。"

那老汉坦诚告道："吴老板，你是知道的，我家乃是一户贫苦人家，早两年就已经将女儿许配给某家。但你不知道，老汉我实在无能，老妻一病多年，瘫卧在床，为给她治病，欠下的债务实在太多，如今，她病未治好却先我而去，留下我和小女，日子如何过哟！前两日那债主又来讨债了，我实在无力偿还，那未婚女婿家也拿不出钱来，于是老汉我只好出此下策，带着女儿上街去，找个有钱人家，换些钱来，也好还债。"说完，低下头来，泪水潸然流下。

吴蕙连忙上前扶着老汉，到："不必如此伤心，既是需要钱，且在我这里拿去还债，不要拆散一桩婚事。"说罢，即按老汉所需代他偿还了债务。

接着，吴蕙好事做到底，要老汉把女婿招来，又赠给他们一笔钱，使一对青年男女成了婚。从此，老汉一家三口艰苦奋斗，也使日子一天天地好了起来。

协助宁波人归葬

在吴蕙店铺附近，有一户宁波人，居住杭州已有三代，然而一直一脉单传，人丁不旺。谁知三代之后，却没有子嗣，断了烟火，所以数代的棺枢竟一直暴露在外,没有入土下葬,魂灵未曾安息。善良的吴蕙不忍看到这样的惨事,遂想办法去寻找他们的族人。杭州距宁波还有许多路,吴蕙店中事情多,脱不开身,便差遣店中管事前往宁波查访。经过一番努力,终于找到了那宁波人家的族人,便招来杭州。

吴蕙对他们说:"俗话说,叶落归根,人亡归宗。他们一家已断了香火,无法归宗。你们既是与他们同宗同族,理当带他们认祖归宗,使魂灵得到永久的安息。若是缺少钱财,吴某可以相助,以尽邻居之谊。"

那些族人见吴蕙这么一说,立即道:"吴老板言之有理,我们岂能不遵？一切按照吴老板的意思办。"

于是在吴蕙的帮助下,那宁波人三代的灵枢送归了故里安葬。

慈悲宽厚助远亲

慈悲为怀,宽厚待人,是吴蕙品格中最明显的特征。话说他有一名远房亲戚,竟因生活贫困,将儿子卖给他人做奴仆。吴蕙在回徽州乡间时,闻知了这件事情,心想,在杭州萍水相逢我都助人一臂之力,何况这是自家远亲,我岂能见之不问？于是主动拿出钱来到那买主之家,将远亲的儿子赎了回来。

不料这位远亲,虽然贫穷,却心怀奸诈。他深知,儿子赎回,自己未曾出面,可以装作不知,再向原买主敲诈一笔。想到此,他即把回来的儿子藏匿起来,然后自己亲赴买主的家里,向买主要人。那买主道,你儿子已由你家亲戚赎回去了。他却说,没有见自家儿子回来,定是你将我儿子害死了。双方立即争执了起来。那远亲竟然一不做,二不休,跑到徽州知府衙门,将那买主告了。人命关天,知府立即升堂问案。那买主便将有他的远亲花钱赎回的事如实道来。于是知府便将吴蕙召进府衙。

事情很快明了,知府嵇宗顿知,在大堂上立即喝道:"你这家伙,心生不良,如此奸诈,你远亲吴老板已经花钱将你儿子赎出,你不仅不感恩,反而使出卑鄙的敲诈手段,诬告他人,几乎陷恩人于不义。本府岂能容你!来呀,将他打入大牢,待后严惩!"众衙役立即上来,就要将他带走。

吴蕙连忙躬身向知府央告道:"知府大人,我这远亲此举虽然很不道德,有违国法,但念在他也是为穷困所逼,本意无非是想要多敲一些钱财,而非存心想害他人,望大人饶他这一回,减轻处罚吧。"

嵇知府见吴蕙如此善良,也就松了口,道:"既是吴老板发善心,为你求情,我就饶了你这回,可以不下监牢,但必须打20大板,以戒今后,也警戒他人。"说完,命衙役责打他20大板。打得那位远亲深感惭愧,低头而去,从此老实做人。

而吴蕙的善良大义更是感动了许多人。

吴蕙自幼本是一个习儒好学的人,生平就喜欢春秋三传。长期经商中,虽然有些远离儒学,但他没有放弃,所以到了晚年,将商务交付儿子后,自己便杜门不出,以阅读书史而自娱自乐,而且一再教育子孙要敦守人伦大道,树立良好品格。他的子孙也不负他的愿望。后来,吴蕙享寿75岁而卒。清代时所编纂的《重修两浙盐法志》卷25《商籍二·人物》中记载了吴蕙的事迹。

拾金不昧说徽商

徽商经营讲究商业道德,体现仁心济世是多方面的,拾金不昧是表现之一。故事传说流传得很多,许多府志、县志的"义行"目中都有所记载,现选择数例供读者一阅。

鲍士臣的故事

歙县棠樾人鲍士臣,虽说后来甚为豪富,但童年时代是很贫苦的,5岁时失去了母亲,刚成年时父亲又逝世了,剩下他孤独一人,贫穷而又无所依靠。当然有志者是不会被困境所难倒的,鲍士臣毅然走出家门,闯出大山,徒步去往鄱阳湖边的江西鄱阳寻找生活的出路。然而行走到半途之中的一家旅店时,从家中带出来的微薄的资用已经乏绝,无奈之际,鲍士臣便来到旅店老板跟前央告道:"老板,我是来自徽州,出外寻找活路的,经乡人推荐去往鄱阳,谁知到这里,我已是盘缠用尽了。我有力气,也很勤快,请老板让我给店里舂米、打杂,暂时过一段时光,好吗?"那位老板也是一个实诚的人,对他仔细打量了一番,见他一副诚实的神态,便和蔼道:"好吧,你就暂时干一段时间看看。"

鲍士臣见老板答应了，非常高兴，叩谢道："谢谢老板！"从此他便在旅店里干了起来，也的确以勤快卖力而得到老板的欣赏。

不久的一天，有个客人黄昏时到了这家旅店里投宿，第二天清晨就急急忙忙地走了。勤快的鲍士臣一向起得很早，而且拿起扫把就在旅店里打扫起来。当他打扫到一间客房门口时，见到一个鼓囊囊的包袱丢在门边，便捡起来打开一看，原来是个钱囊，里面有不少钱财。鲍士臣当下想到，这肯定是一早离开的住店客人遗落的。自己虽然贫穷，但应穷得有志，不能私昧下来。想到此，他立即将包袱重新包好，拿到老板住房处，交给老板道："老板，这是我刚才扫地时，在一间客房门口捡到的，请老板等候失主前来认领吧。"心地也很挚诚的店老板微笑着接过鲍士臣递过来的包袱，道："好吧。你真是一个实诚的人，我没有看错你。"鲍士臣面有羞涩地说："这是我应当做的。"

当日下午，那位丢失包袱的旅客就怆怆惶惶地回到旅店里，一边走，一边寻找着，又到了自己曾住过的客房前。旅店老板见了，便问："客官，你在寻找什么？"那旅客急忙道："老板，今早上我走得太匆忙，把一个装钱的包袱丢了，你是否看见？"老板道："包袱倒有一个，但请问你那包袱是什么颜色和花纹，内有多少钱？"那旅客便讲清了自己包袱情况与失钱的数目，道："还望老板可怜，归还我吧，那可是救命钱啊！"老板见他说得符合，便笑道："不要着急，你的包袱在这里，钱财一文不少，你拿去看看吧，不会要你的。"那旅客接过包袱，匆匆一看，就十分感激地说道："谢谢老板！万分感谢！"老板笑道："不要谢我。包袱是那位徽州人鲍士臣捡到的，要谢，你去谢谢他吧。"说着，老板把鲍士臣招呼了过来。此时，鲍士臣正在后边舂米，听到老板呼唤，便走了出来，身上还沾着粉尘。

遗金失而复得的旅客一见，立即上前，紧紧拉着鲍士臣的手，非常感激地说："谢谢老弟，你这是救了我一命啊！"鲍士臣连忙说："这没什么,别人也会这么做的。"那旅客从包袱里拿出一锭银子道:"来,这锭银子不多,就表示我一点谢意吧。"鲍士臣连忙推辞道:"不,不! 我不能要! 拾金不昧乃是做人的本分,无须感谢。"因他再三推辞,那旅客只得再三拜谢而走。

从此,旅店老板更加看重鲍士臣,并一再宣扬他的事迹。因而与鲍士臣结交往来的朋友越来越多,不少人借给他钱去经商。真是善有善报,鲍士臣便因此渐渐富裕起来。

宋应祥父子的故事

歙县上丰人宋应祥父子也有一个拾金不昧的故事。那是明代万历年间,宋应祥和儿子宋承恩行商于陕西省池阳县,住进一家旅店里。同一天,也有两个行商和他们住在同一家旅店。第二天一早,那两位行商就匆匆走了。宋承恩人虽年轻,却为人勤快,也早早起来,并且帮助旅店洒扫庭除。忽然,他在一个走道边的地上见有一个包袱,捡起来觉得很是沉重。他打开一看,竟是 250 两纹银,还有一封写有苏州米行主人姓号的信。

宋承恩立即把包袱带到父亲跟前,说:"爹,这是我刚才捡到的。"父亲宋应祥忙问道:"里面是什么东西?"宋承恩告道:"是 250 两银子,还有一封苏州米行的信。"宋应祥接过一看,果然,便说:"我们今天也要离开这里,这怎么办?"宋承恩道:"爹,我们就再住一天,等人家来领吧。失主肯定还要来寻找的。"宋应祥也是有德的人,稍思索了一下,道:"好吧,我们在这里等候一天。"

第二天上午,果然就见那两位行商相互哭拥着,踉踉跄跄而来。他们在自己曾住过的客房内东寻西找一遍,又找了其他地方,却寻觅不得。其中年纪大的一位着急道:"这叫我如何是好?我们不如投江一死了之吧。"正在客房中等候失主的宋应祥父子闻声出来,连忙挽住就要出外的那两位客商。宋应祥道:"你们不要着急,请问二位尊姓大名?"其中年轻的一位回道:"老爹,我们是兄弟两个,他是我哥哥,叫许邦伟,我叫许邦佐。我们是苏州米行外出采购的伙计,昨天一早从这家旅店走得匆忙,将携带的银子包袱丢失了,这可是我们老板的钱啊!"宋应祥笑道:"你别急,慢慢讲来,丢失了多少银子?还有什么?"哥哥许邦伟说:"银子是 250 两,另外还有一封信。"宋应祥道:"啊,不错,你们昨天一大早走后不久,我儿子承恩帮助店里打扫,捡到了一个包袱,里面的钱财和信件正如你们所说。我们本来昨天也是要走的,为了等候你们,就多住了一天。如今,既然你们寻来了,那么我们把包袱拿到大街上,当场验明,就归还给你们兄弟。"说着,宋应祥父子,拿出包袱,同许家兄弟一起来到旅店门口。宋应祥招呼着街上一些人,把捡拾包袱情况和许家兄弟丢失钱财的事叙述了一番,请到大家相帮验明后,将包袱交还给许家兄弟。许家兄弟接过包袱,非常感谢,哥哥许邦伟说:"既是你们捡到的,我们愿意分一些给你们,以表谢意。"宋应祥道:"这怎么可以!我们要是贪你的银子,昨天我们就要悄悄溜走了。这是我们应该做的,不足挂齿。"宋氏父子这种拾金不昧的品行,当即就受到了在场的大众的赞扬。

好人好事人人传,此事后来传到了歙县县令的耳朵里,觉得这是很了不起的一件事,遂提笔书写了"奕世德音"四字,和"世德作求门第,还金拒报人家"一副对联,制成匾额,敲锣打鼓地送到上丰,悬挂在宋家门前,作为表彰。歙县县志也在"义行"的栏目里记载了这件事情,从而流芳百世。

方三应的故事

歙县岩寺人方三应拾金不昧的故事更为生动。方三应曾在辽宁省建昌县经商。一年在回乡途中的一个旅舍里,捡到了他人遗落的数百两银钱,便留在那里等待失主来认领,谁知等了一天又一天,竟一直等了一个多月,也没有人前来认领。终因久久不见失主,方三应自己的生意也耽误不起,便将那捡到的银钱携带回乡。但是他并没有据为己有,而是每次外出都携带在身,以备随时寻归失主,然而,一连数年也不见失主。

谁知"踏破铁鞋无觅处",巧遇全不费工夫。那是数年后,方三应经商来到江西抚州,在一只渡船上,看见许多人在奚落一个穿着寒碜不洁的鸡贩子,有的说:"这么臭,离得远一点!"有的说:"出门做生意,也该穿得整洁一些,如此破破烂烂,成何体统?"有的干脆说:"像个叫花子模样,干脆要饭去,贩什么鸡?"可那鸡贩子却说:"你们不要耻笑我,我也曾是有钱人,只因为某年某月某日,我在辽宁的建昌丢失了数百两银钱,才落到如此地步。"

真是无巧不成书,也可以说是说者无意,听者有心。当时方三应听了鸡贩子这么一说,心中一惊,此人莫非就是当年丢钱的失主么?于是他很是高兴,当即询问道:"请问老兄在何年何月何日,在何处丢失多少银钱?"那鸡贩子见问,便道:"莫非客官知道此事?"接着,他便把所问一一回答。方三应见他所说属实,便从自己所携带的行李包中，拿出那包携带多年的钱，如数地交给了那鸡贩子，然后说："老兄啊，我捡到这些钱后，在那里等候失主一个多月，无奈之下只好带回了家，后来这么多年每次外出行商，都在尽力寻找失主，但总是寻找不遇。今天真是太巧了，终于找到你了。"那鸡贩子失银多年而复得，这是他做梦也没有想到的事情，自然非常感谢，当即跪拜在方三应的面前，叩问道："客官真是大恩大德，使我失金多年而复得，我实在是感谢你，请问客官叫什么名字，我以后好报答仁兄。"方三应道："拾金不昧乃是我应该做的，你不必记挂在心。"同船过渡的人也为这件巧事而感到又奇又喜，也纷纷要方三应说出名字。方三应乃是一个正人君子，岂是为了"名利"二字？当下坚持不告诉名字。正好这时渡船到了码头，方三应便出了渡船上岸走了。此时有一个人认得方三应，便对鸡贩子说："此人我认得，乃是徽州商人方三应也，那是一个好人。"那鸡贩子望着方三应远去的背影，不由得潸然泪下。

又过了数年，方三应的儿子方宏担任了江西省宜黄县县令。有一次，他下乡视察民情，却逢下雨，便带着随身一仆到一家民舍里避雨。

他抬眼一看,却见这家堂前供奉着一块灵位,细看之,却是"恩公方三应"的字样,遂感到十分惊奇:这不是自己父亲的名字吗?怎么会在异乡民舍里出现?这时一个老汉来到堂前,知是父母官到来,立即热情接待。方宏忙制止道:"老人家,不必客气,我只是暂避一时。"说着,他指着灵位问了起来。那老汉便将自己遗金复得的事情讲了一遍,最后说:"小民自从蒙这位恩公归还遗金,才能有今日的家业。我岂能不日日供奉?但愿他长命百岁,万事吉祥。"方宏不禁为父亲的事迹所感动,但他没有对老汉讲明自己是方三应的儿子,只是深表赞同。不过,他从此居官格外清正廉明,在当地颇享盛誉。

王一标的故事

王一标,字士名,歙县王宅村人。他为人勤劳谨慎,好善尚义,少年时因为家贫,遂做一点贩买贩卖的小生意。后来,王一标觉得小买卖难以致富,便带着一些本钱,来到繁昌县长江边的荻港镇,开了一家店铺,并竭尽能力进行经营,终使家境稍为富裕起来。王一标是尚义的人,所以经济情况稍有好转,便慷慨地捐资增修了宗祠、社宇,购置了宗祠祭祀的义田。还有邻里中只要有不平的事情发生,他都出面去调解,由于他平日里为人正直公正,所以一言既出,人们都予以信服。

在王一标身上,也发生过一件拾金不昧的故事。一次,王一标因商务外出,在半道上一个凉亭里歇气时,捡到了一个包袱,提在手上沉甸甸的,便想道:这肯定是谁遗落的钱两。他打开一看,果然是银子100两。他又想道:这钱对于遗落者来说,肯定是很重要的,或是经商的本钱,或是还债的银两,或是购买重要物品的。我不免把自己的事暂且放一放,坐到这亭子里等待失主吧。想到此,王一标便继续在亭子里坐了下来。谁知一直等到日暮时分，才见到一个青年人慌慌张张，东寻西找地走过来，满脸露出焦急的神色。只见他走进亭子里依旧在东寻西觅的。王一标起身问道："这位年轻人，是在寻找什么吗？"那青年人便立即停住寻觅的目光，见是一位中年人和蔼地问话，连忙回答："啊，这位大叔，早上我从这里经过时，不小心把东家叫我采买的银子丢掉了，也不知丢在何处，一路寻来，都寻遍了，也不见踪影。不知大叔你可曾看见。"王一标继续问道："但不知你丢了多少银子？用什么包裹的？"青年人道："丢了有100两银子，是用一个浅灰色包袱包裹的。"王一标笑道："如此说来，我这里捡到这个包袱，就是你丢的了。"说完，从自己的大口袋里拿出了捡到的那个包袱，交给青年人，道："你检查看看，是不是这个，银子少了没有？"青年人高兴地接过包袱，道："正是这个。"随即打开包袱，稍一检点，便道："不少！不少！谢谢大叔。"说着，就从包袱中拿出20两银子，对王一标道："大叔，这20两银子就作为谢银吧，望请收下。"王一标严辞道："年轻人，我要是个贪图钱财的，我何必坐了大半天等候在此呢？你拿回去吧，况且是你东家的钱。"说完，出亭而去。那青年人再次叩首道："大叔真是个好人，谢谢，谢谢！"

　　仁善的人有寿福。王一标80岁了，许多亲朋好友都要来为他庆寿。然而他都一一谢绝了。他不仅不收寿礼，反而在这一天在家设立赈米局，凡是乞丐每人给一升米，来庆贺自己80岁寿诞。歙县县令对王一标的善义之举，甚为赞扬，给他题书了"祁山硕望"四字匾额，并延请他为乡饮礼宾。

许孟葵的故事

许孟葵,徽州绩溪县十五都人,也是一位富有善义之心的徽州商人。每逢歉收的年岁,他都要捐资购买粮食,然后减价出售给贫苦的人。许孟葵在外经商时,有一朋友向他借了不少钱,后来没有办法偿还,便打算卖掉自己的老婆,得钱前来还债。许孟葵知道这件事后,立即说:"我难道爱钱爱到这个地步,要使有家室的人受离散之苦吗?"说完,他就把那朋友所立下的借券全部还给了那朋友,将他所欠的债务一笔勾销了。

有一年,歙县人郑九韶携带全家到许孟葵家避难,为防泄漏,便把一些暂时不用的金子埋在许家园子里。后来避难已过,郑九韶便带着家人回歙县了,埋金子的事或许也忘记了。一天,许孟葵在自家园子里锄草,意外地挖出了那些金子。他知道,这些金子肯定是郑家埋下的,因为自家没有埋藏金子,而这个园子只有郑家住过。于是,他立即写信去到歙县郑家,请他到自家来一次,有要事相商。郑九韶与许孟葵是推心置腹的朋友,有信来召,必有事情,于是欣然而来。到了许家,许孟葵拿出那些金子,道:"郑兄,这是你的金子,埋在我家园里,大概忘记了吧。"郑九韶一看,拍了一下自己的脑门道:"不错,正是那年埋藏在这里的,你看,我自己却忘记了。"许孟葵说:"快拿回去吧! 时间长了,再埋在这里,就难保不丢失了。"郑九韶紧紧地拉住许孟葵的手说:"谢谢你! 你真是我的好兄弟啊!"

吴道暹的故事

吴道暹,字达先,休宁县和村人。因为家境贫困,不得不外出奔走,谋衣寻食,经商便是他的主要途径。

一天,吴道暹行商于浙江省某地,在上厕所时,见那厕所边上不知被谁遗落的包裹,鼓鼓囊囊的,一个不小的行囊。吴道暹自然好奇,捡起来,还很沉重,打开一看,啊呀,全是白花花的银子,足有300来两。这对他一个一向贫困的人来说,是从来没有见过的。这难道是天上掉下了美味的馅饼吗? 不过,吴道暹只是略思了一下,心里便道:我固然贫穷,但做人穷要穷得有志气,不能贪不义之财。更何况身带这么多银子外出的,肯定是有紧要的事情要办,当他发现银子丢了之后,定然十分着急,要是寻觅不得,很可能会出人命,我不仅不能昧下这意外之财,而且要坐此等候失主来领,想到此,吴道暹便守候在那厕所边。

时间在一分一秒地前进着,等待人的时间似乎过得特别慢。吴道暹心内也很焦躁,自己也不是闲人啊,还在生活线上奔波呢! 但一想到失主的焦躁要超过自己万分,他便又安下心来。足足等候有几个时辰,才听到有人哭哭啼啼地走来,原来是一个20来岁的小青年,只见他一边走,一边四下寻觅,还一边哭泣。吴道暹不由得更生同情,忙问道:"小伙子,你哭什么? 又寻找什么?"

那小青年见有人问话,便止住了脚步和哭泣之声,回道:"这位客官,我倒霉透顶了,早晨出来时,带了些钱,不知道丢到什么地方去了? 那可是我老父亲的救命钱哪!"

吴道暹连忙劝慰道:"不要着急,我倒是在这厕所边捡到一个行囊,里面有钱,但不知你丢了多少钱?"

仁心济世

那小青年听到眼前的人说捡到了钱,忙说:"300 两银子,是一个蓝色的行囊。"

吴道暹见他说得很对,便从身后把那钱囊拿了出来,道:"你看看,是这个吗?"

小青年接过一看,忙说:"是这个,是这个。谢谢!"

吴道暹又道:"你把银子点点看,错不错?"

小青年细细一点,忙说:"不错,你真是个好人!"

吴道暹又问道:"你刚才说是你父亲的救命钱,那是怎么一回事,可否对我说说。"

小青年道:"家父被一个盗贼诬陷,现被羁押在县衙中,急需要 300 两银子才可以昭雪,所以说,这是他的救命钱。这肯定是我早晨在此出恭时,急急忙忙地丢失的。由于我当时所带东西太多,没有好好检点,等我急忙赶到县衙时,才知钱囊丢失了。"

吴道暹关切地道:"那你快拿着银子去救你的父亲吧。"

小青年道:"这银子是你捡到的,就分一半作为答谢吧。"说着,就要从钱囊中拿银子。

吴道暹连忙制止道:"我岂能要你这救父亲的银子!"

小青年又道:"那起码要感谢你 50 两,以报你的恩德。"

吴道暹恼怒了:"你这小家伙,我岂是贪财的人?我要贪这银子,早就拿走了。不要再啰嗦,快去救父亲吧。"

小青年又留下了泪水,道:"如此大恩,我不能忘记,请你把你的姓名告诉我,我日后再作报答。"

吴道暹没有再回答他的话,转身离开了。他也没有把拾金不昧的事告诉他人。

失金复得的小青年觉得不能将此事淹没,遂请人将事情写出,张贴于街头,告示大众,人们才知吴道暹拾金不昧的事情。徽州翰林院编修汪士锽也为吴道遑的事迹所感动，为他撰写了传记。

郑南珍的故事

郑南珍，字柯珊，歙县长龄桥人，后来迁居本县岩寺镇。郑南珍在弱冠之年，从江苏润州（今镇江）看望在那里经商的父亲回家乡，前往拜谒祖墓，在途中看见有一个布制的袋子丢弃在路道上，他即命家人捡拾起来，打开检查，则见有珍珠和金器的首饰若干件，价值达数百金。郑南珍即叫家人把它带回家中，禀报给守节在家的祖母胡氏。

胡氏祖母看了一下，郑重地说："孙儿啊，如此重赀用布囊装着，这个人必定有紧急的事情，是想拿到当铺里去典当一些钱来救急的，如果丢失了，性命即将不保。我们可要寻找到失主，归还给他啊！"说完，即命家人将那布囊放到内室中，且把门关好锁住，不要在自己家里丢失了；同时对郑南珍嘱咐道："孙儿啊，你要暗中去访查一下，看看失主究竟是谁，可不要大声张扬，以防止存心不良的人冒认。"

郑南珍奉了祖母之命，即前往村内和邻里暗暗查访。到了黄昏的时候，终于查清是同里的汪某所丢失的，便把他带到自己家中，询问他丢失了一些什么物件，有多少件等等，汪某回答得全部符合，于是当即归还给他。汪某失物复得，非常感谢郑家祖孙，除当面致谢外，还和里中乡邻们一起上报到县衙，请县令予以奖励这样的高尚行为。郑南珍却奉祖母之命，推辞道："这些失去的物件本是人家的，应当归还人家；本就不是我的东西，我归还了，这很平常，有何值得奖励的？"遂坚决推辞奖励。

后来，郑南珍以商籍进入杭州府学读书，是一位很有名声的秀才。可惜，年纪轻轻就去世了，人们都非常惋惜而悼念他。

汪应鹤的故事

歙县人汪应鹤,字仲甫,在芜湖经商。清康熙二十三年(1684),汪应鹤行商时在泾县一个路边上厕所时,捡到一个包裹,打开一看,竟然有 450 两银子。他四边看看,没有什么人,心中想道:这是个什么人,如此粗心,这么许多银子竟然丢了。顿时,他又感到自己带有包袱,再加上这个包裹,不方便停在这里。于是,他把那银子带回了自己的寓所,然后独身一人再来到那个捡拾银子的地方,等待失主。

等了许多时候,汪应鹤才看见一个中年人仓仓皇皇、一路寻觅而来,那脸上满是愁容,而且经泪水染过,一副痛不欲生的模样。

汪应鹤见了,立即问道:"客官,你在寻找什么? 为何这般模样?"

那中年人道:"老兄,你哪里知道,今天我倒霉透了,一早带着银子去进货,谁知竟然丢了,还不知丢在何处? 我曾在这里出过恭,或许就丢在这里,所以来看看。这么多银子,乃是老板的,我怎么赔得起啊!"

汪应鹤笑道:"客官莫要着急,我倒是捡到一个钱囊。不知你丢的是多少银子?"

那中年人很激动地说:"你捡到了? 那太好了! 我丢的是 450 两银子。"

汪应鹤见他说得很对,便说:"不错,你且随我去拿。"说完把他带到自己的寓所,拿出了捡到的包裹银子,递给那中年人,说:"你自己再看看,是不是这些?"

那中年人接过包裹,打开一看,立即说:"不错,就是的。太谢谢你了! 这样吧,你且留下 50 两,作为对你的酬谢。"

汪应鹤连忙推辞道:"你想错了。我若是接受这酬谢银子,我就不去捡钱的地方等你了;我既然等候你到来,就不会接受你的酬谢。客官快带去进货吧,不过再要小心了。"

那中年人非常感动,对着汪应鹤又叩首又作揖,千恩万谢地告辞而去。

诸位读者,当你们看到上述这些拾金不昧的故事,是否也很感动呢?

芜湖徽商博物馆

余文彬义行衢州

余文彬,字自英,绩溪县城南人,是一位太学生。他的父亲余雅就是一位好义乐施的人。余文彬继承了父亲的品格,也成为一位行善仗义的人。他的表现有以下三件事情。

第一件事,余文彬有个族叔出外谋生,却屡遭失败,于是流落在外,很是落魄、贫困,生有 5 个孩子,已经被他卖掉了 3 个。或许是自己也感到没有脸面见家乡父老,他也一直没有回来。余文彬知道这一情况后,立即派人四处寻访,经过艰苦努力,不仅把族叔找了回来,而且把他的孩子,包括 3 个被卖掉的孩子,都寻觅回到家乡。当族叔和孩子们回来后,余文彬又把自己的财产分割一部分给族叔,让他抚养孩子长大。他的族叔也从此勤奋努力,日子一天天地好过起来,终于把孩子们养大,并继续在余文彬的帮助下让孩子们娶妻完婚。

第二件事,余文彬在浙江衢州经商时,那一年正遭遇饥荒,饥民们为了生存,竟然前往街市抢夺商铺和富裕人家的财物、粮食等等。而负责衢州城治安的总兵竟把城门紧紧关闭,准备派兵进行凶狠的镇压。这样虽然可以平息骚乱,但是要造成许多生命的伤亡。余文彬见此情形,十分着急,然而他毕竟是一介商人,人微言轻,总兵根本不听从他的意见。当时担任西安府知府的歙县人许执中也因公干在衢州,且与总兵关系不错。余文彬觉得自己与许执中同为徽州人,可以说得上话,于是寻到了许执中。他对许执中说,只要做好赈济事项,设法搞一些粮食平价出售给饥民,就可以解决骚乱,而不需用武力镇压,不然会造成多少伤亡。他又说,我愿意率先捐出粮食 200 石,作为对众商的倡导,必定会筹集不少粮食来赈济饥民,请你去对总兵劝说一番,让他放弃使用武力。许执中当时也在为衢州的纷乱而担心,听了余文彬的意见,觉得非常好,便立即到总兵府内,转告了余文彬的意见。总兵也感到动用武力,实是无奈之举,既是商人愿意捐粮助赈,自然是好事,再加上许知府都这么说了,总不能不给他一点面子吧。于是同意了余文彬的意见。结果,平价出售粮食之后,骚乱立即就平复了。

第三件事,余文彬捐资在衢州的航船埠头上打造了一只渡船,义务渡送往来行人,并且捐资购置了义田,作为长久维持渡船通行的经费。衢州人都十分称赞余文彬的恩德。

义渡

汪士荣行善甪里

　　汪士荣,字伯仁,自号西岩,先世是徽州休宁人,在祖父汪世华和父亲汪有方时,从休宁迁往苏州。汪士荣自幼便成为孤儿,3岁时,母亲韩氏逝世,过5年到8岁时,父亲又辞世,是依靠祖母冯氏养大的。所以他对祖母十分敬重,长大后侍奉祖母像母亲一样。后来,祖母逝世了,汪士荣悲痛万分,整个居丧期下来,瘦得像根柴火棍一样。汪士荣少年时就勤于学习,以致早早得了咯血的疾病,也便放弃了走科举之路,转向经商之途。但是好读书的习惯却没有改变,而且抄录了先辈的人生格言作为家训,教育子孙。

　　汪士荣在苏州甪里经商时做了一些善事。一是清乾隆二十年(1755),苏州遭遇大饥荒,而且又流行时疫,死亡了很多人,甚至在道路上都横七竖八地躺着尸体,而到了郊区野外的地方尤其多。当时的甪里有个同仁堂,是一个施舍棺木的场所。汪士荣眼见这横尸遍野的惨状,于心很是不忍,就大力捐输资金协助同仁堂,使该堂得到棺木数以千计,而且捐资帮助购买地皮予以安葬,使无数魂灵得到安息。二是苏州城中有个育婴堂,汪士荣也捐资协助过,因为年岁已久,以致人满为患。当再有人送来弃婴时,汪士荣就另外寻找乳母进行收养,以致做了30余年,抚养了弃儿100多人,而对其中有残疾的孩子,他则给予终身资助。三是平时，他也乐意救人的急难，遇到穷苦的人，交往格外深情厚谊，常常予以帮助。而且他经常采取暗中施助，目的是不想让受恩的人感恩。所以越是如此，人们还是记住他的恩德，称赞他具有古道仁义之风。

苏州甪里古村

程氏独修屯溪桥

　　当休宁河与率水交汇于屯溪之地,有一座古老的石桥横跨江上,行人能够安然地通过,这桥名叫屯溪桥,现在人们也叫它"老大桥"。

　　屯溪桥确是一座古老的大桥。据载,它始由戴时亮创建于明代嘉靖十五年(1536)。经过 100 多个岁月的洗礼,到清代康熙丙辰年(1676),此桥倒塌了。这自然给往来的人们带来了极大的不便。此时,休宁县率口村的程子谦轻财好义,挺身而出,独自担负起重造屯溪桥的大事。他慷慨捐出 670 两金钱,经过 2 年的努力,建成了一座 6 个桥墩 7 孔拱券的石桥,桥身长 133 米,桥面宽 6 米,两端引桥各 15 米,拱券高 10 米,拱孔与桥基跨度 13 至 15 米不等,并取名为"镇海桥"。

　　谁知仅过了 17 年,一次特大洪水又将屯溪桥再次冲倒。程子谦没有文过饰非,而是坦然承认道:"桥之不固,是吾过也。"他决心捐资再造,经过两年的筹备,终在康熙丁丑年(1697)重新兴建桥梁,仍然是独立承担。然而桥未曾完工,程子谦身心疲惫而逝世了。故人虽去,事业未断,程子谦的儿子、官任户部广西清吏司员外郎的程岳,继承父亲的遗志,继续重建。工匠和石料的花费超过原来的几倍,但终于建成功,并在桥中央建了一座亭子,两端有飞檐五脊庑殿顶拱门。清代大学者朱彝尊应介珠里陈昶青之邀请,特撰写《重修屯溪桥记》,记载程氏的义善业绩,并收载于清道光《休宁县志》卷22《艺文·记述》中。

要说休宁率口程氏的善行义举,远不止重造屯溪桥一件事。程子谦的父亲程峻德,富甲乡里,轻财好义。还是在明代崇祯年间,休宁、屯溪地区发生饥荒,程峻德捐资赈济,连续好几个月,按月支给邻里乡亲300文钱,一直到秋天粮食收获为止,使饥荒得以缓解,帮助许多人渡过了难关。清顺治五年(1648),山寇出来骚扰,四处劫掠,搅得乡党四邻都不安宁。为了维护周边诸村不受侵扰,程峻德表现得很勇武,出重金招募壮士相助,率众人坚守抵御犯境的山寇。他们与山寇相持了一个月后,山寇讨不到半点便宜,便悄悄地退走了,从而保护了乡里的安全。

程子谦,字益仲,是一位太学生,平日就很笃诚信义,尽力做一些善义事情。一是曾经捐资修建过休宁县县学学宫,并购置义田资助县学费用。二是还曾襄助修建闵口的石桥,使远近百姓出行便利。三是购买比较肥沃的田作为宗祠的公产,积累利息,用作宗族祭祀、资助宗族中读书赴试,以及办理诸种事项等。四是每年都拿出钱来救济族中贫苦的人,每月有600文钱。五是其他赈济事项,捐助棺木,抚恤鳏寡等等,他从不感到厌倦。因此族中的人无不蒙受他的恩德。

汪启山重修蓝渡桥

据道光《休宁县志》所载王霁撰写的《重修蓝渡桥碑记》云,从休宁县城西去 12 里,有一条溪流叫蓝渡溪,它发源于黟县的吉阳山,经过渔亭时汇合了从东亭来的溪水,然后弯弯绕绕流过白岳齐云诸山,又向东流过数里,才抵达蓝渡。而横跨溪流上的桥梁便名之"蓝渡桥"。

当年的蓝渡镇,但见两岸街市栉比,店肆鳞次,夹溪流而挺立,人流熙熙,烟火袅袅,商货凑集,挑担的,打伞的,卖货的,购物的,一个接着一个,还有背着行李的,来来往往,络绎不绝,好不热闹。从这里往北可达皖省首府安庆,西去则接江西,而沿溪流下行则可前往浙江,甚至福建,所以这里是数省的要道通衢。

蓝渡桥始建于明代弘治十年,桥上建有凉亭,它的规制如庙一般壮阔。经过数十年的风雨洗礼,在明代隆庆年间进行过一次重修。清雍正戊申年(1728)夏天,洪水泛滥,河流猛涨,波涛汹涌,茫茫无边,经受不住洪涛冲击的蓝渡桥被冲毁了一半,桥上之亭也随之倒塌。此后往来行人唯有依靠小船而渡过。到了残冬之季,河水干涸,行船竹篙又无用武之地。设法用一只渡船往返,由于两岸等候的人太多,遂产生拥挤争渡的现象。如此百姓们都感到这里迫切需要一座桥梁,也盼望有一位好义之士来实现人们的愿望。

这时,好善之士汪启山挺身而出。汪启山先已独自捐资重建了休宁古城水口上的击壤桥,经历了两个寒暑而成,县内的民众都予以赞颂。在蓝渡桥被冲毁一年后的雍正乙酉年(1729)8月,汪启山又开始捐资重建。到第二年庚戌秋天,一座长20余丈,有5道水门的蓝渡桥就重建成功,桥上仍然按照旧制建造了亭庙,那翼然奂然之状仍令人感到兴奋。造桥所用石料、工费需要数千两银子,则由汪启山独立乐捐。

地处要衢的蓝渡桥的建成,便利了后人数百年,在桥上往来通过的不少于千万人,因此汪启山的功德是永垂不朽的。

休宁蓝渡古桥

古林黄氏义行

　　休宁县古林村地处颜公溪畔,水口上有一大片茂密的古老的林木,因此名叫古林。水口林边有一座8墩9孔古石桥,它建于明代万历四年(1576)。100年后,桥遭洪水冲毁,重建者黄大顺就是本篇所要记述的主人公。

　　黄大顺,字履吉,因义行卓著,被徽州府和休宁县都聘为乡饮大宾。他生活于明朝与清朝鼎革交替之际,兵戈甚多。他的父亲亡故在江西南昌,兵荒马乱,黄大顺率领长子黄凤翔凭着一腔孝义之情,冒着兵刃战火,把父亲的灵柩扶回故里安葬,而且在墓边搭建庐棚,守墓3年。当时,父亲留给他的还有一个年弱的弟弟,他不忘亡父之托,将弟弟教养长大,帮弟弟成家,而且分给弟弟肥沃的田地,让弟弟有良好的生产、生活基础。

　　清康熙二十一年(1682),黄大顺眼看古林桥被洪水冲毁后给人们带来十分不便,便慷慨捐资重建。此桥长140米,宽6.4米,高9.5米,桥上还建有亭,立有石碑。又过100多年后的乾隆五十三年(1788),此桥又毁于洪灾,7年后(1795),又是黄大顺的后人黄焉学、黄本桂等捐资重建,并改名蔚林桥。现在还是从屯溪至婺源的要道。

　　徽州府府学里旧时竟无试院考棚,省里的学使每次来徽州,皆是驻在旌德,士子每每就试都要去往旌德。黄大顺顾念着路途跋涉颇为艰难,路费增加,便慨然捐资在徽州府学创建了考棚。为了表彰黄大顺的义举,知府为他特发檄文,广集读书的诸生一起上书给省都宪,请将他祭祀于乡贤祠。

黄大顺还曾为宗族购置义田,修葺宗祠和整修道路等等,后因孙子黄钟做官而被朝廷赠为奉政大夫。

黄凤翔是黄大顺的长子,号东山,平生继承父亲的志向,对诸位弟弟很是友爱。一遇洪灾或旱灾,他皆要捐资助赈,救济贫苦的人。而遇到朝廷免征税赋的年头,他也必定将众佃户应缴纳的田租尽行宽免,得到民众的称颂。因此也被府县推举为乡饮大宾,并崇祀于乡贤祠。后因儿子黄钟做官而得赠奉政大夫。

黄治安,字思民,是黄大顺的曾孙、黄凤翔的孙子、黄钟的儿子,生平也敦行善义,而且多在暗中进行,不事张扬,为人谨慎。他曾对他人说:"心正则事无苟且,外草率由中无主耳。"意思是说,心坎儿摆正了,则做事便不会苟且。而办事草率,则是因为心中没有主张所致。这表明黄治安是一个心正而有主见的人。事实也是如此,当曾祖父黄大顺创建了徽州府学试院考棚后,中间经历了叔祖父黄凤翼、伯父黄铨、父亲黄钟等数代,黄家都给试院经费以补助。而到了黄治安时,更使府学试院的建设得以完美,他捐资给试院增置了里庑,添置了数百个桌案和座椅,加宽了试院内座位间的距离,使坐在其中考试的人更加舒适。在文庙将要倾倒时,主管府学的当事者召集有关人商议修葺,估算经费甚巨而难以决断。黄治安闻知,慨然独自出资,将文庙修葺一新。至于其他修桥铺路、照应宗族中的贫困者、代他人缴纳赋税等等,凡是有利于他人的善事义举,黄治安都无不竭诚去作为。因此,他是完全继承了家族中行义的传统。

黄焉学,字识堂,也是古林黄氏的后人,家境原先也很贫困,遂去

仁心济世

往湖北江汉经商,素手起家,时日一久才稍微富裕起来。他继承了宗族中尚义的传统,勇于为义,好行其德,在重修宗祠时,为首捐资千金;在乾隆六十年重建村北古林桥时,助捐了 5000 两银子。他还仿效范文正公(范仲淹)的遗意,在村内提倡建立"培元会",并前后捐出 1000余两银子,用以抚恤鳏寡孤独四种穷人。他在侨居汉口时,曾倡议捐资修复三元殿为类似会馆的"海阳公所",让在汉口生病的无人照应的休宁人得以居住,并寄放那些旅居在汉口逝世后未能还归故里的灵柩。

休宁五城镇双龙、古林、星洲、伦堂等古村鸟瞰

吴昂独造"永宁台"

吴昂，字若千，休宁人，在芜湖经商并侨居。芜湖地处长江边，大江之西有一处突起的巨大石矶，呈现出石骨嶙峋，陡峭森严的景象。江水时涨时落，它都挺立在大江上。在雾气蒙蒙中，它是一头暗藏的猛兽，让一些行驶在江上的船只误触着它巨大的身躯，结果造成难以估量的损害。芜湖人早就商议要在这石矶上造一座标志台，用作指引行船往来的标识，但是因为造价太高而终不能成为现实。

吴昂闻知，毅然前往芜湖县衙，造访县令。因吴昂在芜湖是较有名气的商人，县令便接见了他。吴昂对县令说道："大人，闻说大家商议在石矶造台一事，却议而不决？"

县令答道："不错，因为造价太高，经费难以筹集，故而难以议决。吴老板前来，有何指教？"

吴昂慨然说道："众人擎一只火把固然容易举起来，但要谋一桩大事恐怕难以成功。吴某打算独力出资进行建造，不知大人可否赞同？"

县令听吴昂这么一说，自然心中大喜，面露悦色道："吴老板能慷慨出资，独力造台，这是为民造福的大义之举，本官岂能不赞成？本官举双手赞成。"

于是在县令的支持下，徽州商人吴昂在经商之地芜湖，慷慨捐资，

257

仁心济世

从清雍正六年(1728)10月开始动工,在巨大的石矶上垒石为台,台上建立一座标识性的庙宇,庙宇前竖立一杆高扬的旗帜,用以指引航船行驶。到雍正八年(1730)3月,台庙落成,并给此台矶取名"永宁"。从此,过往商舶在此台的指引下,再没有发生触崖翻船的事故,称颂吴昂义举的声音不绝。《芜湖县志》《休宁县志》和《徽州府志》都记载了吴昂行义的事迹。

永宁台

德培俊义汪国柱

　　汪国柱,字廷佐,休宁县凤湖人,后来迁居休宁县城城南。他少年时既是孤儿,又很贫穷,在艰苦的环境中过着拮据的日子,但他凭着不屈的奋斗长大成人,而且有了一定的经济实力。在艰苦奋斗中成长起来的汪国柱,并没有吝啬小气的风格,而是乐善好施,越到老年越发诚笃。

　　汪国柱的善事义举也很多。一是在清嘉庆壬戌年(1802),休宁县发生饥荒,全县各地都程度不同地产生一些饥民。在灾荒面前,县府发起了赈灾活动,家境尚好的汪国柱立即捐献 800 两银投入助赈之中。二是为了发展县内教育事业,休宁县府在众人的支持下新建了海阳书院。书院落成后,汪国柱也捐资千金,用作书院中的膏火费,表达自己对教育事业的支持。三是汪国柱看见本县的一些士子在赴省参加乡试时,缺乏资斧盘缠,便捐银子 5200 多两,且向县衙申请将此钱作为一个救助基金,存入典铺生息,详细订立一些规条,补助那些需要帮助的士子。李县令不仅同意汪国柱的申请,而且专为此举作了记载,并刻勒石碑立于县学明伦堂前。安徽省巡抚也为汪国柱的这项义举而感动,题书"德培俊义"四字以作褒奖。四是当县文庙整修和县城内的沟渠整修的时候,汪国柱都慷慨捐资予以帮助。五是独资整修了

259

仁心济世

休宁县城的凤湖街、南门正街以及南城外的大路。六是捐资整修了旌孝坊、宣仁坊、名儒世里坊以及高市巷、金家巷、马桥等处的道路。七是重新建造了普满寺、张真君殿、县城南关的社祠。八是捐资购置了西乡、小北乡3处义冢，帮助安葬那些无力安葬的人。九是重修了本宗族的文会馆所，建造了宗族支祠，购置了宗族祭祀义田。至于宗族亲戚中的一些孤寡人，汪国柱则出资抚养他们，死后给予安葬。十是对有些人向他借贷却无力偿还的，他都将他们的借券烧毁，而不再索要。因此汪国柱的善行不可胜数。

汪国柱年届80才逝世，再一次证明了仁者长寿。后来他以儿子汪殿芝、汪青芝的捐职而得赠中宪大夫的称号，后又晋升通议大夫。清嘉庆十八年(1813)，一位胡姓的大中丞将汪国柱的善行义举上奏朝廷，得到建牌坊旌表，而且附祀于"孝悌祠"。

徽州海阳书院

休宁义商一束

在秦始皇统一中国实行郡县制时,整个新安江流域和黄山地区只有两个县,那便是古歙县与古黟县。后来随着历史的进程,在东汉建安十三年(208)从古歙县分出了始新(今浙江淳安)、新定(后称遂安,今并入淳安)、犁阳(今屯溪)、休阳(今休宁)和歙县;再后来,又从歙县分出绩溪县,从休宁分出婺源县,从黟县分出祁门县。而休宁县在徽州府,是仅次于歙县的第二大县;在徽商集团中,休宁商人在人数上和财力上也是仅次于歙县商人;所以,在休宁商人中也有许多行善仗义者。这里且集纳一束以飨读者。

陈志铉功隆黉序

陈志铉,字谨斋,休宁县陈村人,一生善善好施,所做义举很多。第一件,陈志铉经商于江苏省六合县时,见当地县学的学宫年久遭损毁,便捐重资予以重修,使之焕然一新,促进了当地的教育事业发展,于是得到省和府以"功隆黉序"荣誉称号的奖励。第二件,陈志铉的家乡陈村的河对岸,有一条路通往婺源县,但有一水之隔,人们往来甚是不便,当地一向招募造船设渡以通两岸,但因资金问题而未能成功。陈志铉返回家乡见状,即独力捐资造了渡船,又购置义田,设立义渡户名,作为渡工的工资和生活费用,而且每年修船时再拿出钱来,一直坚持了许多岁月。第三件,陈姓宗族中没有建造宗祠,陈志铉又独力捐资建造,并且购置祭祀义田,用田中收获作为祭祀费用。第四件,陈志铉有个姐姐出嫁在上溪口吴氏,婚后还未到一年丈夫即亡故了。陈志铉担心姐姐夫家无有后人,即为姐姐选立了一个嗣子;谁知嗣子也亡故了,便为姐姐选立嗣孙;不久嗣孙亦亡,最终抚养嗣孙的孤儿长大成人,而孀妇姐姐一直守节,所以他又为姐姐请求官府给予旌表,并入祀于节孝祠中。陈志铉生子陈文龙,后官任浙江霸州府通判,陈志铉也得到通判称号的封赠,他自己也捐了州同知职号。

戴纯恩力行义举

　　戴纯恩,字大绥,休宁县隆阜人,是一位附贡生。他的家境虽仅是中等资产,却也秉性喜好施与,那些贫困和孤寡的人有很多都得到他的周济与帮助。当县学重建文庙时,戴纯恩也乐于解囊捐输。在县学迁建海阳书院时,戴纯恩又为首捐资千金以作倡导,所以在书院建成后,他被主祀于报功祠中。戴纯恩所在的隆阜村有座灌溉田地的石塌,年久颓圮了,他独力出资进行了重新营造,从而使自博村以下的田亩都得到了灌溉。戴纯恩对宗族的建设也不惜钱财,他看见远祖墓的墓道越来越狭窄,便捐资将墓道扩大,方便了族人祭祀;他看见宗祠一些祭祀活动因经费问题而有所废弛,便又出资予以重振恢复。戴纯恩曾在外地的马洲经营典当业,更正了一些当铺浮收当息等积留下来的弊端,那些穷苦的民众都感戴他的恩德。戴纯恩尤其喜欢奖励后进的青年人,曾捐资重修文阁,供学子们游览休息,还为县学捐资考试费用,让学子们有良好的学习条件。总之,凡是对人们有利的善举,戴纯恩都尽力为之,毫不懈怠。

陈正耀立急公会

陈正耀,字羽丰,休宁县蓝渡人。他的家境也不是豪富的大户,但也慷慨好义。蓝渡村边的蓝渡桥是南北七省交往的要衢,义商汪启山曾于清雍正年间捐资重建,但乾隆甲子年(1744)一场特大洪水又把此桥冲毁。尚义的陈正耀率先捐出巨资,倡导人们重新营造,得到许多人众的响应,又使一座长虹飞架南北,便利了往来行旅。陈正耀眼见村内还有许多穷苦的人,便倡导成立"急公会",即众人捐资,作为救济基金,对那些有急难的人给予救济,他自己则带头捐资,于是解决了不少村民的急迫的困难。陈正耀还有购置宗祠祭祀产业、灾荒年景平价出售粮食、设立茶亭给过往路人施舍茶水、焚烧还不起债务者的债券、给无力安葬者施舍棺木等等义举,不胜枚举。

程生品端金玉

程生,字又生,休宁县湖边人。他天性孝顺友爱,凡是见到行义的事情必定要去作为。一是在宗族内,他创立了本宗族的宗祠家庙,让先祖的灵位有安置之处,宗族后人有敬宗睦族的地方;二是湖边村是紧邻歙县的村子,村民们常去歙县办理事情,于是他独自出资整修了从湖边通往歙县的大道,便利了村民们的往来;三是每当寒冬腊月,他都要准备一些棉衣,送给宗族中贫苦的人,让他们安全度过冬天;四是族中有几位贫苦的人因担负不了沉重的税赋,几乎要被乡保控诉到官府,他拿出自己的钱财为他们代为偿付,钱财不足,他就拿出自己产业的文契作为抵押,从而免去了他们受责罚。鉴于这些善行义举,清乾隆十三年(1748),程生被举荐为乡饮介宾。徽州张知府题书"品端金玉"四字予以表彰。

徐名进俭己施人

徐名进,字秀升,休宁县竹林村人。他并不是一位十分富有的人,在日常生活中他自奉俭约,艰苦朴素,但凡遇到县内的公众的事情,则必定慷慨出资乐于施为。一是他曾捐输千金给县内海阳书院,作为供给膏火费;二是他闻知自己的莫逆之交汪国柱率先捐输 5000 金,倡议

徽州古道

为本县士子奔赴乡试的差旅费，心中甚喜，当即响应也捐输了 5000 金，促使了这项善义之举在全县的推进；三是凡遇歉收之年，他也必定捐资购粮平价出售给缺粮的人；四是从休宁县城东的干村到他的家乡竹林村有 10 多里路程，全是泥土路，而且很是崎岖不平，平日行走就很不便，到了风雨连天时就更加泥泞不堪，他即拿出 4000 余金，将这条道路全部砌以石路。然而工程没有完成便因病逝世，他的儿子徐士芳等人竭力将此项工程完工，从而成为平坦的道路。

陈有灏父子行善

陈有灏，字雯漪，休宁县陈村人。他非常敦宗睦族，宗族内有 10 余家生活贫困，他经常给予抚恤赈济。清乾隆乙巳年（1785），江南江北皆发生饥荒，出门乞讨的饥民甚多。陈有灏和弟弟陈有涵拿出自家的粮食在大路上设立粥棚，凡经过的饥民都供给以食，从而救活了数千人；但还是有人成为饿莩，惨死在路旁，他兄弟俩又捐输棺木数百具，予以安葬。此事被县州和省级上报到朝廷，得到褒奖。陈有灏在逝世前，还嘱咐儿子陈廷议，做人一定要行善。陈廷议继承了父亲的遗志，也做了一些义举。嘉庆己巳年（1809），当地又遭遇饥荒，陈廷议像父亲那样捐资助赈，救济饥民。陈廷议还曾与堂弟陈兆麒倡导捐建"育文义学"，从学习用具到住宿伙食以及大小考试，都给予经费。陈兆麒也继承伯父陈有灏的义善之风，还独力捐修了绩溪县新岭道路以及本休宁县凤凰岭道路。

刘启伦乐善任劳

刘启伦,字仲常,号静轩,休宁县大北门人。他乐善好施,而且任劳任怨,也做了不少善事义举。一是捐资修葺了宗族的宗祠,并储备了祭祀的产业,培修了先祖之墓。二是县学学宫的明伦堂逐渐倾倒了,县内绅士汪秩等捐资加以重修,刘启伦不仅捐资,而且独力承担修葺事务,不惧繁琐,任劳任怨。三是县学文庙亦需重修,急需费用数万金,刘启伦在自己捐资外,竭力在县内进行劝捐活动,终于偕同县内绅士吴昌龄、丁俊、程濂、汪闇等,鞠躬尽瘁,将文庙修葺一新。四是县学书院学舍不多,膏火费也很少,刘启伦又倡议县内乐善好施的人各自量力捐助,得到众人支持,遂买下了地名石洋圩之地,并和本县人、国子监生程元槐一起参加谋划,动工建造了海阳书院,还增加了膏火费,复建了考棚。五是看到县内士子赴省应试大多盘缠艰难,刘启伦在率先捐资外,又向同人劝捐,先后得到县内绅士汪国柱、徐名进等慷慨捐出巨资。刘启伦则将这些资金悉心安排部署,并订立行使的章程,以使捐助活动能够长远持久。六是刘启伦还是许多善义公益事业的操持者,如董修县志、督造城垣、沟通三条水渠、创议平整本县南乡30里崎岖要道,以及整修武庙的堂宇、改造城隍庙的门向、营修养济院、灾年平价出售粮食、给缺医少药的穷人施舍药物等等事业,他在捐资之外还尽力去操持,唯恐懈怠。80岁时,刘启伦逝世,又一次证明了仁者长寿。县内的人都赞颂刘启伦的善义之举,并列入海阳书院报功祠的主祀名单中。

朱安仁敦伦尚义

朱安仁,字敦夫,号厚村,休宁县月潭人。他秉性一介不苟,为人敦伦尚义,也做了几件义善的事情。一是在本村捐资修葺宗祠,尤其是将宗祠的安置先祖灵位的寝楼重修一新,使先祖灵位得到妥帖地安置。二是疏浚了从西面向村上流来的河道,其目的乃是用来培植村上的文运,好让宗族中有许多人才脱颖而出。三是整修治理了从宋代、元代以来的历代月潭朱氏的祖茔,使后人得到宗族风尚的熏陶。四是他的父亲安葬在村外的孙超坞,内墓地下面有沙洲,上面还有许多荒废的墓冢,这沙洲是江氏人家的业地,计划出售给他人以开垦。朱安仁为了不使父亲的墓地和其他墓冢受到损失,便出资买了下来,从而保住父亲的墓地和其他墓冢。朱安仁对贫苦的人也好施与,而且常是隐姓埋名去做。他曾说:"做一点善事就要求人知道,那不是积阴德。"如有一个人拖欠了他的借款长期未还,他知道那人是无力偿还,便把那人的借券焚烧了,不要那人再归还。类似这样的义举,朱安仁还有很多。后来因儿子朱鹏翼做官而得封赠承德郎的称号。

汪湘董造新安书院

汪湘,字衡士,休宁县富上人。家境虽然贫困,但他还是努力求学,希望能够在科举路上有所收获,然而还是因经济困难而放弃了科举学业,去往汉江经商。人生的路总是不平坦的,在汪湘奋斗商场的时候,母亲和父亲先后逝世,这让他遭受了极大的悲痛。不过他很快从悲痛的深渊中站了起来,不仅在商界取得了成功,而且还得到了政界的肯定。当时,汉口正在建造新安书院,湖北制军毕沅看中了汪湘的才能,推举他督理新安书院的建造工作。但在工程开始兴建不久,有贼匪骚扰了汉口西北的孝感,而且向汉江逼近,形势很是紧张。这时,便有人前来劝告汪湘道:"汪公,凶狂的贼匪十分嚣张,已经逼近汉江,很快就要攻到汉口,我劝你还是把这工程暂停下来,你和夫役们的生命要紧!"汪湘却坚决地回答道:"谢谢你的好意!但是这建造书院

汉口新安书院铭文砖

的夫役有 100 多人,一旦解散而去,很可能将要落入贼手,那时我于心何安?况且,现在政府正在剿贼,我看祸乱即将平息,工程不能停止。"果

然,贼匪之乱很快平息,而新安书院也很快建造成功。后来,汪湘又因学术和经济上的才能,被推荐参与了太史桂敷主持的修志工作。晚年,汪湘回到家乡,捐重资投入家祠的修葺和祭祀,做了其他扶贫济困的善义事情。汪湘的儿子汪瑛也急公好义,继承了父亲的遗志。

吴桂之义襄赈恤

吴桂之,原名明科,桂之是他的字,以字行世,休宁县高桥人,寄居在县城城东的龙池庵。他 9 岁时父亲逝世,依傍母亲长大,因此对母亲十分孝顺,在当地享有名声,长大后为人好义。清康熙壬子年

(1672),休宁县发生饥荒,县令梁士潾倡导对饥民施以赈济,搭建了粥棚,命吴桂之督理此事。吴桂之欣然应命,并且捐助了重资,将赈济灾民的事情办得有条有理,从饥饿线上救济了许多灾民。事后,梁县令对吴桂之乐于捐输和精明强干的办事能力大为赞赏,亲自书写"义襄赈恤"四字,制匾高悬于他的门额,作为表彰。康熙甲寅年(1674),江西省饶州发生寇贼叛乱,被镇压后,乱寇溃退进入徽州地区。他们到处烧杀抢掠,拿着刀矛武器,逼着百姓交出粮食。在此祸乱关头,吴桂之大义凛然,挺身而出,不畏强暴,义正词严,使溃败之寇甚为沮丧而走,保护了百姓利益。至于修桥铺路等县内重大善举,吴桂之都毫无吝啬地予以捐助。

笃行君子余庆元

　　余氏在古老的黟县,是一个旺盛的家族。其中有个被许多人称誉为笃行君子的,叫余庆元。

　　余庆元,字振昌,在幼年时即是个失去父亲的孤儿,也是依靠母亲抚养长大,因而侍奉母亲十分至孝。尤其是后来母亲年纪老后,生病较多,他更是日夜侍奉在母亲的床前,煎煮药汤,亲自喂入母亲的口中,还搀扶母亲如厕,帮助母亲浣洗衣服,常常是长年累月地衣不解带。人们都夸赞他说:"这样的儿子才是真正的孝啊!"他对兄长也很恭敬,从来没有闲言闲语。对待他人也是遵规遵矩,谨慎言行,说话做事都有绳度,秉性温和平易,不设城府。所以在亲朋故旧中,无论老的少的,还是富贵的贫贱的,都愿意和他交往,相处也很欢愉融洽。凡是遇到急难的事情找到他,他也都乐意帮助而不推辞,而且帮助人后,也没有得意的表现,所以人们都说他真有君子之风。

　　余庆元素来轻财好施,钦慕善义之举就像是他的嗜好一样,故被里闾推为祭酒,即领袖般的人物,相当于乡村长。有几年海疆形势较为紧张,不断有战事发生,余庆元闻知,便想到,只有国家安宁,个人生活才能安宁,因此他立即为首捐出资金给国家,以协助巩固海防。余庆元曾经和兄长一起,去往湖北省广济县经商,在获得钱财后,便慷慨捐输,整修了孤塘关的道路,购置救生船拯救落水的人。当家乡徽州府重建河西桥时,余庆元一闻知此事,不等官方招募就主动解囊捐助。在黟县县学书院建造考棚时,他也捐助了资金。还有每年他都要给无钱安葬的人施以棺木。尤为卓著的是,黟县城中通衢要道,坑坑洼洼的,不利于人们行走,余庆元捐资数千缗全部改为石铺道路。遗憾的是,工程进行了数年,还没有完工,他便因劳累过度而染疾逝世了,年仅46岁。他没有儿子,以兄长之子为后。对于余庆元的善行义举,官府也没有忘记,于道光二十六年(1846)援例授予他州同知的职衔,并加二级例封为奉直大夫,作为对他的表彰。

黟县一瞥

程学本善义衍祥

程学本,字立培,黟县人,住黟县县城淮水门,生于清代乾隆四年(1739)二月二日。谁知他生下来就成为孤儿,因为这一天也是他父亲程允迁的逝世之日。经商的父亲不仅给了他一条生命,而且给他留下了一个店名"存仁"的当铺,只因他尚在襁褓之中,所以当铺由他的伯父程志达经理。当程学本稍微长大时,就有人在他面前讲伯父的坏话,挑拨他与伯父之间的关系。程学本年纪虽小,但素质聪颖,没有上当,不为旁人的闲言碎语所骚动。再后来,伯父生病了,便把当铺交还给程学本,并对他说:"侄儿啊,伯父看你孤儿一个,没有兄弟,所以我经理你父亲交下的当铺是任劳任怨的,现在我年老了,身体又有病,再不能帮你了,希望你善自为之,务必使当铺能够保持下去。店名'存仁',其中意思你应当明白,要做到老板和客户两全其美啊!"

程学本从伯父手中接过了父亲留给他的产业,也遵循"存仁"的理念去经营,从而使自己的事业在父亲与伯父经营的基础上又有较大的发展。富裕起来的程学本并没有为富不仁,而是以存仁的思想去做善义的事情。他的善义之举主要表现在以下几个方面:

一是慷慨四次赈灾。乾隆四十三年(1778),黟县遭遇大旱灾,全县粮食歉收,蒙乾隆皇帝的恩赐,免了这一年安徽全省的赋税钱粮,但百姓中仍然有许多缺吃少食的人;乾隆五十二年(1787)和嘉庆八年(1803),黟县又两次发生饥荒,这又给饥民带来了生活的磨难。在这3次的灾荒中,程学本则3次捐出粮食和钱财投入赈济,救活的人众很多。嘉庆十四年(1809),黟县又遇歉收,这时,程学本已是古稀之人,而且已经走在生命的边缘上,但他仍然给儿子留下遗命,要他们拿出钱粮投入赈灾。所以当地称程学本是"四赈灾"。

二是仗义两度修路。黟县秀里村到北庄亭去往羊栈岭的大路,过去是一条土路,雨天泥泞难行,晴天尘土飞扬,过往行人很不方便。善义的程学本就捐出资金,招募人工在土路上墁铺以石板,长度计420余丈,使这条道路的路况大为改观。黟县城有道城郭门叫"迎霭门",从郭门外到凤凰桥,是去往徽州府的要道,历经岁月也已经破损。程学本带头并发动族人捐资,一起将此道路进行修整。

三是捐助县学。黟县县学学宫的泮池建在戟门之外,而明伦堂池又在棂星门外,池的南面是案山,明伦堂很狭隘,而案山下又杂居着不少民居,这些地方都是程姓的祖业之地。清嘉庆三年(1798),黟县县令邹杰作出决定,要居民撤搬住屋,让给县学拓展泮池和明伦堂池,要求程氏宗族捐出地块。这项工程既关乎着县里的教育大计,也关乎着程氏族人的生活。但程学本还是从县学大局出发,动员族内人众捐出地块,并助以人工,从而襄助县政府完成了此项工程,其中泮池所拓展的地皮皆是程学本家的祖业。工程竣工后的县学泮池和明伦堂池的规模比以前要阔敞多了。早先在乾隆十七年(1752)时,黟县县令陈倜仪将县学学宫迁移到戟门外,并商议要建奉祀奎宿之楼,而且已经采伐石料,因为地方狭小,逼近学宫的围墙而停止。到了嘉庆三年撤去民屋拓展二池之后,县府又商议要建奎宿楼。这已是嘉庆六年(1801)时,程学本便同兄长程学植、弟弟程学禧商议道:"我桂林程氏从始祖起就以多做善举为荣耀,我们今日的族人应当继承先人之志,在政府和民众需要时,当尽量出力。"他的意见得到了兄弟的赞成,于是程家捐资,独力建造奎宿楼,经过占卜,选址在学宫的东南,并接县学山的西北麓,仅一个多月,就将楼建成。程学本和程氏宗族对县内教育事业的贡献,得到了黟县人民的称赞。

四是捐建祠宇。黟县县南龙尾山上有一座圣母祠,建于唐朝。祠内有一处泉水,涌出的泉水十分清澈,人们称之为"圣母池"。传说凡是双目失明的,身上患有疥疮的,只要用此池泉水洗濯几次,就会眼明疥除。到了明代天启四年(1624),人们重建了圣母祠宇,又把圣母池浚深了数尺,四周并环砌了石栏。然而时间一久,到清嘉庆年间,圣母祠倒塌了,圣母池也淤塞了。一天,程学本在看了竖立的明代石碑后,慨然叹气道:"这是我程氏的旧业,还是一处古迹,要恢复不能依靠他人。"于是,他召集程氏宗族有志之士,商议修葺祠宇,疏浚池泉的事情,得到族人的赞同,遂于嘉庆七年(1802)开始动工,到嘉庆九年竣工。工程完成后没几年,程学本便因年老多病而逝世。由于他有诸多善义之举,政府援例授予他以儒林郎的称号,还以儿子程熙偌的官衔而封赠奉政大夫,以孙子程尚玺的官衔而封赠昭武都尉。后来到道光二十六年(1846),朝廷赐他程家"七叶衍祥"的匾额,并赏赐银缎等物。

独行高义韩君仪

　　韩君仪,字恪斋,黟县奇墅人。他少年时就失去了父亲,家庭生活很贫困,两个哥哥都在幼小时便投靠他人生活,唯有他独自伴着母亲居住,以砍柴卖柴来养活母亲和自己。但到了下雨下雪的日子,砍柴卖柴就不能为继了,所买的一点米仅够一个人吃,于是韩君仪便对母亲说:"娘,这点饭食,你吃吧,孩儿砍柴回来,在路上就饿了,所以已经先吃过了。"母亲不知真情,便独自吃了。实际上韩君仪是空着肚子的。后来,两个哥哥长大,每年的收入已足够供养母亲,遂从他人家回来与母亲一起生活。为了更好地寻找谋生之路,韩君仪便辞别母亲和哥哥,到江西省吴城去经商了。

　　经过数年的努力奋斗,韩君仪的生意渐渐发展,他自己和家庭的生活也富裕起来。为了侍奉母亲,韩君仪便从江苏邗江买来一个仆人。哪知那仆人刚进门就哭哭啼啼的,一副十分悲哀的样子。韩君仪当即问道:"小伙子,你如此痛哭,是不愿意到我这里来吗?还是有什么非常伤心的事情?"那小伙子停住了哭声,揩了揩泪水,回答道:"老板,不是我不愿到你这里来,而是我家已是三代单传,家中还有一个老母亲,需要我抚养,也需要我为家族传宗接代啊!"韩君仪听了他这么说,心中不由恻然,遂叫他把母亲找来,当面撕毁了卖身契,让他随母亲回去。小伙子和他的母亲见韩君仪撕毁了卖身契,不索回买身的钱,都十分感激,叩首致谢后便回家了。

过了一年,那小伙子又来到韩君仪经商之地,一见到韩君仪就揖首说:"老板,家母已经去世,你是个好人,我愿意到你这里来,为你服务。"韩君仪见他到来,很是高兴,便道:"好,好!欢迎你来。"谁知那小伙子又悲泣地说:"虽说如此,但我又被家族中人卖给他人了。"说着,泪水直流。韩君仪又是一阵恻然,当即花钱把小伙子从买家手中赎了回来。他见这小伙子年纪还小,召来为仆有些不忍,便又拿出100两银子,交给小伙子家族中的贤良的人,说:"这点钱虽不多,但足够他生活了,且委托你把小伙子养大,并给他成婚安个家吧。"他的族人见有这样的好心人,自然乐意接受,便带着小伙子回去了。

不料10多年后,韩君仪在行商途中竟意外地遇到了那小伙子,仔细看了以后,非常惊喜,原先一个毛头小伙子,如今已长成一个壮汉。那小伙子伏身在地,向着韩君仪连叩三拜,非常感激地说:"小人承蒙老板的恩惠,才能长大娶亲成家,如今已有儿子了。老板的大恩大德,我没齿难忘啊!"韩君仪将他扶起,说:"些许小事,不足挂齿,只要你能够成家立业,我就满意了。"

韩君仪好行其德,并不只是上述一件,如他所居住的地方,正是交通要道,他捐资把数百丈泥土路铺筑了石板,使道路大为改观,人们都称这条路为"韩家岭"。此外,凡是济人利物的事情,韩君仪都尽力去做,而且都善始善终。对亲朋故友也是十分周济照应,因此他善义的名声,不仅在黟县传颂,而且在徽州府各地也很响亮。所以为他撰写传记的文士蒋敦复赞扬道:"过去的史书中,往往采集德行高尚的人,单独立传。像韩君这样高义崇德的人,距离古人难道还远吗?"因而韩君仪的事迹也载入了志书之中。

姚氏三世义行记

姚胜隆行义常山

姚胜隆,字有朋,黟县双溪南人。他的父亲姚宗佑是一位修职郎,母亲汪氏,生了他们兄弟4人,老大为姚勇,老二为姚远,老四为姚高,他是老三。姚胜隆自幼就很聪明,言谈举动像一个大人,所以父母亲很喜爱他,乡里人也很器重他。到了长大以后,对父母亲很孝顺,对兄弟很友爱,居家理事,谦逊待己,笃实待人,并且乐善不倦,有古人君子之风。

在清代乾隆嘉庆之际,姚胜隆在浙江省常山县经商而致富,于是尽力做了一些善事义行。当地有个村子叫芳村,桥坏了,路垮了,给村上人生产、生活都带来了困难。姚胜隆慷慨捐资倡导予以修复,给当地带来了方便。那里还有一座炉山祠宇,也是年久失修,姚胜隆既捐资修葺,还捐输了自己的地皮,使这座祠宇扩大了地基。姚胜隆还在常山县买了一块土名"桐桑岗"和一块土名"料儿窟"的两个地方,作为两处义冢,给无地安葬的亡者有安息之处,而对那些实在贫苦不能办理丧葬的,还量力给以资助。据载,姚胜隆施舍钱财毫不吝惜,凡有人们不能做、不肯做的事情,他都怀着一颗善义之心,毅然去做。所以他的善行是美不胜书的,志书上也只能记述几件事情来发扬世风。姚胜隆于75岁时逝世,朝廷鉴于他所做善行,援例给以州同知的职衔和儒林郎的称号。

姚嘉全继父遗风

姚嘉全,字瑞武,姚胜隆之子。幼年时即显示出聪敏的素质,而且秉性纯谨,雅好勤俭,不喜欢浮华,也像父亲一样遇事乐善好施。少年时即随父亲姚胜隆在浙江省常山县经商,为人行动都像父亲一样。嘉庆初年,常山县发生饥荒,姚嘉全偕同弟弟姚嘉庭,与县内的绅士一起,襄办赈济的事情,救活了无数人的生命,常山县的人们都很感激他兄弟的恩德。浙江巡抚黄公为姚嘉全题书"雅谊足嘉"四字匾额以作奖励,常山县县令罗公则为姚嘉庭书额"惠周里党"四字。嘉庆十六年(1811),常山县又发生大饥,姚嘉全又捐出大米60余石、白银300余两投入赈灾。他的另一个弟弟姚嘉允复同当地绅士商人竭力筹划购粮平价销售的事情,并且捐输了200两银子予以接济。浙江巡抚乌公即把他兄弟慷慨赈灾的事迹奏报朝廷,于是姚嘉全被议叙九品衔,姚嘉允加为盐知事衔。后来,嘉庆十九年、二十年(1814、1815),常山县是天灾叠告,姚嘉全又是屡屡捐资赈灾,没有松懈。于是,在常山县无论贤愚远近都知道姚嘉全是一个笃行君子善人义士。然而可惜的是,天不永年,姚嘉全36岁就去世了,走在父亲姚胜隆之前,还有许多善义之事没有做完,知道他的人都感到惋惜。后以孙子官同知而获赠同知衔,加级赠朝议大夫称号。

姚成凤再世行义

姚成凤,字德勋,姚嘉全的儿子,父亲逝世时,他才 13 岁,悲哭哀悼像成人一样,于是侍奉祖父姚胜隆非常仁孝。但过了两年,祖父因老年丧子,悲哀过度,也逝世了。姚成凤愈加发奋读书,并通过纳粟而成为太学生。长大后,姚成凤也到常山县经营先祖和父亲留下的商业,并且遵循先人的遗训规矩,不失分寸,因此也很乐善好施,凡是有歉收之年,也都捐资助赈,平价销售粮食。所以常山县内的人士都交口称赞,而姚成凤没有半点傲慢之色,也没有疲倦之容,可谓有祖父和父亲的遗风。姚成凤曾经买来一个孩童为仆,一个多月后,他关心地询问该童仆家里的情况,得知他是家中唯一的男丁,便生恻隐之心,毅然毁去那童仆的卖身契,放他回到自己家中。那童仆感激地流着泪水叩首而去。姚成凤的家乡双溪南过去曾设有义塾,但已经倾废。姚成凤捐资重新建起来,并购买藏书 1000 余卷,让宗族的子弟在塾中读书学习,并且延请县内博学之士作为老师,从而培养了不少有作为的子弟。至于修道路、造桥梁、置义冢、施棺送药诸多善举是书不胜书,常山县和乡里的人都能说上几件。卒年 60 岁,以长子姚振铎官任同知而获衔,并加级赠朝议大夫。

义重乡间何朝名

何朝名,字安禔,号萼楼,黟县南屏人。他的先世是从婺源县的菊径迁至黟县碧山,后分迁中轴,再由中轴分迁南屏。他的父亲何永椿,生了四个儿子,他是第二个儿子,上有哥哥何禄,下有弟弟何寿、何萱。

何朝名的秉性,孝顺父母,友爱兄弟。父亲去世时,家中贫困,但只要是母亲所想要的,他必定竭力给母亲办到。母亲年过80以后,一举一动都需要有人侍奉,何朝名便侍奉在母亲左右,时时刻刻都不敢松懈,即使是排解大小便、洗头洗脚等等下人做的事,他也都是自己躬身亲为。何朝名的哥哥和弟弟都去世很早,留下几个侄儿都依靠他抚养成人,生活有困难的还给予周济。

何朝名经商于屯溪,在有一定的经济实力后,不仅照顾家人,而且生平好义,乐意施与。清咸丰、同治年间,徽州是太平军与清军交战多年的地方,兵燹不断,骚扰百姓,黟县也不例外,躲避战乱的人四处转徙流离,许多人饥饿难耐,甚至有饿死在路上的。何朝名眼见这样的情形,心中十分悲悯。咸丰十年(1860)冬天,何朝名率先捐资,在南屏山下的喜槐亭里倡议设立了粥厂,采用寓赈于售的办法,即高价买来粮食,平价卖粥给贫苦的人,从而使数以万计的人脱离了饥饿,躲过了死亡线。

何朝名平时也经常救助他人,如下雨天,常给那些没有雨具的人送上斗笠;寒冷的冬季,则给那些缺少柴薪的人送以木炭;没有衣衫蔽体的,送给衣服和鞋子;甚至给生病无钱医治的送上药物,死后无棺木安葬的施舍棺木。兵燹过后,暴露在野外的尸骨累累,又是何朝名捐资倡议买下了乌株山脚的一块地皮,将那些无名尸骨予以埋葬,还嘱咐子孙以后每年要到这里来祭祀那些亡灵。所以两江总督曾国藩书写了两块匾额奖励何朝名,一块题为:"义重乡闾",一块题为"敦善不迨"。这一年,何朝名才 50 岁。

60 岁以后的何朝名依然乐善不厌,凡是有义举之事,他都极力给予赞助。如休宁县重新建造蓝渡桥时,何朝名又是为首捐资来倡议大家给予支持。那时,他还在屯溪经商,为关注蓝渡桥重建工程,他常往返于屯溪和蓝渡之间,既经理店中生意,又督理造桥工程,不辞劳苦。清光绪十年(1884),何朝名又和黟县的程辉堂、青阳县的曹履安、绩溪县的胡允恭等人一起倡修屯溪石桥。众人推举他担任司理总账,当大家所捐资金不够时,他便自己多方设法垫款,以使修桥工程能够继续下去。何朝名还曾捐资建造屯溪沿河街石板路,在休宁县购置义冢、建造桥亭、购置防火用的水龙、整修油榨下咨口的大路等等,种种善行义举不胜枚举。所以,他 70 岁时,江苏巡抚吴公给他题赠匾额"齿德兼隆";80 岁时,安徽学政钱公给他题赠匾额"杖朝硕望",这都是对他行善仗义的肯定和赞誉。

何朝名生于清嘉庆壬申年(1812)三月初八,卒于光绪辛卯年(1891)三月初三,享寿 80。

古黟余氏三义商

黟县，是徽州地区早在秦代即设立的两个古县之一，历史悠久，文化深厚，所涌现的善人义士也多。这里且叙述余氏三位义商。

余士恩捐创徽州会馆

余士恩，字永泽，黟县名贤里人。祖父余兆应，是位国学生；父亲余添喜，被封赠奉直大夫。余士恩是父亲的第三个儿子。在这样一个世家出身的余士恩，自幼聪颖过人，但沉默寡言，读书后很快就通晓大义。母亲逝世时，余士恩还很年幼，但他悲哀的情状比大人还要深沉。后来父亲娶了继母，他侍奉继母有礼有节如亲生；对继母所生的孩子，也视若同母的亲兄弟，可见孝友是他的天性。

余士恩 12 岁时就在黟县东部的渔亭镇学生意，早晚都很勤快，颇为老板和人们的赞许。太平军打到黟县时，战乱纷纭，余士恩猜测家中肯定有困难，便回到家乡侍奉双亲，以挑着货郎担做点小买卖来养家，每天行走百里也不叫苦。清咸丰七年(1857)，父亲逝世，办理丧事，安慰继母，抚养弟弟等大小事情，都由余士恩一人承担。父亲和他亲母生有他兄弟5人，老大、老二和老四都早早去世，五弟又因兵乱而离散，同余士恩朝夕相处的仅有异母的弟弟余士华，但他还很年幼，如今父亲亡故，家遭厄运，战乱又越来越重，继母还怀着七弟未生，因此余士恩面临的是前所未有的艰难。然而他身当重任，处置措办各种事项却游刃有余，可见他有超强的善于处变的能力。

兵燹过后，余士恩知道地处扬子江边的芜湖是商业繁华之地，便欣然去往芜湖经商。聪颖有加、处变不惊的余士恩在商场上，也是胆识过人，经营有方，没有多少年，他便日积月累，所创事业很快发展，获利巨万。富裕后的余士恩也乐善好施，凡是有以急难的事情告知他的，他都不吝啬地给以资助，绝不像自己平日那样节俭。他在经商之地芜湖，凡有义善之举，都慷慨解囊，如这里的徽州会馆在创立的过程中，余士恩是倡议者，也是捐助大量经费者，所以使徽州会馆能够充裕地运作。同里的儒士胡荫吾志行高尚，不轻易与人交往，却独与余士恩结为道义之交，这也可见余士恩的为人行谊是超越庸俗之流的。可惜寿年也不高，卒年仅50。不过，他有4个儿子、3个孙子，都有志于学，继承并光大了他的事业。

余开禧赈灾景德镇

余开禧,字茂春,黟县名贤里人。他少年时即喜欢读书,长大后更嗜好于《左氏春秋》和太史公司马迁的《史记》。由于太平军与清军交战,黟县多次处于兵燹之中,余开禧才遵父亲之命,去往江西省浮梁县的曲口学生意,但这并不是他自己的意志。没有多久,父亲逝世,两个弟弟皆很年幼,因此家境很是贫困。但是余开禧侍奉母亲十分孝顺,对弟弟也非常友爱亲密,尽力教两个弟弟学习一技之长,为他们娶妻成家,一门之内,没有半点口舌之争。

中年以后,余开禧的贸易事业逐渐发展,家庭经济状况也渐渐富裕。但是他自己的生活依然甚是节俭,然秉性却又好施与,见到人家有急难的事情,就好像是自己有了急难的事情,便竭力予以帮助。如修桥、筑路、灾年赈济等诸多善义之举,他都以身当先,积极参加,特别属意兴办义学,培育人才。清光绪甲申年(1884),源于祁门的祁河,洪水泛滥,一百数十多里方圆内全部成为水乡泽国,一片汪洋,景德镇尤其首当其冲,饥民饿得嗷嗷直叫,道路上饿死的尸体处处可见。眼见这幅惨象,余开禧于心不忍,就与浮梁的余炳文一起,率领众绅士到官府去请愿,要求打开国家粮仓,发放粮食赈灾。同时他也带头捐资并募集资金,开设粥厂,辅助官府赈灾。对一些老弱者和家处僻远而不能来粥厂的人,则酌情资助大米和衣服,救活的灾民无数。洪水退后,余开禧又倡议建立义渡等事项,资金不足,他自己捐出巨资使事情办成。一切规划井然有序,都是余开禧亲手所定。当地的人一直到后世还在称赞余开禧的善义之举。

晚年,余开禧回到故乡安居,还手不释卷地读书自娱,而且爱好书法,喜欢书写大楷,然而不轻易为他人写,更不卖字,他说:"我不过是为了寄托情趣而已。"卒年77岁。有子二人,皆县学秀才,也有父亲的风采。

余光徽义行四方

余光徽,字芳五,一字方午,黟县东南区艾川人,也是隐于商场的一位儒士。他外貌严峻,有凛然不可冒犯的样子,但实际上却为人温和,平易近人。少年时父亲去世,即成孤儿,但见识却比一般儿童要卓异得多,所以甚得他的叔祖余国谨先生的器重,曾对人说:"余光徽是余氏子弟中的杰出人才。"父亲早逝,依靠母亲长大,所以余光徽侍奉母亲特别孝顺,名声四闻。然而到了弱冠之年,母亲又逝世了,他悲痛得像一个小孩哭哭啼啼,久久不能止住。留下兄弟二人,之间极为友爱,但不久弟弟也早早亡故,他又是悲痛欲绝,恸哭不已。

为了生存,余光徽踏上了经商之途。由于他具有异于普通孩子的见识,因此在商场上也善于操作陶朱之术,往往胜券在握。徽州商人中有两种,一种是坐商,即固定在一个地方开办一家或多家店铺;一种是行商,进行长途贩运,经营地点不在一处,经营商品也不止一种。余光徽就是一位行商,贸易活动地区在四方,如在浙江经商于南浔,在江苏则经商于上海、常熟。每到一处经商,他都有所建树,因此很快富裕起来。余光徽在经商中表现有几个特点,一是自己信奉节俭,穿得简朴,饮食也很简单,而且并不以寒衣素食为耻。他说:"我的家庭本来就是寒素之家,有现在这样的生活,已经很好了。"二是十分好学,在筹算商业经营之余,他都坐拥于自己所安置的书城之中,阅读古籍,并颇有收获,深深了解古代贤哲的精髓,到了年老时也不减退,所以养成良

仁心济世

好的品德和气质,胆识与器量都超过常人。三是为人诚笃,秉承着慈善之心,且有侠义的风骨,轻财好施,能够急人之难,予以帮助。他虽然离开故乡已久,但没有忘记桑梓之情,遇到故里的亲朋故旧,必定殷勤接待,询问生活情状,叙话家长里短,闻说某人贫苦,某人困难,他便心中恻然不乐,所以每当年终时,他都要汇寄不少资金回家乡,周济那些贫乏的人。有时在行商途中,遇到有饥饿的人,或在经商之地遇到某家室内有啼饥号寒的人,他都毫不吝啬地解囊相助。若是遇到有人落魄在外,没有盘缠回乡,他便拿出钱来予以资助;或者给那人寻觅一个栖身之处,让其得以温饱。有一位姓方的人,在常熟为宦,因为负债而陷入诉讼之中,余光徽闻知,便拿出钱来为他奔走营救,终使姓方的与那债主双方妥协。

对于故乡黟县,凡是有建设事项,如修造渔亭桥梁、社会自治事宜等,只要一函寄告,余光徽都立即汇寄巨金回来,投入其中,在众商人中属于领先的。在常熟,余光徽曾经是工商业界的董事,业内之间有所争执的事情,或者久拖不能解决的,只要余光徽出面调解,则都立刻得以解决,尤其是那些商界的后辈都奉他为领袖,说:"只要能够得到余公的片言,就可以决定事情的成败,这是历次试验不爽的"。

吴翥义建十二亭

吴翥,字子敬,黟县横冈人,生得状貌魁伟,为人慷慨豪爽,负有大志,却寡言少语,不苟说笑,但是很重然诺,不失信义。他在上海经营丝绸业,并兼任英国怡和公司的买办,得到中外许多商人的倚重。因此他经商颇有成就。

由于吴翥生平慷慨好义,所以他进行的善义之举,都是一些重大的项目,而且独力担任。清光绪末年,吴翥曾在江苏省无锡县捐 6 万两银子建造了一座钢桥。据说,当时筹建此钢桥,吴翥与工程师议订的造价是 6 万两银子,后来欧洲发生第一次世界大战,工料的价格立即腾贵一倍有余。地方上的一些绅士就劝吴翥将钢桥改建为洋式木桥两座,还可盈余 4 万两银子。吴翥却说:"既然是议定了的事情,岂能反悔?这还有信用吗?县里造桥,是利民的善举,我岂能在善举中考虑个人的利益?这叫我的良心也不允许。请恕我难以从命。"因此坚持按原计划造了钢桥,经费也增加了不少。无锡人为感念他的恩德,将此桥以吴翥的姓氏取名为"吴桥",以纪念他的功绩,并把他列入该县的尊贤祠中,祭祀祝祷。在黟县石山,有座"挹秀桥",地处休宁与祁门往来的要冲,是清顺治年间由县内绅士余起光、汪琼、吴经世捐资建造的;乾隆年间,汪琼的后裔汪肃、汪德咏重修。经过 100 多年,到

民国初,已是年久倾倒。吴蓁见状,决定捐资予以重建,从民国三年
(1914)冬天开始动工,经过两年建成,共花费银圆 1200 多元,并在桥
东端建亭一座,人们以他的姓名为标志,名之曰"吴蓁亭"。

  吴蓁的善举最有名声的是在黟县的乡间建造了 12 座路亭,皆名
为"延寿亭",作为往来行人的憩息之所。关于这 12 座延寿亭建造的
来历,吴蓁自己于民国四年(1915)撰写了一篇《承建十二亭碑记》进行
了阐述。原来吴蓁在上海经商有成,就把母亲接到上海生活,殷勤奉
养,承欢说笑,以孝顺母亲。民国二年(1913),他的母亲 70 岁生辰,在
上海的亲戚朋友相邀着,同吴蓁一起商量准备办一场豪华寿宴,为母
亲祝贺 70 大寿。结果,吴蓁的母亲闻知此事,立即把吴蓁召唤到身
前,说:"儿啊!听说你和亲戚朋友商量,要给为娘 70 岁做一场盛大寿
宴?"吴蓁答道:"回母亲,正是如此。人生 70 古来稀,为您老隆重地庆
祝一番,也是应该的。"不料母亲一听,却正色言道:"祝寿再隆重,也是
一篇虚文;用这些钱做点慈善的事情,才是对人有实际益处的。为娘
和你在家乡待的日子不少,你难道没有看到故乡的父老兄弟们,走在
乡间的道路上,连个休息歇脚的地方都没有吗?到了炎热的暑天、雨
雪交加的寒冬,连个避风挡雨躲荫的地方都没有吗?儿啊,请你把这
为我办豪华寿宴的钱,拿到家乡多建几个路亭,才算是真正为我
祝寿!"

  听了母亲这一番语重心长的话语,吴蓁是既感动,又惭愧,感动的
是母亲如此深明大义,惭愧的是自己眼光如此短浅。于是他唯唯地对
母亲说:"母亲说得很对,孩儿立即遵行。"吴蓁在简单地为母亲祝寿之
后,很快就回到黟县,选择一些交通要道之处,建了路亭 12 座,花费银
子 2000 余两。因是为母亲庆寿而建的,所以都取名"延寿亭"。自然,
行人过往有路亭遮风避雨,暂坐休息,也是对身体有利的,也可以使大
众延年益寿。

路亭

12座路亭建好后，吴蔼回到上海向母亲复命。母亲在赞赏他一番之后，又说："既有善举，就不要让它荒废，这是古训。随着岁月的迁流，风霜雨雪的剥蚀，那些路亭还能永远不损坏吗？你还应当捐一些钱，作为修葺资金，以求得路亭能够保持长久。"听了母亲的话，吴蔼又非常佩服母亲的远大的目光，于是在民国四年春天从上海回到黟县，捐资购置了数亩义田，以田中的收入作为路亭今后的维修费用。

吴蔼在故乡黟县还做有不少善举。他看见乡里学校的校舍大多设立在古老的祠堂中，教室狭小，光线不足，对教学十分不利，于是亲自跑到各地选择面积广阔的地方，捐出2万多两银子，建造了一座大的校舍。此外还兴办了一所敬业小学校。县里编修《四志》时，吴蔼又慷慨地捐输了印刷费。他还捐资给县里筹备植桑养蚕、收购蚕茧等等公益费用，每年都在数百两银子。

可惜，吴蔼仅活了42岁就逝世了。人们都十分惋惜。

热心助人的苏源

　　黟县赤岭人苏源,字子泉,是一位贡生,出生于一个徽商之家,自己后来也投身于商场。他也有一腔善义之心,见人有困难,即热心给予帮助,有许多善义之举被记载于志书中。

　　苏源同族中有一户人家,儿子身亡了,母亲就立即叫媳妇改嫁他人。媳妇便对婆婆说:"婆母啊,媳妇的腹中已经遗留有丈夫的胎儿,叫我如何改嫁? 难道你不要自己的亲孙吗?"婆母见说,自然不愿再叫儿媳改嫁了,但她又说:"家中是如此贫苦,今后如何生活?"苏源闻知此件事情后,一方面为那年轻的遗孀如此有义而感动,另一方面又为她家的困境而恻然,遂对她们婆媳说:"不要担心,我们是同一个宗族的人,我愿意给予资助。"此后,他便承担了她一家人的生活,并把那遗腹子养大成人。

　　村子里有一户汪姓人家,丈夫外出经商多年,没有一点音讯回来,妻子以为丈夫已经不在人世,便要改嫁他人。苏源得知后,又产生了热心肠。他以她丈夫的名义写了家书从外地寄回来,并且附寄了白银到她家中。那汪姓的妻子收到家书和银子后,便以为丈夫仍然活着,便断绝了改嫁的念头。果然在三年后,那汪姓商人从外地回家了,夫妻团圆。原来徽州商人有一种说法,经商未有成就回来,要被人看不起，并称之为"茴香萝卜干"。那汪姓丈夫正是因经商未获成功，不敢回来见妻子和家人。苏源的义举，保全了一个家庭。

苏源曾在江西省都昌县经商，那时，他有一个表亲用家中的田契为质，向他借了一大笔银子。但这表亲却没有用银子去做一些正当的事情，而是参与了赌博，结果输光了银子，还欠下了赌债，被债主扭送着要投河，同归于尽。苏源见状，又拿出银子为表亲还了赌债，使事情得到解决。那表亲被苏源的善义所感动，后来也改恶从善了。

苏源经商常常往来于江西省的浮梁、乐平一带，见到这一路行旅很多，但有很长一段地方没有人烟，行旅之人连个歇气饮水的地方都没有。他又热心地捐资在南村岭上建造了一座凉亭，还在三星庵中捐资设立茶摊，给过往的人提供茶水，让行旅的人得到了便利。

在家乡黟县，苏源也付出了热心肠。他在黟县的西武岭建造了一座"如心亭"，又修整了从该亭到花桥的 30 里道路，修整了陶岭旧道上 18 座单洞石桥，还向穷困的人施舍了棺木数百具，掩埋了一些暴露在外的骸骨。中年后，苏源居住在赤岭达 30 年，由于他热心处理乡里的大小事情，因而村内很少有争讼的事发生，乡里的人们都很推举他信服他。

婺源张氏居德善俗

　　婺源张氏源之于汉张良"留侯世家"之"清河派",始迁祖为唐高宗时的丞相、懿国公张文瓘九世孙张彻。张彻,排行大三,故称大三公,字克明,在唐广明元年(880),为避黄巢起义之乱,从河北清河南下,来到歙州的歙县。据传,黄巢义军在征战中,凡遇地名有"黄"字或与"黄"同音者,即秋毫无犯。歙县黄墩在当时便成为许多北方士族南迁的避难地。张彻也以此原因而迁居黄墩。后因避难者甚多,张彻在黄墩仅居11年,便转迁婺源(当时名星源),卜居于甲道(现名甲路)。在流离播迁之后,张彻从草莱之中开辟田园,营建家室,娶妻生子,没有多久就丰衣足食,富甲一方,而且乐善不倦,积而能散,他的才干和德行,被当地人称为豪杰之士。他在80岁、生命最后一年时,对着子孙宣布家训,道:"吾年八十,备历风霜,今而居此,收置田园三十余里,税钱三百余万缗,每见饥寒必济之,嫁娶丧葬,悉有资助。今汝兄弟三人、十子、二十二孙,六膺宦达,吾家世德所至耳。"张彻生有3个儿子,但到第5世元孙时以"延"字序行的有76人,号称"76延",分迁婺源县各地和外地郡县,子孙绵延,散处于皖、浙、赣、闽、荆湖、河南等广袤地域。本文所叙的几位婺源县内具有义行善举的张氏,都是张彻的后裔。

张廷寿居德善俗

　　张廷寿，字万期，是大三公张彻的 27 世孙，世代居于婺源县苍溪张家湾。为人秉性至孝，侍奉父母双亲非常恭敬，很得父母欢心。他在生活中自甘淡泊，不喜欢奢侈声华，勤劳地在田地上耕种，期望每年能够获得好的收成。但是，田地里的劳作，再好的年成也只能得到温饱，要想致富还必须另觅出路，而在徽州最好的致富之路就是外出经商。因此，张廷寿在田地上劳作多年后，也选择了放弃农田耕种，出外经商之途，以期走向富裕。他也娶了个好妻子胡氏，为人贤惠贞静，在张廷寿外出经商后，辛勤地操持家务，做好农活，节俭度日，并与丈夫在外面的经营相得益彰，所以，张家的家运蒸蒸日上，财富比祖上发展得很多，成了当地富裕之家。

　　致富后的张廷寿像先祖一样积而能散，做一些善行义举。其一、张家湾张氏宗祠为"衍庆堂"，历年已久，早就呈现破败欲倒的现象。张廷寿以慕宗报本的理念，捐资重建了宗祠，在原来的基础上又予以增扩，并将历代先祖的灵位按昭穆的次序排列好，每逢春秋之际，皆要举行祭祀，为宗族立下了灿烂的功勋。其二、张廷寿为了激励后进，振兴家族的文化教育，在里门内建起了家塾，让族中的俊秀子弟及时受到良好的教育，将来都有所造就。其三、对宗族内那些因贫穷而不能办理嫁娶婚事的，张廷寿也有资助，女子到了及笄之年（15 岁），就资助她以妆奁之钱；男儿到了弱冠（20 岁）之时，则资助他向女方下聘礼的钱。其四、对村内生活难以维持的，他也给予一定的资助，而且不是一户两户。

　　张廷寿在年过古稀之后，仍然身体康健，好德不倦。所以关中名进士窦侯在担任婺源县知县时,尊贤敬老,察访到张廷寿善义的德行,便推举他乡筵大宾,并特书"居德善俗"匾额作为旌表。张廷寿也得到了家族兴旺的回报,膝下生有 3 个儿子、10 个孙子,可谓世济其美。

张世仪父子好义

张世仪,字之隅,婺源县城东人,也是张彻在甲道的后裔,一向慷慨好义。清乾隆丁亥年(1767)遭遇饥荒,婺源县的百姓缺少粮食,只有煮粥充饥,到后来连煮粥的米也没有了。张世仪就转从休宁县籴来粮食,平价出售给缺粮食者,救济了许多贫苦的人。先祖的宗祠遭遇兵燹被烧毁,张世仪决心重修,然而筹备修葺还没有完成,他便一病不起,临终前,他嘱咐第三个儿子张钦通一定要把宗祠修好,完成自己的遗愿。张钦通谨遵父亲遗命,又捐出重资继续修葺,从而使宗祠焕然一新。

张钦通不仅遵父亲之命,完成了宗祠修葺,而且还继承父亲善义的传统,做了不少有益于民众的事情。如婺源县的船只到饶州,一向苦于没有自己停泊的水埠口岸,张钦通为首捐资并倡导本县人众支持,在饶州东郊购置了土地建立水埠口岸,造了婺源会馆。张钦通还请求官府建立禁止乱砍树木的石碑,以保护古树林木。人们都赞扬张钦通善于继承父亲志向。

张起兴开凿老虎滩

张起兴,字维祯,婺源县城北人,也属于甲道张氏。他幼年习儒,长大后投身商场,秉性慕义好施。婺源县西城外有处河滩,礁石密布如森林,流水撞击石崖,激流回旋,波浪滔天,行船到此,撑船的人稍有疏忽,便会遭遇翻船,被波浪吞没,人们都很畏惧,给此滩取名为"老虎滩"。面对此情状,张起兴善心不安,立即为首捐资,倡导疏浚此滩,凿平礁石,排除险阻,花费数百两银子,以致到了出卖家产的地步,但他并不吝惜,终于凿通水道,给行船带来便利。县令为张起兴捐资凿礁石通水道的事情作序记载,并改名为"康济滩"。

张添茂行善景德镇

张添茂,字德远,婺源县旃坑人,为人素来乐善好施。他在景德镇经商,看见婺源县西乡通往景德镇的通衢大路从深山僻坞中穿过,沿途坎坎坷坷,绕绕弯弯,行旅甚是艰苦,便捐资 200 两银子,整修了道路 1000 余丈,修葺了途中的观音庵和山岭上的亭子,让行旅之人在途中有休息饮水之处。张添茂还资助百金建造了霍口桥。当景德镇遭遇荒歉年景时,张添茂已经年纪老了,但他仍命儿子张世疑捐输 300 两银子购买粮食投入赈济之中。远近的民众都称赞他们父子善义的品德。

张征耀拾金不昧

张征耀是婺源县张氏祖居地甲道人。他幼年时,父亲就去世了,他十分悲痛,哭得死去活来好几次。后来依靠伯父长大,在伯父年老时,他侍奉伯父 10 余年,一直在伯父的卧榻之前。给伯父养老送终后,张征耀外出经商,逐步走上富裕。有一次,张征耀闻知族中某人十分贫苦,打算卖掉妻子,便资助他以钱财,并加以安慰,使某人留住了妻子。张征耀有一个仆人很重义气,遂觉得应当让他自立,便让他脱离仆人身份,资助他走上新路。还有一次,有个小偷对张征耀行窃,被人发现了,人们就要扭送小偷到官府去。张征耀经过询问,知道这小偷乃是因穷困而初犯,便劝人释放他,并给予资助,还劝告那小偷不要再做这些不正当的事情,要重新做个好人。那小偷从此幡然醒悟,改恶从善。又一次,张征耀行游至浮梁县,在途中捡到白银 50 两,便设法寻觅到失主,归还了银子。

张友谅布衣行善

张友谅,字于诚,婺源县曹村人,年幼时父亲即去世,没有侍奉的机会,所以他侍奉母亲格外殷勤恭谨。哥哥去世后,留下了年幼的侄子,张友谅把侄子作为自己的儿子来抚养、教育,并给他们娶亲成家。

张友谅行善主要表现在两个方面:一是捐建公益事业。他曾经独自出资在曹村村口建造了一座木桥;春夏季节,洪水暴涨,他又增设渡船,引渡过往行人;还捐资建造了一座名为"万善"的石桥,花费了1000 多两银子。二是赈济灾荒。每逢歉收的年份,他必定捐输钱财购买粮食,减价平卖给缺粮的人,让许多人度过灾荒。

晚年的张友谅,家业稍有败落,每日的开支逐渐增多,因此他全家过起了布衣蔬食的生活,但他并没有哀怨,仍然淡泊自如。

张璘尚义两沐恩赐

张璘，婺源县上坑人。他的八世祖由甲道迁居于此。宗族里早年建有一座公众厅堂，但规模比较狭小，不能适应宗族发展的需要。张璘即捐输两亩田作为地基，供给宗族建造了一座大的宗祠，又捐输地租谷 100 石，作为隆重举行祭祀大典之用。宗族中有个无赖的人，盗卖了在土名叫杨家坞的远祖坟山，给他人安葬。张璘即向官府据理控告，追回了远祖坟山，花费了 300 余缗钱。本房中有个侄子某，因为欠债被迫放弃妻子。张璘闻知，力加阻止，为侄子某代还了欠债，并资助侄子一些钱财作为谋寻生计的资本，从而使得他们夫妻没有分离。甲道张氏通修宗谱，张璘积极投入其中，热心核釐张氏各派的世系，大家都钦服他做事公正。上坑村外有座希鸣桥被洪水冲倒，张璘捐资雇工重新建造，继续方便行人。

张璘享寿 85 岁，因为做了许多善义的事情，两次得到了朝廷的恩赐。

《张氏通谱》书影

舒遵刚疏财仗义

徽州地处皖南山区,山峦多,田地少,农耕难以使生活走上富裕,于是男人们以在外经商谋生的占大多数。黟县、祁门县与江西省饶州接壤,所以在饶州经商的黟县人和祁门县人尤其多,而其中往往有一些仗义豪杰的商人,像黟县的舒遵刚,就是这些豪杰中的超群者。

舒遵刚,字济柔,号遂斋,黟县人。他年仅 14 岁就在饶州经商学生意了。然而在他 15 岁时,父亲到饶州乡间去采买淡巴菰(即烟叶),旧病突然复发,而且很严重。年少的舒遵刚闻知,立即赶往乡间,进行殷勤侍奉,延请医生多方医治调护,但终因疾病太重、医治无效而逝世。他心中十分悲哀,但他尽量克制,将父亲殓殡入棺,并亲自扶棺将亡父送归故里,按照礼节风俗进行安葬。此时,他的母亲年已六旬,常嘱咐他自己要生活节俭,但对他人则要尽力施助。所以他谨遵母亲之命,常制作一些棉衣,施舍给那些贫苦的人,以此来为母亲种福,祈祷长寿,前后经历 3 个冬天,共赠送 200 多件棉衣。从上述对父母亲的两件事情,可知他是一个事亲以孝的大孝子,也可知他为人的大概了。

舒遵刚还是一个善于权衡商场形势、精于谋算的商人,所以还没有到 30 岁而立之年时,就能够独立创业,在商场大展身手,并有了一番成就。他同商场上那些市侩与狡诈的奸商不一样,曾对人们坦然说出自己的经商之道。他说："古时圣人言道'生财有大道,以义为利,不以利为利。'国家是如此,我们做生意的人也应该如此!"可见舒遵刚是一个坚持"以义为利"作经商准则的商人。他能够拥有这样的经商理念,是有他的思想基础的。在少年时,他就习读了四书五经,接受了儒家仁义的思想。长大后,投身商界,虽然已难得有深读古籍经典的时间,但稍有空暇依然学习,熟诵要义,并作为经商指南,绝不玩物丧志,也绝不将书中的计谋心术运用到商业贸易之中。舒遵刚还常用四书五经中的道理来训诲子弟,给他们讲解其中的深刻含义。能够理解的,他便深深地喜欢。他还说:"钱,就像山中喷出的泉水,但它必须要有源头。如今有些人以狡诈来谋求生财,那是自己堵塞源头。而如今那些吝惜钱财而不肯为大家的事情用财的人,和那些为自己奢侈滥用钱财的人,都是自己枯竭泉流。许多人已经认识到奢侈的过错,但还不知吝惜钱财不肯施舍的过错,都是不懂得钱财源流的关系。圣人说过'以义为利',也说过'见义不为无勇',因此因义而用财,则是懂得钱财源流的大道理。"人们对他的看法都深表赞成,称他是个深明大义的人。

舒遵刚不仅如此说,而且更是身体力行,所做疏财仗义的事情举不胜举。其中最为卓著的几件事情,一是徽州人过去曾在饶州建造有徽国公朱熹书院,随着岁月已久,已经倒塌。舒遵刚作为一个徽州商人,而且是一个尊儒的商人,对朱熹也是很崇拜的,因此他为首捐出资金,倡议重新修葺,得到许多徽州商人的支持,于是很快就将书院重建一新。二是清道光辛卯年(1831),饶州爆发大洪水,蔓延周围几个县,到处一片狼藉,流离失所的人遍地都是,洪水过后又烈日高照,酷热难当,在这样日炙雨淋之下,许多人染上了时疫。面对此种惨状,舒遵刚又萌发善义的心肠,为首捐资,倡导众商投入赈济灾民,白天搭建粥棚施舍浓稠的粥,夜暮则给一些穷困的人施以钱财,对生病的人赠送药

仁心济世

物予以治疗,对已经死去无力安葬者施舍棺木,并且予以安葬。许多商人看见舒遵刚慷慨行义,便追随其后,于是赈济的面就更加广泛,使无数饥民免于灾难。饶州人对舒遵刚等人的义善之举,都啧啧赞叹。舒遵刚不仅在他经商的饶州大行义善,而且在家乡黟县也是如此,黟县人也说,他在乡里也常常周恤贫乏的人,常常施舍药物、施舍棺木。

总之,人们从心底称赞舒遵刚是个豪杰之士。

徽饶古道

林履平热心公益

　　林履平世居于皖南黟县的漳溪村。黟县是一个多山的山区,漳溪水也是浙江的源流之一,那里山川秀郁,隐藏着许多善义君子,林履平就是其中的一个。

　　林履平年幼的时候,正逢太平军与清军交战、刀光血影纷纭扰乱之际,百姓为躲避战乱,四处逃散,流离失所。林履平一家也在避难之中。当他侍奉祖母和母亲在避难途中的时候,不幸遇到了乱兵。那些乱兵,一个个穷凶极恶,把他们身上所携带的钱财物品全部搜刮殆尽。他的祖母和母亲自然要挣扎,遂有几个乱兵拔出刀来,用刀刃划伤了祖母和母亲的头面。幼年的林履平见状,悲痛得不停地跺脚奔跳、哀号连连,拉扯乱兵的手,不准他们伤害祖母和母亲。那些乱兵见这样一个年少的孩子如此悲泣,遂也感动得停下刀刃,舍弃他们而去。林履平便哭拥着祖母和母亲。母亲用手抚摸着他的脸,说:"孩子,不要哭,只是破了一点皮,没有多大关系,你到山上采一些金银花来,煎点水喝喝、擦擦,我和你奶奶就会好的。"林履平遵照母亲的指点,上山采来金银花,给祖母和母亲疗伤,很快就把伤治愈了。当时,那样的情况,一个成年人也难以处置,何况他还是一个童年的孩子,可见至孝之心是根植于天性的。与他们一起出生入死的避难的人,后来常常提及

仁心济世

这件事情。兵乱过去,一家人重新团聚,父亲也从远处回来了,一起谈及先前发生的事情,都破涕为笑,久久不能停止。

徽州古民居

兵乱过去不久,少年的林履平已到江西省铅山县湖坊镇学生意了。后来,林履平先后经商于上海和杭州。经商中,他不屑于锱铢必较,许多事情都躬身自为,一丝不苟,厚待他人,因此与他商场往来的客户很多,很快就富裕起来,而且在商界树立了一定的地位。他也不时回到家乡省亲,每每见到村中族里,一些乡党故家逐渐衰落,宗祠会社也呈破败之状,祭祀的物产许多都荡然无存,过去自己和伙伴们一起游玩垂钓的地方,也都不复当年模样,于是心中不由产生沧桑之感,觉得需要改变村族的面貌。于是再一次回家乡时,林履平带头捐资,倡导村人将破旧的面貌来一个较大的改观。先是把宗族中的宗祠和会社修茸一新,把祖先的栗主灵位重新安置好;接着舍出自家的山场,给那些无处安葬的棺木安葬入土;还给宗族中的贫苦人家资助一些钱财;村中一些旧日很好的环境也予以修理,从而使村容村貌焕然一新。

后来,林履平又回到从前当学徒学生意的铅山县湖坊镇经商。清光绪己亥年(1899),由于林履平经商有成,而且为人公正,富有善义的热心肠,因而成了镇保甲的帮办和镇育婴局的经理。宣统三年辛亥(1911)及以后,林履平又被当地民众选为铅山县西二区甲级议员。在担任上述职务中,凡是属于地方公益的事情,林履平无不尽力去做,如修桥补路等等,都捐资予以赞助。对人们尤为笃厚纯挚,经常急人之急,解人于危难之中。乡邻中凡有纷争,他便前去劝解,而得到他的劝解之言,人们都尊敬他,使纠纷得以解决。

林履平在经商之余,也常常涉览诗书,研读深思,并且能够吟咏;还喜欢并擅长丹青,尤其是擅长画牡丹,能够得到他的牡丹画的人,都十分珍惜。后来,随着年纪的增长,他闲居在家,便以写诗画画自娱。古稀之年后,林履平仍然精神矍铄,而且四代同堂。人们都说,这是他一向积德行善,得上天施报的缘故。

林履平的父亲林道宏,也是一个好义的商人。他字得晖,少年时即出门学生意,曾多次将徽州茶叶贩卖到广东省,都获得了成功。后来在江西、祁门等地经商,也小有成就。林道宏秉性孝顺友爱,好行义事,并兼有一副勇力。清咸丰年间,太平军打到黟县时,给当地带来了骚乱。林道宏屡次召集乡中团练和众多族人,一起抗拒太平军,使他们不敢逞凶。平乱后,林道宏又访查族中在骚乱中殉难的妇女,以及因痛骂乱军而惨遭杀害的人,把他们的事迹汇总为文案,呈报官府,请朝廷予以旌表。至于村中修理宗祠、建造路亭等等善义之举,林道宏也都倾囊捐助,毫不吝惜。乡里的人都称赞他是一位贤良的人。晚年时,林道宏与他人合资在黟县县城北街开办了一家染坊,身体仍像过去一样强健,而且行善好义不断。享年 78 岁。

黄陂汪氏义行录

黟县的黄陂是古称,现在称为碧山,黄陂汪氏即现在的碧山汪氏。他们是唐代越国公汪华第七子汪爽之后,始祖汪宗明是汪爽的第 12 世孙。历代以来,黄陂汪氏在儒商两界也颇多兴旺,通过儒学走科举之途的,至清代曾先后涌现 11 位进士;经过艰苦奋斗走业商之路的,也有不少善义商人。本文介绍其中几位黄陂汪氏商人的简要义行。

兄弟同心继父志

汪世熹,字景文;汪世炜,字丹文,兄弟俩是黟县黄陂人,父亲为汪邦栋,兄弟二人十分友爱。

黄陂的地势向东边亏陷,堪舆家认为,这样的地势对村族文脉的发展不利,需要通过人为造势加以改造,才能弥补这种不利。当汪邦栋在世时,就有这种打算,可惜未能改建便离开了人世。汪世熹、汪世炜兄弟长大后,决心完成父亲的志愿,于清乾隆四十七年(1782)捐资3400 余两银子,倡导并召集宗族中的人,建造了一座"文峰塔",并在塔下建造了"云门书屋",作为黄陂汪氏的文会所在。据说,此举果然给黄陂汪氏带来了效果。身居部郎之职的胡克家（字果泉）为此举作记。

汪世熺、汪世炜兄弟所作义举，除上述之外，还有几桩事。一是捐输给宗祠 1000 余两银子，作为祭祀和宗族活动的费用。二是在江宁城建造了一所大宅，作为宗族的士人入省入京参加乡试、会试的住宿馆所。三是捐资建造义冢，供给无地埋葬的人入土为安。四是整修了深田路和浔阳路，计长 300 多丈，便利了行人。

汪廷炽抱疾捐资

汪廷炽，字旭亭，黟县黄陂人，是一位秀才。他秉性恬淡稳重，做文章也是呈现古淡的风格，不喜欢与时髦的风气竞拼，但生平勇于好义。这里仅举他行义的一件事情，便可知他的为人与品德。

清乾隆乙巳年（1785），黄陂村附近有座双溪桥倒塌了，行人受阻，不由得发生感叹。在这个众人有难的时候，勇于好义的汪廷炽站了出来。这时的他正身患部分肌体萎缩、失去运动机能的疾病，偃卧在铺着竹席的床上，闻知此事，慷慨地捐出白银 1300 余两，招募人工，重建了这座石桥，使中断了的道路又重新变为坦途。往来行人都啧啧称叹他这种高尚的精神。但他们不知，汪廷炽仅是个具有中等财产的人家，而不是个腰缠万贯的大富翁，还是一个身患痼疾的人，所以桥建成后，他的家资也已经倾去一大半了。这种舍己为公的精神是永远值得表彰的。

汪启金廉贾济贫

汪启金,字玉堂,黟县黄陂人。他是一个十分孝顺的人,当母亲年老行走艰难的时候,他每天把母亲背着出门进门;当母亲生了重病,久而未能治愈时,他割下自己腿上的肉,和进药物中,使母亲的疾病治愈了。

后来,汪启金经商了,而且靠的是勤俭和辛劳,把生意做得很好,家境也富裕起来。富裕后的汪启金具有善义之心,经常周济宗族和乡邻中的贫苦的人。他还捐出了重金,同族人一起建造了本宗支祖、乡贤汪濯祠。

汪启金69岁时逝世了,人们对这样一位仁孝善义的商人的去世深表哀悼。宗族里送给他一副挽联,写道:"力尽庭帏,比户由来称孝子;谊周族党,一乡那可丧斯人。"清同治间编纂的《黟县三志》的《人物·孝友》中,也记载了汪启金的事迹。

徽州古民居

宏村汪氏义行录

黟县宏村现在是世界文化遗产地之一,也是汪氏家族聚居地之一,始建于南宋绍兴年间,距今已近900年历史,历代以来,人丁兴旺,人才济济,儒商两界皆有辉彩。这里且叙述几位具有善义行为的汪氏商人。

汪廷俊慷慨好施

汪廷俊,字简陈,黟县宏村人。他因为经营盐业而侨居于钱塘江边的杭州。多年的经营经验,使汪廷俊对盐政事务非常通晓顺达,因此被盐运使台所倚重。同时,汪廷俊是一个慷慨好义的商人,凡是有轻重缓急的事情央告他的,他都予以帮助解决。

清康熙年间,三藩作乱,福建的靖南王耿精忠起兵响应吴三桂叛乱,军队骚扰到浙江省,造成流离失所者遍省皆是。他们妻离子散,家破人亡,生活艰难。汪廷俊见到这种惨状,首先捐资并倡导同道者,资助流民,帮助他们收寻赎回被卖掉的子女,有的还使他们完娶成家,从而使许多流民重新享受到家庭的温暖。汪廷俊结交朋友很讲诚信,遇到人家的过错,凡是在情理中能够饶恕的,他都予以饶恕。一次,汪廷俊在行旅之中,有个与他同住一个旅舍的人,偷窃了他的钱财,他知道那人的名字,却绝口不把那人行窃的事情张扬出去,只是轻声地给以指出。那人也自知自己做错了事情,而且感念汪廷俊保住了他的名声,便归还了所窃的钱。汪廷俊也就收下了事。人们称他是盛德与长厚兼而有之的善人。

汪廷兴捐建义学

汪廷兴,字宾万,黟县宏村人。他是一位商人,却捐有布政司理问的职衔。他对父母亲孝顺,处事谨慎,嗜好善义,从而为乡间的人们所尊重。他所做善义的事情,被县志记载的有一件,那就是曾捐资白银300两,在村内建立了一所义学,让村上人无论是有钱人家还是贫苦人家的孩子,都能够入学读书。

汪方锡不藏私财

汪方锡,字簿韩,黟县宏村人。他在浙江经营盐业,当时,父亲年老,弟弟年幼,他上十分孝顺老父,下精心照应幼弟。经商10年,积累了不少财富,但他不藏一点私财,尽拿出与弟弟平分,让弟弟也过上富裕的生活。

汪方锡不仅对自己的亲人好,而且也经常施善行义于社会。他常给那些缺医少药的贫苦人施舍医药,在家门前给过路行人施以茶水。他眼见乡村羊肠小道被洪水冲毁后,坑坑洼洼,行人无法行走,立即为首捐资并倡导众人集资,而且亲自督造,经过 3 年,终把一条坎坷的道路修成坦途。

汪大录重于信义

汪大录,字万青,黟县宏村人,幼年时家境很是贫困,长大后在浙江经营盐业,从而起家。他是一个非常讲信义的人,并被人们所敬重。

汪大录每次回到家乡,都要做一些义举。如,有一年,与宏村相邻的一个村子,发生了一场大火灾,绵延了数十家,使许多村民遭受了重大损失,面临饥饿。汪大录见此情状,立即从家中捐输出大米,对受灾的村民普遍予以赈济,帮助他们渡过一时的困难。又如,宗族的宗祠年久失修,汪大录见了,独立出资数百两银子,把支祠修复一新;还多次捐助修葺另一座宗祠敦善堂。再如,汪大录还捐资建立了叶村溪的义冢,给那些无力安葬的人家使用。此外,清道光辛卯年(1831),家乡发生水灾,汪大录捐出重资,投入赈济之中,救助了许多灾民。

宏村今貌

史世椿勤俭好义

　　史世椿,字延龄,黟县九都金钗人。他少年的时候,家境很是清贫,于是没有读多少书便走上学生意的道路。后来,他在皖省省城安庆经商,并由此起家。

　　致富后的史世椿,在商业经营和生活上依然勤俭,但为人好义,做了许多善义的事情。一是在家乡见旧有的宗祠年久失修,他即捐资重新建造了家族宗祠,使族人有了一个祭祀参拜先祖的地方;二是他虽然自己没有读多少书,但他热爱文化,为了提高村里的文化氛围,他捐资兴建了村中的文会,让族中人士有了聚会谈文论古之处;三是他眼见村内的交通条件不好,

黟县卢村今貌

遂捐资修造了本村的道路,修葺了溪上的桥梁;四是村子里和相邻的村庄,总有一些人家无钱安葬死亡的人,他便给那些人施舍以棺木,并且捐助资金予以安葬;五是在灾荒之年常有灾民产生,挣扎在饥饿线上,他心中不忍,遂捐出资财赈济灾民,帮助许多灾民度过饥荒;六是在县里的书院建造考棚时,资金有所缺乏,史世椿也慷慨予以捐助,推进了县内教育事业;七是建造了文峰塔。

在省城安庆和其他地方,史世椿也慷慨捐输,做了许多善义的事情。一是向救生局捐助了钱财和布匹,用以救助落难的人;二是向体仁局施舍棺木,用以无法安葬的人;三是清道光年间,皖省发生水灾,巡抚刘韵柯在省城安庆,命令史世椿督办赈灾的事情,史世椿精心办理,筹划周密,认真负责,救活了很多人。四是独立捐资重修了石埭县的大约岭和小约岭两条路;五是倡议集资建造了贵池县的徐庄岭道和东坑桥;六是祁门与石埭交界的大洪岭,为从徽州去往省城安庆的要道,史世椿又倡导捐资进行整修,并首先垫付 1000 两银子作为启动资金;七是史世椿还捐资施财参与整修了安徽省内许多寺庙建筑,如皖东狱府县城隍药王大神庙、山口镇城隍庙、大观亭、地藏庙、黟县的灵虚观、九莲山广安寺、淋沥庵,青阳县的九华山寺庙、休宁县齐云山道观,或捐资建造殿宇,或捐助建树石柱,或塑装神像,或捐输月钱,总之施舍不少钱财。可以说,史世椿的善义之心化作了无数甘霖,洒向家乡、洒向省城、洒向了许多地方。所以当他年逾花甲之后,还连得两个儿子。人们都说他是积德获报。

为善最乐汤永懿

    汤永懿,字步皋,黟县白干人。他的先世历代务农,以耕种与读书为生,虽说生活尚能够过得去,但家境还是比较贫苦,到了父亲汤嘉盈也才是个例贡生,也不能改变家庭的经济状况。所以后来,汤永懿毅然走上了经商之路,在与黟县相邻的祁门县开了一家店铺,家庭才稍微富裕起来。这时,父亲决定要他们兄弟分灶度日,因为在他看来,兄弟间依旧住在一起吃大锅饭,家庭经济是不会有大的发展的。他要求汤永懿把先世传留下来的田产让给几位弟弟,父亲说:"因为你汤永懿已经经商,已能够自立了。"汤永懿欣然接受父亲的安排,不要家中一点田地,而且在富裕之后做了不少善义的事情。

    第一件事情,汤永懿的父亲虽然走读书科举之路没有成功,但他想在乡间教育族人子弟,培养一些人才。为了帮助父亲实现自己的志向,汤永懿在家乡投资建造了一座松山书屋,作为父亲从教和宗族子弟读书习业之处,这样,父亲有实现自己人生价值的场所,而宗族子弟们也有了学习的地方。

    第二件事情,有个弟弟亡故较早,汤永懿就把弟弟遗留下的孤侄作为自己的亲生孩子抚养长大,教养他们丝毫也没有懈怠。

    第三件事情,汤永懿不仅对自己家庭行善仗义,而且把宗族和乡邻的事情作为自己的事情来做。一是他常常捐资帮助家族里贫穷的人办理嫁女娶妻等大事。二是他捐出资金存入钱庄生息，作为组建义庄的经费，以在灾荒歉收的年成救济之用。三是他又投资宗族产业，把支祖祭祀会恢复起来，并扩建一新，但又要求节俭用度，将祭祀结余的经费作为义学的补助。四是相邻的村子本与汤永懿的村子世代有嫌隙，但自从汤永懿以诚信来看待邻村，从而感动了临村村民，解除了两村的嫌隙，又和睦起来。

第四件事情，汤永懿在祁门县经商时，江西浮梁县的船户在祁门县的阊江上争抢码头，双方聚集了许多人在江边，将要互相打架斗殴。汤永懿觉得这是影响社会治安的大事，闹不好要出人命，酿成血案，对哪一方都不是好事，决定出面管一管。他悉心地寻访到双方主谋的人，苦口婆心地对双方晓以大义，说清动武所造成的危害，从而使一场即将发生的械斗平息在萌芽之中。

徽州古村落

仁心济世

　　第五件事情,黟县、祁门县属于深山区,一向缺粮,所需粮食都仰仗江西省供应。汤永懿做的就是粮食经营,而且他从江西购进的粮食素来不掺杂沙水,给两县百姓带来许多恩惠,也改变了过去贩粮者掺杂沙水的积弊。清道光壬辰年(1832),江西和皖南都遭遇大旱。江西人便遏制徽州粮商购买粮食到徽州,于是黟县、祁门县的市面上便断了粮食供应,这就给两县百姓带来雪上加霜的灾难。汤永懿见状,当即来到徽州府面见知府,陈述情状,请求官府予以救助。既然是本府百姓断了粮食供应,这对知府来说,也是头等大事,当即予以支持,给江西省饶州府发出文书,交给汤永懿带去。汤永懿即手持徽州知府的文书,直登饶州府衙,向饶州知府面陈文书,讲清其中的利害关系。饶州知府看过徽州知府的文书,听了汤永懿的陈述,立即下令不准遏制粮食出售,从而使粮道重新畅通。

　　第七,汤永懿在祁门还做了许多利民的公益事情。一是为首捐资整修了自祁门县城到黟县渔亭的石板路 60 里,并承担监造之职。因为他尽心尽职,并很有办法,所以不仅修得快,而且修得好,方便了行旅。二是祁门县县学建造考棚时,汤永懿既捐资又出谋划策,得到县令的肯定,议叙给他以表彰,赠送了"为善最乐"的匾额。

　　后来年岁大了,汤永懿回到家乡安度晚年。由于他品德仁善,居于乡里,也常为宗族和乡邻们主持一些不平与纠纷。他为人仁爱,又善于处理事务,所说的话语都是公正之言,深得名理,人们都很信服。汤永懿还是一位儒商,喜欢吟诗咏物,常与祁门县的姚勋、马豫,和黟县的胡成浚、俞正禧等文士相唱和,有《春草轩诗稿》行世。

姚联达善义为人

　　黟县双溪南姚氏还有一位具有善义品德的人,他就是姚联达,字在邦,13 岁时就随着父亲姚振钟在汉口经商。他秉性纯孝,在父母亲先后生重病时,他都躬亲侍奉,夜卧床侧,衣不解带几个月,甚至焚香向神灵祷告,刲臂和药给母亲服下,使母亲的疾病得到痊愈。父亲晚年在家乡养老,得了气喘病,到了冬天的夜晚常常睡不着觉,但喜欢聆听琴声,他便自己操琴以愉悦父亲的心情,待父亲安睡后才悄悄退出,数年如一日。一个十分行孝的人,也自然是一个善义的人。

　　他父亲姚振钟在汉口经商时,曾在那里创办了一个"笃谊堂",用以联结在外的黟县同乡人的友谊;又在黟县的五通殿购地若干亩,捐输作为义冢。姚联达继承了父亲善义的品德,生平也是见义必为,表现在以下几个方面:一是在宗族事业上,捐助修葺了宗祠、恢复了祭祀会、修纂了宗族的谱牒、购置了义冢。二是在公众事业上,当渔亭石桥年久失修时,他捐了重资,并亲临督造,花费了许多财力和精力。三是当县里筹办义仓、用以救济时,他不仅自己为首捐资,而且亲往各个地方劝募捐助。人们都敬重他的为人,因此都踊跃资助。四是他还为首倡议建造了黟县城外的积谷仓和萃英文社。鉴于姚联达有众多善义之举,清光绪己亥年(1899),黟县的许多绅士建议官府将他的事迹向

仁心济世

朝廷呈报旌表,得到朝廷恩准,并赏赐银两为他建造了一座牌坊,安徽省督学绵文给牌坊亲自题书"永锡尔类"四字,以作褒奖。姚联达逝世时 63 岁,被列入县忠义祠享受崇祀。

黟县渔亭镇一瞥

祁门人善义一组

祁门县是徽州府所属六县之一，位于府城西部，本属古黝县地，唐永泰元年(765)方清起义，屯兵石埭城，暂且设立阊门县，以作镇守之地。所谓"阊门"，是因为县西南有两块巨大的石崖，夹溪相对峙立，号曰阊门。第二年，方清起义被镇压，朝廷遂析分黝县的 6 个乡以及饶州浮梁县的地域设置为县，合域内的祁山、阊门之名而称祁门。祁门县面积在徽州不算小，但人口较少，出外经商者不及他县。本文且叙述一组祁门人经商行善义的事情。

汪文德江都行善

汪文德，字是修，先世是祁门县人，后来因为经商而移居在江苏的江都。他是一个十分孝顺的人，当父亲身患重病时，他朝夕向神灵祷告，愿意代替父亲生病。这自然只是他的一片心愿，他父亲还是遵循生命的规律而走向西天。不过，对父亲的逝世，汪文德是悲痛万分的，不仅躬身为亡父筑土营墓，而且一场丧事过后，他瘦得只剩了一副骨架子了。乡里的人们都为他的孝顺而感叹。当时他家，自祖父到自己的孩子,一家四世同居,人口众多,诸般用度和家计事务,全由汪文德独自经理,可见他具有很大的才能。

但汪文德不仅只顾一家的利益,而且还把目光注视着社会。明崇祯庚辰年(1640),江都一带遭受饥荒,汪文德慷慨捐资并倡导众商人参加赈济活动,从而使不少灾民得以存活。崇祯甲申年(1644),坚守扬州抗击清军的明王朝阁部史可法,闻知汪文德的声名,即召他到府,向他咨询如何处置当时的抗清事务。这足见汪文德不是一般的商人。乙酉年(1645),扬州城被清军攻破,扬州百姓处于清军的荼毒之中。为此,汪文德和弟弟汪文健一起,前往军前求见清军豫王,说:"豫王殿下,我愿意献出 30 万两金钱犒劳你部军队,但请殿下给所属部队下令,不要滥杀无辜。"豫王为汪文德作为一位商人,竟然顾及大众生命的善义行为所感动,便道:"你既有如此善义心肠,我答应你的请求。"接着,他又说:"看来先生也非等闲之辈,是否愿意在我军中有所作为?如果愿意,我可以授予你一个不小的官职。"汪文德当即回绝道:"多谢王爷恩典,但我汪文德不是为了一己之利来的,因此请王爷原谅我不能从命,还望王爷让我兄弟回家。"豫王接过汪文德递交的银票,道:"既是如此,我也不再强求,现赐给你们兄弟一块符牌,你们就回去吧。"汪文德当即拿着写有他们兄弟俩名字的符牌,向豫王辞行后离开了清军军营。由于有了这块符牌,他们兄弟俩一路上经过诸军关卡,都没有受到阻拦盘问,于是得以生还。

程师达父子行善

程师达,字在邦,祁门县柏溪人。他虽是一名太学生,但少年时家庭贫困,靠着做些挑零担的小买卖,才稍微富有起来,于是他就尽力地做一些善义的事情。他所在的柏溪村有一座"钟秀桥",原先是用木头构建的,一遇洪水便遭冲毁。程师达就捐资 300 多两,倡导村人有钱出钱,有力出力,大家一起建造了一座石桥,改善了村里的交通。后来又爆发了一场特大洪水,冲毁了石桥,程师达又捐资予以重修。

晚年时,程师达仍未忘记为村上人做一些力所能及的有益的事情,在临终前,还给两个儿子程延宜、程延安留下遗命,要他们再做一些善事。于是兄弟俩捐资 1700 余两,修造了石砌通道数百丈,又在县里编修县志时,捐资 500 两。

吴汝璜遇盗舍己

吴汝璜,字辉寰,祁门县金璧人。他是位在苏州经商的商人。有一年,他从苏州返乡,一个朋友托他带 600 两银子回家,谁知在半途之中遇到了手持利刃的强盗。强盗凶狂地向他索要钱财。这时,他想,今天不破财,是逃不过了,但身上除了自己的钱财外,还有朋友托付的钱财,我自己的钱财遭到损失不要紧,绝不能让朋友的钱财遭受损失。想到此,他义无反顾地从自己的钱囊中拿出了银子给了强盗,而把朋友托付的钱藏了起来。这样,他自己遭受了损失,却保全了朋友的钱财,也保住了自己忠于朋友嘱托的信誉。当吴汝璜再回到苏州时,朋友闻知他途中的遭遇,便愿意分担一半的损失。吴汝璜则坚决不接受朋友的分担。他这种舍己为人的品格得到了人们的尊敬。

吴汝璜对故乡的公益事业也非常热心。他见宗祠破旧了,就捐资进行修葺;他还建造了一座书舍,供村上人阅览读书;对宗族乡党中发生纷争的事情,他便公正地予以排解;同时,他也捐资帮助一些贫穷的人解决生活上的困难。在吴汝璜的善义之心的感召下,家乡没有争讼长达 30 年。

徽州古民居

郑华邦父子行善

郑华邦,字国彦,祁门县奇岭人。他是一位增补的县学秀才,读书求学时敦行实事求是,务究其中道理,不尚虚华;居家则十分遵循家礼,尤其是在双亲逝世时,更是遵礼治丧,体现出一片忠孝之心。他的家境也并不十分富裕,但他也尽力做了一些善义的事情。一是在宗族中兴立了一座塾学,教育族中子弟,对请来任教的贫寒儒生给予优厚的待遇,并向宗族公布,永久以此为例执行。二是有一些外来的垦荒的人,到徽州各县山中垦荒种植,被称作"棚民"。他们乱砍滥伐,掘土垦山,造成大量泥土流失,尤其是雨水过后造成泥石奔流,淤塞了大小河道,冲毁了平地田园,甚至村庄,成为给县内百姓带来生命财产损失的一大危害。郑华邦见到这种情况，为首倡导并率众乡亲向官府请愿，要求予以禁止，得到官府批准，从而改变了这种破坏生态的行为，给乡民们带来了好处。

郑建周，字岐山，郑华邦之子。他也善于继承父亲的善义志行。一是为首在乡里设立了"平粜义会"，即是组织一些富裕之户，捐献一些资金，在灾荒之年购买粮食，平价出售给缺乏粮食的乡邻，因此是一个准备救济饥荒的慈善组织，在当地遇到饥荒的年成起到了很有效的赈济作用。二是继续督理父亲兴立的义学，不断捐助资金，以保证义学有充裕的经费开支。三是与同乡的一些绅士一起倡劝兴立"阊阳文约"，资助乡里读书的儒士求学考试，从蒙学开始，一直到考秀才、举人、进士等，都予以资助，从而成就了乡里许多学子为有才学的人，推动了乡间的教育事业。

汪士官力任大事

汪士官，字惟贤，祁门县城西人。志书记载他能够力任大事。那么是哪件大事呢？这便是，祁门县北部的大洪岭为徽州通往皖省省会安庆的交通要道，清代乾隆戊申年（1788）山洪暴发，蛟水暴涨，将大洪岭一带的桥梁、道路都冲毁得崩塌倾倒。徽州知府峻亮召集有关人士，商议修复之举。汪士官不仅是参与商议者之一，而且成为为首捐资、劝募资金和管理修复工程的董事监理。在他的辛勤操作下，整修了大洪岭上下石板道路55华里，建造了通济桥、咸凝桥两座石桥。当大家捐助的资金不够时，他又自己拿出600多两银子，完成了整个工程。前后辛劳历时4载，耗费了汪士官许多心血和汗水，一条遭受洪水毁坏的交通要道，又恢复成便利行人的坦途。因此行旅之人经过此地,都从心中由衷地称赞他的德行。

吴文畿义焚债券

吴文畿,字民止,祁门县十一都金璧人。他在江苏省溧阳县经商,年纪已经 40 岁,虽然已娶妻,但还没有生有儿女。溧阳县有一个人曾

徽州古桥

借了吴文畿的金钱,因为家庭贫困而一直没有归还,并且又生了重病,将要去世。临终前,他找来媒介人把自己的妻子卖掉,一半作为购买棺木安葬的费用,另一半作为归还吴文畿的债务。当时,吴文畿到楚地行商去了,还没有回来。那位媒介人就找到吴文畿的朋友,请问他如何办?吴文畿的朋友说:"他何必要把妻子卖给别人呢?待我出另一半价钱买下此妇,给吴文畿作妾,等他回来再办好事,岂不是更好

吗?"媒介人认为这样很好,于是就和吴文畿的朋友一起,把事情办好了,只等待吴文畿回来。

不久,吴文畿从楚地回到溧阳,朋友就把欠债的人卖妻还债、为他代理买妾的事情,告诉了他。吴文畿却不同意他们的做法,说:"这世上岂有活着的时候借给人家钱,死了占据人家妻子的事情么? 这是一个仁义的人不应当做的事情。"于是,即从朋友手中取过为他所定的买妾婚书,连同过去所立下的债券,一起焚烧,将欠债人的妻子还给原夫。那欠债人去世后,他还出资帮助安葬。

后来,他从溧阳回到家乡祁门,两年后就生下一个儿子,取名吴鼎。以后,还有孙子 5 人。人们也说,这是他行善得到的善报。

汪应干舍己保客

汪应干,祁门县人。清顺治己亥年(1659),有个休宁县海阳镇的客人,携带着 1000 两银子,住宿在汪应干的家里。当时,祁门县有贼寇作乱,那位海阳客人惊慌地逃走了,匆忙中将银子留在了汪应干家中。贼寇闯到了汪应干家,把他逮了起来,并拔出刀逼着他索要金钱。汪应干当时心中暗想:莫非贼寇闻到客人留下钱财的信息了么? 宁可自己的钱财遭受损失,也不能让客人放在我家的钱财损失掉。想到此,他即招呼儿子,说:"你去把家里所有的钱都取出来吧。"儿子也知道父亲舍己为人的意思,便把家中的钱财拿了出来,交给了贼寇。贼寇便释放了汪应干。寇乱平息后,那位海阳客人来到了汪应干家,汪应干完璧归赵。汪应干的这种行为,也是值得表彰的善义之举。

汪学礼入祀徽州会馆

　　汪学礼,字淦庭,世居黟县七都玛坑,和两个弟弟汪学义、汪学廉先后跟随父亲汪载阳,在浙江省泗安县经商。他少年时就以孝顺父母、友爱兄弟和他人而闻名乡里,长大后强干而有作为,学习的是典当衣服的行业。弱冠后,他的东家老板张幼翘很佩服他的才能,就把整个店铺事务交给他打理。汪学礼接手老板交给的责任后,就兢兢业业地经营着,以报答东家对自己的信任,所以多年以来都获得优厚的利润,既为老板创造了财富,也为自己获取了丰厚的收入。

　　清代咸丰年间,太平军占据了安徽的宁国、广德和浙江的泗安等县。这几个地方土地相连,太平军来来往往没有定数,人们虽然躲避到深山密林之中,仍然无不遭受他们的数次骚扰和抢掠。汪学礼作为典衣铺的经理人,十分担心有负于老板的重托,经过一番深思熟虑后,决定将典铺中的货物登记入册,然后雇船只扬帆把货物运出浙江,以避免损失。没有几个月,占据泗安的太平军便退去了,汪学礼又把货物运回来,将货物与册籍逐一清点交还给老板,结果货物不仅没有损失,而且还比原先增加了一倍。原来,在运出浙江后,汪学礼没有停止经营,而是继续在当地营业,从而获得了良好的效果。闻知的人都羡慕他的老板找到了一个好的经理人。

不久,汪学礼因为母亲逝世、父亲年老而向老板辞职返里。老板张幼翘自然舍不得汪学礼走,劝留他几个昼夜,以至于留下了数行眼泪。汪学礼恳切地对老板说:"我如果只顾与东家的友谊,便是有亏于作为人子的职责,这不是人道也。现在,母亲既然已经逝世,而父亲渐渐衰老,我应当回去侍奉父亲。如果东家实在需要我,那么待家父安顿后我再来,如何?"老板张幼翘自然也不忍心人家违背人伦之道,听他如此诉说,这才算依从汪学礼的意见,让他返回家乡。一年多后,父亲谢世,汪学礼按

徽州古民居

照自己的诺言回到了泗安,张老板也依旧让他经理店铺。从此,汪学礼以信义经商的品德,在泗安获得更加高的声望,在泗安县经商的徽州人和泗安县的人,都啧啧称道他,遇到危难和疑问的事情,都来找汪学礼,或请教解决办法,或调剂货物资金等,他都给人们及时解决。

后来年纪已老,汪学礼便退职回家居住养老。但在养老中,他并没有放弃行善仗义。一是捐出自己的资金,供给宗祠每年祭祀之用。二是地方上凡有公益的举动,都竭力予以资助。三是把父亲多年积欠他人的 300 两债务,全部归还。四是二弟、三弟相继亡故,二弟的一个孩子才 3 岁,三弟的 3 个孩子都年幼,他像抚养自己的儿子一样,给他们饮食,教育他们成长。汪学礼的妻子李孺人善于体贴丈夫的意志,也勤勤恳恳地协助丈夫,从而把侄子抚养成人。

清光绪三十二年(1906),汪学礼逝世,享年 77 岁。泗安县商界的

仁心济世

诸位董事对他的逝世深表哀痛,并把书写有他的姓名、职衔的灵牌,送进在泗安的徽州会馆先达龛座中,以崇德报功作永久的祭祀。这足见汪学礼生前的作为和品德,在泗安县商界和民众中留下了永久的良好印象。

浙江长兴县泗安镇今貌